Auch von Wolf-Ulrich Cropp
im Verlag Expeditionen

Eine Tigerfrau
Mali und die Dschinns der Wüste
Treffpunkt Kabul
Schwarze Trommeln

Wolf-Ulrich Cropp

Kuba, Hemingway, eine Cohiba + ich

Verlag Expeditionen

Bibliografische Information der Deutschen Nationalbibliothek:
Die Deutsche Nationalbibliothek verzeichnet diese Publikation in der Deutschen Nationalbibliografie; detaillierte bibliografische Daten sind im Internet über http://dnb.dnb.de abrufbar.

Wolf-Ulrich Cropp
Kuba, Hemingway, eine Cohiba + ich
Coverfotos und Fotos im Buch: Wolf-Ulrich Cropp
Coverfoto: An der Bar in Hemingways Lieblingslokal Floridita in Havanna mit einem Daiquiri, dem Papa Doble
Landkarte zu Kuba im Buch: Aus Großer Atlas der Welt, mit freundl. Genehmigung RV Reise- u. Verkehrsverlag GmbH

Covergestaltung: Roland Luff, Dittelbrunn
Buchsatz: Gino Leineweber

Printed in Germany
ISBN: 978-3-947911-55-4

Wolf-Ulrich Cropp

Kuba, Hemingway, eine Cohiba + ich

Inhalt

In Key West „gestrandet“

Also, es fängt damit an, dass ich am äußersten Zipfel der Vereinigten Staaten stehe und ein Lager aus der Flasche trinke. Der strahlend warme Tag Ende August ließ mir keine Ruhe. Ich schlenderte zur leuchtend roten Boje am *Southernmost Point in continental USA*, nur 145 Kilometer von Kuba entfernt. Aber 250 Kilometer sind es bis Miami. Von irgendeinem Turm schlägt die Uhr dreizehn. Es frischt auf. Lange Wellen mit Schaumköpfen rollen gegen das Ufer, wölben Buckel mit Muskelpaketen, die schließlich bersten.

Vor mir der Golf von Mexiko und die Straße von Florida mit noch ein paar winzigen Inseln. Im Rücken das quirlige Key West mit seinen fröhlich gestrichenen Holzhäusern. Doch von wegen Fröhlichkeit und jeden Abend Party ist nichts zu spüren. Viele Touristen haben den exponierten Ort verlassen und die Einheimischen fühlen sich bedroht. Einige Ladenbesitzer haben ihre Schaufenster verbarrikadiert. Was passiert da im Karibikparadies? Seit ich am Ende der Inselkette mit den Keys weile, bangt ganz Florida vor einem Monster-Hurrikan namens *Dorian.* Satellitenaufnahmen zeigen das Auge *Dorians* noch weit entfernt vor der Küste Puerto Ricos. Bislang wirbelt das Auge über dem Atlantik. Doch wann und wo schlägt es an Land auf?

Im Laufe meiner Reisen musste ich so manchen Wirbelsturm oder Orkan abreiten. Bin ihnen nicht selten mit knapper Not entkommen. Denk ich an *Iniki*, ein Hurrikan, der 1992 Kauai nicht nur heimsuchte, sondern verwüstete, und einige Orkane in Booten auf See …

Das heißt, als es stetig strammer braust, begebe ich mich mit einem mulmigen Gefühl im Bauch zurück ins Zentrum von Key West.

Als ich so alleine herumlaufe, zieht es mich wie von fremder Macht getrieben in die Duval Street und dann zu einem der auf dem Trottoir stehenden Rohrstühle vor der Kneipe *Sloppy Joe's*. Holla! das war doch die Lieblingsbar von „Papa“ Hemingway, dem alten Kampftrinker. Was hat das zu bedeuten? Ich lasse mich nieder und bestelle mir einen Daiquiri, einen Cocktail aus Rum, Limettensaft und Zuckersirup. Wer trank den noch in rauen Mengen? Allerdings nicht hier, sondern irgendwo in Havanna?

Und es kommt noch mysteriöser: Plötzlich, ich nippe gerade am Daiquiri, fliegt mir ein handtuchgroßer Flyer um die Ohren und landet auf der Straße. Ich stehe auf, um das Plakat zu betrachten. Es zeigt das Konterfei von Ernest: Haare nach vorn gekämmt, das Gesicht mit Vollbart, den Hals mit einem groben Rollkragenpullover umhüllt – wie man sich so'n ollen Hochseefischer vorstellen mag. Das Poster kam aus *Sloppy Joe's* Bar herausgeflogen. An den Wänden hängt Bild an Bild und die Bar ist mit Erinnerungsstücken aus der Zeit Hemingways überfrachtet. Im nächsten Moment kommt etwas Härteres angeflogen. Eine Holzlatte, die mir eine Beule beibringt. Heißt das für einige Barhocker und mich, dass es Zeit wird, sich in Sicherheit zu bringen? Schon flattert ein neuer Hemingway durch die Luft. Das Riesenposter zeigt ihn halb nackt, breit grinsend, mit einem kapitalen Schwertfisch am Haken. Wie habe ich das alles zu deuten? Als Warnung? Als Vorsehung?

Ein schwerfälliger Geselle fletscht mir mit blinkenden Zähnen ein krummes Lächeln zu und nimmt unaufgefordert an meinem Tisch Platz. Ein sonderbarer Tourist, womöglich aus dem Mittelwesten?

„Hi!“, gibt er von sich.

„Hi!“

Ob bewusst oder unbewusst präsentiert er seine muskelstrotzende Figur, die die Nähte seines großkarierten Flanellhemds zu platzen trachtet.

„Keine Angst vor *Dorian*?“, fragt er schelmisch.

„Wieso, sollte ich?“

„Nun, die meisten Touristen haben das Weite gesucht.“

„Sie sind doch auch noch da.“

Empört kommt die Antwort: „Ich bin von hier! Bin vor dreißig Jahren angekommen. Hab damals sofort gewusst – hier gehöre ich her.“

„Key West, Liebe auf den ersten Blick?“

„So könnte man es nennen. Es ist nicht gleichgültig, ob man hier oder anderswo endet. Wo man mir die Grube schaufelt, möchte ich mich wohlfühlen.“ In sein schallendes Lachen streckt er die Hand über den Tisch: „William, William Crown“, bellt er.

„Angenehm.“ Ich sage ihm meinen Namen.

Er lacht noch. „Hätt' ich mir denken können.“

Auf meiner grünen Kappe befindet sich der Kopf eines Wolfs und seitlich steht Lupus. Nun zieht William sein Handy, fingert darauf herum, dann zeigt er mir Fotos:

„Das ist mein Boot, das mein Auto, das sind meine Kinder, das ist mein Hund, und das meine Frau.“

Ich staune, der Mann hat es in Key West zu etwas gebracht. Interessant. Ganz allmählich wird der Knabe sympathisch, auch wenn ich die Reihenfolge der Fotos anders gestaltet hätte. Während wir uns über dieses und jenes unterhalten, grüßt William den einen und anderen Passanten mit Vornamen oder durch Zuwinken.

„Und Sie sind sozusagen auf der Durchreise, auf der Suche nach spannenden Storys?“

„In gewisser Weise – vielleicht? Nur das mit der Durchreise passt nicht. Hier geht's nicht weiter. Und spannende Storys werde ich wohl keine finden.“

„Abwarten!“, meint William.

Wir prosten uns zu. Nachdenklich blicken wir die sich langsam leerende Duval Street entlang.Mir kommen die vergangenen Tage in den Sinn. Tage nach meiner Ankunft in Miami. Tage, die mir ganz und gar nicht gefielen: Wolkenkratzer, glitzernde Glas- und Betonfassaden, kreischende

Verkehrshektik, Bettler aller Hautfarben an Straßenecken. Polizisten mit Sturmgewehren und Maschinenpistolen riegelten ganze Straßenzüge ab. Überall blinkendes Blau- und Rotlicht. Dann das Heulen der Martinshörner. Eine Veranstaltung Klerikaler wurde weiträumig gesichert. Am Biscayne Boulevard spielte eine kubanische Band, zu der eine Mulattin mit einem Opa Rumba tanzte. Auf dem Weg zu meinem Hotel begegneten mir Gruppen mit spärlich gekleideten Frauen und Männern. Einheitlich mit kleinen Köpfen und wahnsinnigen Muskelpaketen. Tarzanklone? Wo kamen denn diese Gestalten her? Ich lugte ins *Riverwalk Hotel Café*. Da wurden in allen Posen Muskeln gespannt und zum Vibrieren gebracht. Shootings am laufenden Band. Männlein und Weiblein, verliebt in ihre modellierten, ölglänzenden Körper, konnten vor Kraft nicht laufen, sich im Blitzlichtgewitter aber abartig rekeln. Man traf sich zur „National Bodybuilding Championship". Nur weg. Spargeltarzane waren hier unerwünscht.

An der Rezeption meiner Unterkunft erfuhr ich, dass sich der ohnehin sündhaft teure Zimmerpreis verdoppeln sollte. „Sorry, Sir – the Championship!" Also musste ich mich aufregen und den Boss bearbeiten, bis er klein beigab. Auch eine Sightseeingtour in die Everglades versöhnte mich nicht. Die Boote machten ein solches Spektakel, dass die gesamte Fauna vor unserem Eintreffen in Deckung ging oder Reißaus nahm. Seen, Flussarme, von Gras und Mangroven überwuchert, und die Sümpfe lagen da, tot, wie ausgestorben. Alligatoren, Rosalöffler, Flamingos und all die übrige heimische Tierpracht, der Bootsführer konnte sie nur blumig beschreiben. Zum Abschluss, so als Trost, präsentierte uns der Parkguide einen Alligator in Eidechsengröße, den er aus einer Aufzuchtbox geholt hatte.

Ein manisch Reisender lässt sich weder verdrießen noch aufhalten. Ich wollte einfach weiter, bis ans Ende der Staaten. Mal sehen, was sich dort bot. Ein Überlandbus von Greyhound brachte mich über die zweiundvierzig Brücken durch viele Keys, aneinandergereiht wie Perlen auf einer Schnur, und schließlich über die neue *Seven Mile Bridge* zu den unteren Keys, bis Key West. Vor zwei Tagen hatte ich mich bei Familie Roberts in ihr schmuckes Holzhäuschen in der White Street als Bed-and-Breakfast-Gast einquartiert. Neugierig, planlos, offen für alles Neue, getreu meiner Devise: Der Weg ist das Ziel.

Mittlerweile hatte uns die kaffeebraune, wohlproportionierte Bedienung mit dem aufregenden Gang den vierten Daiquiri serviert.

„Cheers!“, sagt William. „Wissen Sie, wie viele Hemingway davon konsumieren konnte?“

„Keine Ahnung.“

„Achtzehn Cocktails und danach soll er noch aufrecht gegangen sein.“

Gedanklich beschäftige ich mich mit dem Rückzug. Soll ich einfach „so long“ sagen, meine Drinks bezahlen und verschwinden oder die Zufallsbekanntschaft am Köcheln halten, in der Hoffnung, William wird noch Interessantes berichten können? Er nimmt mir die Entscheidung ab, ruft Debby, die fesche Kellnerin, und zahlt unsere Zeche. Ich protestiere.

„Übrigens, meine Frau stammt aus Deutschland. Ich würde Sie gern einladen. Oder haben Sie noch Wichtiges vor?“

Es gibt Angebote, die kann ein Fahrensmann nicht ablehnen. Auch wenn sie im ersten Moment suspekt erscheinen. Wir schlendern die Duval Street nördlich in Richtung Mallory Square hinauf. Vorbei an zweistöckigen Holzhäusern, pastellfarben gestrichen. Unten Souvenirläden, darüber Wohnungen mit wintergartenähnlichen Balkonen davor. Überhaupt, Key West versprüht einen ureigenen Charme und bezaubert durch subtropische Heiterkeit mit karibischem Ambiente. Selbst heute, im Bewusstsein einer nahen Naturgewalt.

„Schauen Sie sich mal den Himmel an. Diese violetten Wolkenstreifen. Wir sollten auf den Sonnenuntergang warten. Unsere größte Attraktion! Vielleicht haben wir Glück und sehen grüne Blitze“, meint William, erklärt das Phänomen und noch so manches zu diesem besonderen Ort. Den grünen Blitz sieht man, wenn's hoch kommt, alle paar hundert Sonnenuntergänge ein Mal. Es hat etwas mit der Strahlenbrechung durch die Atmosphäre am tiefen Horizont des Golfstroms zu tun. William hat den Blitz einmal beobachtet und meint, er sei mit Aurora Borealis vergleichbar. Am Mallory Square treffen sich normalerweise touristische Hundertschaften, um Schwertschlucker, Feuerspeier, Fakire, die über Glasscherben laufen, oder Kraftmeier, die Betonblöcke mit den Zähnen anheben, zu bewundern. Dann wird gestaunt, applaudiert, gespendet.

Der Blick übers Wasser stimmt sorgenvoll. Motorjachten und andere Boote liegen fest vertäut im Hafen an Kaimauern. Von lärmenden Jetskis ist nichts zu hören. Nur die Möwen kreischen aggressiver als üblich und vollführen Sturzflüge. William berichtet mir Unbekanntes zur „Uhr Key West“, die an einer Perlenkette hängend zwischen Golf und Atlantik pendelt. So seine Metapher. Ein unabhängiger Geist ist den Bewohnern der Stadt von jeher eigen. Im Sezessionskrieg gehörte Florida zwar zum konföderierten Süden, doch Key West war als einziger Ort des Staates auf der Seite der Yankees aus dem Norden. Die Piraterie wurde zerschlagen, dennoch lebte Key West im 19. Jahrhundert von der staatlich lizensierten Ausbeutung gesunkener Schiffe. Was sich „shipwrecking“ nannte. Vor der riffreichen Küste gedieh Key West kurzzeitig zur reichsten Stadt der USA. In jener Zeit trieb sich allerlei Gesindel im Ort herum, das mit Schiffbrüchigen nicht zimperlich verfuhr. Frau Hanna Willis, eine Deutsche, hatte einst verdammtes Glück, als ihr Schiff 1858 auf dem Weg nach New Orleans hier auf ein Riff lief. Der Strandräuber, der sie rettete, heiratete sie auch gleich.

Mit der Fertigstellung der Eisenbahnverbindung 1912, berichtet William weiter, begann der Tourismus. Mit jäher Unterbrechung 1935, heute der *Labor Day Hurricane*, an dem die Bahnverbindung regelrecht ins Meer gefegt wurde.

Drei Jahre später stellte *Overseas Highway Key West* erneut eine Verbindung zur Außenwelt her. Nach all den Informationen begraben wir die Förmlichkeiten, ich frage: „Sag mal, was hat es mit den Begriffen *Conch* und *Bubba* auf sich?“

„Nun, *Conches* sind die auf der Insel Geborenen. Sie nennen sich stolz nach der großen Tritonshornschnecke so. *Bubbas* werden zwar akzeptiert, bleiben jedoch stets Zugereiste. Ich bin ein *Bubba erster Klasse*, da schon sehr lange im Ort. Wohlwollende Key Westler nennen mich auch *Süßwasser-Conch.* Der normale Bubba wird ein bisschen von oben herab taxiert. Der Ausdruck bedeutet *Brothers United in Building a Better America.* Conches können sehr harsch reagieren. Als um 1982 Polizeikontrollen auf der Suche nach illegal eingewanderten Kubanern den Verkehr extrem behinderten, erklärte sich Key West kurzerhand zur unabhängigen Hauptstadt der Conch Republik. Das alljährliche *Independence-Celebration*-Fest Ende April erinnert an diese kühne Proklamation.“

William weist nach Süden. In der Front Street steht das *Harry S. Truman Little White House*, das der US-Präsident ab 1946 als Sommerresidenz nutzte. Dort trank er Bourbon und spielte Poker, zwischendurch wurde regiert, ergänzt der Bubba erster Klasse spöttisch.

„Irgendwann war doch auch der berühmte Poet und Journalist José Martí in Key West?“, bemerke ich.

„Genau, der hielt eine flammende Revolutionsrede über Freiheit und Menschenrechte vom Balkon eines Gebäudes, das heute den Schwulen-Nachtclub *Treetop Cabaret* beherbergt.“

Der Sonnenuntergang naht. Es haben sich Einwohner eingefunden, die regelmäßig beobachten, wie die Sonne verschwindet. In der Hoffnung, den grünen Blitz zu erleben?

„Normalerweise herrscht um diese Zeit dichtes Gedränge. Und wenn die ‚Orange‘ verschwunden ist, wird kräftig geklatscht“, erklärt William.

Alle Augen schauen zum Horizont. Die Sonne entbietet ihren letzten Gruß, schiebt sich durchs letzte Wolkenband, taucht ins Meer ein … und plötzlich ist sie weg, die flammende Scheibe. Und der grüne Blitz? Tja – um den zu sehen, musst du schon Abend für Abend hier stehen!

Unser Weg führt jetzt in die Southard Street. Meine Frau freut sich auf einen deutschen Gast, lässt der Süßwasser-Conch verlauten. Wir stehen vor einem repräsentativen Haus, hellgrün gestrichen, mit geschwungenem Giebel. William führt mich ins Wohnzimmer. Auf einer Couch liegt eine Frau und liest ein Buch. Sie legt es weg, erhebt sich und begrüßt mich strahlend.

„Einen guten Abend – Anne Crown – herzlich willkommen!“, sagt sie auf Deutsch. Ich bin perplex. Nicht nur der Begrüßung wegen. Anne ist eine aparte, zarte Frau um die fünfzig von vornehmer Zurückhaltung. Sie passt so gar nicht zu dem grobschlächtigen William. Was für ein Gespann! Nach freundlichen Worten des Befindens und Fragens nach dem Woher und Wohin setzen wir uns zu Tisch. Zum Red-Snapper-Filet gibt's Fritten mit Ketchup und eine Joghurtsoße. Getrunken wird Budweiser. Während sie mit ihrem Mann über die letzte Angeltour spricht, beobachte ich Anne. Sie hat ihr dunkles Haar mittig gescheitelt, dabei hinten zu einem Knoten gebunden. Dunkelbraune Augen, im Ausdruck wach und intelligent, verleihen ihr sinnliche Anmut. Ich erfuhr: Vor vielen Jahren hatte sie, eine Touristin aus Frankfurt, Florida bereist. Am Beach von Naples traf sie den Geschäftsmann Crown. Die Romanze hatte ihre Fortsetzung in Key West. Ein Ort genau nach Annes Geschmack. Ihre gemeinsamen Kinder studieren derzeit in Miami …

„Kennst du den Key-Limonenkuchen?“, fragt William.

In solchen Fällen pflegte Kumpel Paul stets despektierlich zu sagen: Nö, aber reingetreten bin ich schon.

„Er ist das beste aller regionalen Desserts. Ausgezeichnet vom Gastrokritiker der *New York Times,* Craig Claiborne – meine Frau bekommt ihn besonders gut hin!“, ergänzt William.

Der hellbraune Kuchen, mit flüssiger Sahne getränkt, ist tatsächlich ein Gedicht. Allerdings kommen die Limonen vom Festland. Auf den Inseln werden keine angebaut.

Nach einer Weile meint Anne: „William informierte mich vorhin auf meinem celly (Handy), dass Sie schreiben – Bücher meine ich. Interessiert Sie Literatur?“ Etwas verlegen bestätige ich meine Tätigkeit. Auch mein Gefallen an Literatur. Anne greift rückwärts auf den Beistelltisch neben der Couch, dann hält sie *The Old Man and the Sea* in den Händen.

„Ich liebe Hemingway und lese diese Story immer wieder. Besonders, wenn Naturgewalten außer Kontrolle geraten – wie bald.“ Ich bin bass erstaunt, dass sie den Macho, Weiberhelden, Großwildjäger und Alkoholiker verehrt.

„Das Mannsbild, wie aus einer Eiche gemeißelt, finde ich einfach toll. Ich fühle sein Herz mit den Sehnsüchten und seinen Körper mit dem Verlangen und das Ringen um literarische Anerkennung und Vollkommenheit.“ Jäh wird mir so manches klar. „Erzählen Sie, was lesen Sie?“, fragt Anne.

Ich werfe die Hände hoch. Eine übertriebene Geste des Protestes, ich weiß.

„Um Gottes willen, Hemingway! Der Langweiler mit seinen primitiven Sätzen und nichtssagenden Dialogen. Weltgeltung hat ihm allein sein Lebenswandel verschafft. Seine Figuren sind farblos. Der Plot seiner Geschichten zäh wie Melasse. Die Storys enden mit einem müden Showdown. Nein, ich mag Joseph Conrad, Somerset Maugham, Frederic Prokosch. Literaten, aus deren Federn gekonnte Diktion fließt.“

William grinst in sich hinein. Anne, anfangs erschrocken über meine Reaktion, lacht jetzt und kontert ebenso emotional: „Conrad, dieser geschwätzige Pole. Ein Maulheld, mit Wortströmen, die auf der Oberfläche plätschern. Verquaste Sätze, die Tiefe vortäuschen. Am Ende bedient er triviale Gemeinplätze, wie auch Maugham. Nach der zweiten Seite weißt du, wie die Geschichte ausgeht. Puh, wie ermüdend!

Und Prokosch, der beschwört dunkles, düsteres Afrika. *Sturm und Echo*, eine einzige Mixtur von Klischees …"

Ich fühle mich herausgefordert und unterbreche: „Herrje, sind *The Sun Also Rises*, dann *The Green Hills of Africa* große Literatur? Oder noch schlimmer: *The Snows of Kilimanjaro.* Ich schlief beim Lesen und während des Films ein. Nein, zu Ernest habe ich keinen Zugang. Da wurde immer nur sein Leben, der Mythos, nicht seine Kunst verlegt."

„Genau, Ihnen fehlt der Zugang, um zu erkennen, welche Kunst im Weglassen, welche Genialität in vermeintlich banalen Sätzen und in der Einfachheit der Dialoge liegt. Hemingway schuf einen nie dagewesenen, vollkommen neuen Stil. Der Verzicht auf langatmige Beschreibungen erzeugt die starken Bilder im Kopf der Leser. Das ist einzigartig. Du musst dich seiner Forderung stellen, dich auf sie einlassen!"

William hat unserem Disput amüsiert, schweigend gelauscht und meint: „Bevor ihr euch total ereifert, wie wär's mit einem Absacker in Form eines Bourbon?"

„Oh, ja!", ruft Anne. Ich weiß nicht, wie die zierliche, engagierte Frau einzuschätzen ist. Sie behandelt mich sofort wie jemanden, den sie ihr ganzes Leben kennt. Aus ihr sprudeln Gefühle und Gedanken, die andere Leute bei sich behalten. Und das Tollste, sie schaffte es, mich aus der Reserve zu locken.

„In Sachen Hemingway ist meine Frau Expertin", erklärt William, „wenn du willst, kann sie dir den Großschriftsteller näherbringen."

Ich zögere. Ach nee, denke ich. Der Autor ist sechzig Jahre tot. Wer interessiert sich da noch für ihn? Soll ich mich dem Leben eines Mannes widmen, über den alles bekannt ist und längst x-mal durchgekaut wurde? Außerdem bin ich nun wirklich kein Fan seiner Werke. Schließlich willige ich doch ein. Anne Crown kann ich die Hilfsbereitschaft nicht ausschlagen. Könnte ja doch ein Versuch wert sein?

Wir verabreden uns für morgen in der Whitehead Street Nummer 907.

William beabsichtigt, mit zahlenden Gästen wenigstens noch einmal vor dem Wetterumschwung zum Angeln in See zu stechen, doch zuvor vorsichtshalber die gemeinsam betriebene Pension in der Oliva Street zu sichern.

Das Sechs-Zehen-Katzenhaus

In der gemütlichen Wohnküche der Roberts werde ich an diesem Morgen von Laura mit Porridge, Ham and Eggs, roten Bohnen, Wurst und Käse verwöhnt, als sei es die Henkersmahlzeit. An den Fenstern rütteln Windböen.

James tritt aus dem Vorgarten mit der Botschaft herein: „Da kommt was verdammt Dickes auf uns zu. Unser Präsident meint über Video, *Dorian* könnte so schlimm werden wie *Andrew*, oder verheerender.“

„Donald Trump hat nur Angst um seinen protzigen Floridabesitz Mar-a-Lago!“, frotzelt Laura.

„Unsinn, Gouverneur Ron De Santis will den Notstand ausrufen lassen und rät, Floridianer sollten sich für mindestens sieben Tage mit Vorräten eindecken, besser auf eine Evakuierung vorbereiten.“

Ich halte beim Mampfen inne. Ein Hurrikan wie *Andrew*? Der wirbelte damals mit 255 Kilometern pro Stunde über Florida. Dabei kamen sechzig Menschen ums Leben. Meine Landlords erklären: Auf einen Hurrikan zu warten sei, wie von einer Schildkröte gemobbt zu werden. Zermürbend!

Was soll’s, ich trabe in die Whitehead Street, wo Anne Crown bereits unter einer Palme im Vorgarten der eindrucksvollen, zweistöckigen Villa wartet. Wer hier wohnt, hat ausgesorgt, das ist klar. Doch in dem Anwesen wohnt niemand. Es ist das *Ernest Hemingway Home & Museum*, umgeben von einem Tropengarten, Nebengelassen, einem Pool und lauschigen Lauben. Wir treten durch den repräsentativen Eingang, der, wie auch alle Fenster, aufwendig als Sturzbogen entworfen wurde. Alle Zimmer über dem Erdgeschoss verbindet ein umlaufender Balkon. Hauswände und Fensterläden sind cremefarben gestrichen.

Obwohl das Anwesen im Zentrum der Stadt liegt, komme ich mir vor wie in einer tropischen Oase.

„Darf ich Sie durchs Haus führen?“, fragt Anne diskret.

„Aber natürlich, sehr gern.“ Wir schreiten rechts herum ins Wohnzimmer.

„Das Porträt dort zeigt Asa Tift, er hat das Gebäude 1851 in kolonialem Stil gebaut. Auf der Vitrine steht Hemingways alte *Royal*, die Reiseschreibmaschine, auf der er meist am Stehpult in die Tasten hämmerte. Neben sich die obligate Flasche mit einem Glas Rotwein. *Autoren sollen stehend an einem Pult schreiben. Dann fallen ihnen ganz von selbst kurze Sätze ein*, war sein Rat. Im gegenüberliegenden Esszimmer sehen Sie Bilder von Hemingway und seinen Ehefrauen.“

„Ich bin nicht prüde und auch kein Moralapostel, aber da fängt die Unmoral des Katholiken an“, sage ich und ergänze: „Mit Hadley verheiratet, Sohn John ‚Bumby‘ gezeugt, verliebt er sich als armer Schlucker und unbekannter Schreiber in Hadleys Freundin Pauline, die Herausgeberin der VOGUE Paris. Pauline, aus begütertem Haus mit einem steinreichen Onkel, war für Ernest die Partie, für die er alles stehen und liegen ließ.“

„Ach, Sie messen ein Genie mit der Elle eines Kleinbürgers“, Anne lächelt milde und fährt fort: „Kurzum, im April 1928 besuchten Hemingway und Pauline, zwischenzeitlich verheiratet, zum ersten Mal Key West. Eigentlich wollte die neue Familie hier nur etwas Urlaub machen. Doch der Ort gefiel so gut, dass sich ein Freund nach einem passenden Haus umsehen sollte. Nach einem Europaaufenthalt kehrte die Hemingway-Familie nach Key West zurück. Ernest frönte seinem üblichen Tagesablauf: Schreiben am Morgen, Fischen nachmittags, abends Barbesuche. Im Sommer reiste er nach Spanien. Zuvor hatte Pauline dieses aus Korallensteinen gebaute Haus entdeckt. Ihr Onkel kaufte das Anwesen für 8000 Dollar und schenkte es dem Paar. Ernest zog 1931 ein, in der Zeit der großen Wirtschaftsdepression.

Key West war bankrott und Hemingway wohl der einzige zahlungskräftige Gast in *Sloppy Joe's Bar*. Pauline brauchte ihr Luxusleben nicht einzuschränken. Den Wohnsitz stattete sie mit Antiquitäten aus Europa aus. Viele Möbel und Erinnerungsstücke stammen aus Spanien oder Italien des 18. Jahrhunderts. Der Kristall-Lüster da oben ist handgeblasenes Muranoglas. Und das wunderbare Ding auf dem Sideboard ist ein Flaschentresor, der verbieten sollte, dass sich Unbefugte an seinen edlen Tropfen vergriffen."

„Die edlen Tropfen zu Hause waren dem Schriftsteller aber nicht genug. Oder warum hing er regelmäßig in *Sloppy Joe's Bar* herum? Und was hatte er bislang als Autor geleistet?"

„Nun, er suchte das Gespräch mit den einfachen Leuten. Erlernte ihre Ausdrucksweise, war an ihren Lebensläufen interessiert, wollte ihr Handeln verstehen. Auch war er schon recht produktiv und über Nordamerikas Grenzen hinaus recht bekannt. 1923 erschien sein erstes Buch *Three Stories and Ten Poems*. Dann folgten *In Our Time* und *The Sun Also Rises* und so manches mehr. 1929 wurde *A Farwell to Arms* ein durchschlagender Erfolg. Es folgten Reiseaktivitäten und einschneidende Erlebnisse: Sein zweiter Sohn Patrick wurde geboren. Vater Clarence Hemingway beging Selbstmord. Mit seinem Freund John Dos Passos widerfuhr ihm ein schwerer Autounfall. Der dritte Sohn Gregory kam zur Welt. Und nach einer Jagdsafari erschien 1935 *The Green Hills of Africa*. – Eines Abends im Jahr 1939 trieb es Ernest mal wieder in seine Stammkneipe. Sein Blick fiel auf eine aufregende Blondine am Tresen. Das ‚blonde Gift' war die Reporterin und Autorin Martha Gellhorn, damals ebenso bekannt wie Hemingway selbst. Martha war nicht zufällig in *Sloppy Joe's Bar*. Sie wusste genau, wen sie dort für ein Interview treffen würde. Es dauerte nicht lange, bis die beiden ein Verhältnis hatten …"

„… Das sie im Spanischen Bürgerkrieg als Berichterstatter 1937 weidlich genossen, während Pauline zu Hause brav die Kinder hüten durfte."

„Natürlich, der Schriftsteller brauchte Stoff für neue, große Werke!“

Wir steigen die Treppe in den ersten Stock hinauf. Vorbei an allerhand Fotos, die den „Meister“ mit Fisch- und Großwildtrophäen zeigen. Rechts geht’s ins Schlafzimmer, in dem zwei zusammengesetzte spanische Betten aus dem 17. Jahrhundert den Raum dominieren, erklärt Anne – und fährt fort: „Das Gemälde über den Betten stammt von Henry Faulkner, ein guter Freund von Tennessee Williams und Truman Capote. Der Maler lebte in Key West und wurde nie ohne seine Ziege Alice gesehen. Sie begleitete ihn überall hin.“

„Ist das ’ne Katze auf dem Bett?“, frage ich.

„Oh, tatsächlich, da hat sich *Archibald McLeish* in die Kissen gekuschelt. Es ist ihr ständiger Schlafplatz. Hemingway liebte Katzen. Auf dem Grundstück leben ungefähr sechzig Tiere. Alles Nachfahren von *Snowshoes*, seiner Lieblingskatze mit sechs Zehen. Auf die Sechszehigen war Ernest besonders stolz.

Damals umgaben ihn mindestens ebenso viele schleichende Schnurrer. Traditionsgemäß sind alle Katzen nach berühmten Personen benannt: Ava Gardner, Ezra Pund, Edgar Allen Poe, Gary Cooper und so weiter. Es gibt sogar einen Katzenfriedhof. Auf den Grabsteinen stehen die Namen der toten Tiere.“

„Ach du liebe Zeit! Dann wird’s bald nur so von Katzen wimmeln.“

„Fast alle sind sterilisiert, bis auf wenige Ausnahmen, die das Sechs-Zehen-Gen in sich tragen.“

Wir treten auf den verandaartigen Balkon mit Blick auf den schlanken, strahlend weißen Leuchtturm, der gerade vor tanzenden, dunkelgrauen Haufenwolken steht. Wind heult um Hausecken.

„Ist Ihr Mann tatsächlich zum Angeln raus aufs Meer gefahren?“, frage ich.

„William kennt den Golfstrom. Er wird rechtzeitig im Hafen sein. Keine Sorge.“

Noch ein skeptischer Blick in den Himmel, dann möchte ich etwas zur Geschichte des Museums erfahren.

„1941 wurde Hemingway von Pauline geschieden, um Martha Gellhorn zu heiraten. Das Paar zog nach Kuba. Pauline blieb in Key West, bis sie 1951 starb. Damit kam die Immobilie in den Besitz von Ernest und seinen Kindern. Da niemand der Erben Interesse zeigte, in Key West zu leben, wurde das Haus 1961 an eine reiche Juweliersgattin namens Bernice Dickson für 80.000 Dollar verkauft. Mrs. Dickson wurde mehr und mehr von Neugierigen gestört, die an die Tür klopften, um das Haus ihres Schriftstellers sehen zu können. Das brachte sie auf die Idee, ins kleinere Nebengebäude zu ziehen und aus dem Haupthaus mit all den Erinnerungsstücken der Hemingways, die sie beim Kauf mit erworben hatte, ein Museum zu eröffnen. – Der Swimming Pool dort war übrigens Paulines letzter Versuch, die Ehe mit Ernest zu retten. Während der Schriftsteller mit seiner heimlichen Flamme Martha Gellhorn in Spanien weilte, ließ sie einen Salzwasser-Pool bauen. Ernest liebte tägliches Schwimmen im Meer. Als er zurückkam, erfuhr er, dass der Pool 20.000 Dollar gekostet hatte. Er griff in seine Hosentasche, holte einen Penny heraus, warf ihn mit den Worten auf den Boden: *Hier hast du meinen letzten Penny!* Der Penny befindet sich unter Plexiglas am Poolrand da hinten."

Wir begeben uns hinunter in den Garten mit allerlei tropischen Gewächsen und bleiben an einem merkwürdigen Gebilde stehen.

„Um diese kleine Tränke rankt sich auch eine wahre Geschichte", sagt Anne, „das Utensil hing ursprünglich an der Wand der Herrentoilette in *Sloppy Joe's Bar*. Als der Wirt Joe Russell die Toilette renovieren ließ und das Pissoir herumlag, schwang sich Hemingway das Teil kurzerhand auf den Rücken und schleppte es mit der Begründung nach Hause: *Hier ist so viel von meinem Geld durchgeflossen, da hab ich wohl ein Anrecht auf das Ding* und stellte es im Garten als Katzentränke auf."

Böen rütteln immer heftiger an den Fensterläden. Museumswärter erklären, es seien nun Vorkehrungen zum Schutz des Anwesens zu treffen. Der Hurrikan sei in allernächster Zeit zu erwarten. Die letzten Besucher werden hinauskomplimentiert. Angesichts der sich wie Halme neigenden Palmen ist das einzusehen. Im Museumsshop erstehe ich noch rasch ein T-Shirt mit dem Konterfei des Schriftstellers für einen meiner Enkel und das Buch *Papa Hemingway* von A. E. Hotchner. Durch die Whitehead Street fegt der Sturm Plastiktüten, Ast- und Blattwerk.

„Ich mache einige Einkäufe, dann geht's nach Hause. William wird längst zurück sein. Sehen wir uns, wenn das Unwetter vorbei ist?"

„Klar, gerne – und vielen Dank, Anne!"

In entgegengesetzte Richtungen eilen wir davon. Auf dem Weg zu meinen Landlords in der White Street mache ich mir Vorwürfe, Anne alleingelassen zu haben. Andererseits mochte ich nicht aufdringlich sein und stürmische Naturgewalten können Süßwasser-Conches sicherlich besser einschätzen als Ankömmlinge.

Laura empfängt mich mit der Botschaft, dass es bald losgehen würde. Man sei auf das Schlimmste gefasst. Ich trinke mit ihr und James, ihrem Mann, Tee mit Rum in der guten Stube. Dann begebe ich mich aufs Zimmer, um abzuwarten – grad wie ein Maulwurf im Bau.

Entfesselte Gewalt

Hurrikane sind die heftigsten Plagen Floridas. Tropische Wirbelstürme entwickeln sich durch einen gewaltigen Sog aus Tiefdruckgebieten über der Karibik oder dem Atlantik und drehen sich in anfangs gleichmäßigem Tempo nordwärts. Über Wasser steigern Wirbelstürme allmählich ihre Kraft. Landfall bremst zwar ihre Geschwindigkeit, dennoch können sie mit bisweilen 300 Kilometern pro Stunde enorme Schäden anrichten. Für die großen Verwüstungen sorgt das Zusammenwirken von Flutwellen mit extremen Niederschlägen. Hurrikan-Saison besteht von Juni bis November, mit Höhepunkten zwischen August und Oktober. Der niedrigste je in einer solchen Zeit gemessene Luftdruck stand bei 982 Millibar. So ein atemberaubender Wolkenwirbel hat ein auffälliges „Loch" in der Mitte. Das sogenannte „Auge des Hurrikans". Dort ist es nahezu windstill. Steht man am Erdboden genau unter dem „Auge" und guckt nach oben, ist der blaue Himmel zu sehen. Aber drumherum toben Urkräfte … All das geht mir durch den Kopf, soll ich mich angesichts einer solchen Bedrohung – Annes Rat folgend – Hemingway widmen, um mir seine Werke zugänglich zu machen?

Es klopft an die Tür. James erscheint mit zwei Flaschen Bud Light und grinst. „Nicht, dass du uns so allein vor Angst in die Hosen machst – musste gerade noch 'n paar Sandsäcke vor den Türen stapeln. Jetzt heißt es Duldsamkeit üben!" – „Okay, lass uns einen verlöten, vielleicht gehen wir morgen schon flöten!", versuche ich aufzumuntern.

Wir nehmen einen ordentlichen Schluck aus der Pulle, dann sagt James: „Ich will dir mal erzählen, wie es 1992 war, als Hurrikan *Andrew* uns heimsuchte." Ich recke den Hals und beobachte, dass gerade armdicke Äste, Bretter, Stühle mit anderen Gegenständen durch die Straße fliegen. Regenböen prasseln auf den Asphalt. James, der Schlingel, will mir wohl Angst machen, als er beginnt:

„*Andrew* deckte unser Haus ab und machte Kleinholz aus meinem Boot. Ein ungewöhnlich heftiger Sturm wehte aus Südost. Mein Barometer stand auf 910 Millibar. Über die Medien forderte die Polizei auf, die Keys zu evakuieren, was zu einem heillosen Durcheinander auf dem Highway führte. Wir beschlossen zu bleiben. Die Atmosphäre wurde zusehends gespenstischer. Und wir machten uns daran, das Haus mit Balken, Brettern, Tauwerk, Nägeln zu stabilisieren. Mit Nahrungsmitteln und Trinkbarem hatten wir uns schon eingedeckt. Im Hafen war das Boot nach allen Regeln der Kunst verzurrt worden. Gegen Mittag vernagelte ich die Fenster mit Dachlatten. Sollte *Andrew* mit der Flut kommen, wir waren gewappnet. Mir gingen allerdings die Flutwellen des *Labor Day Hurricanes* von 1935 nicht aus dem Kopf. Die rissen 400 Menschen und die Eisenbahntrasse ins Verderben. Hatten wir wirklich an alles gedacht? … Wie aus schwarzer Nacht brach der Wirbelsturm über uns herein – wilder als ein angeschossener Bulle. Radio, TV, Telefon waren sofort tot. Im Haus brannte keine Birne mehr. ‚Achtung, die Tür!‘, kreischte Laura. Im selben Moment explodierte die Haustür, als sei sie von einer Kanone zerfetzt worden. Ich bekam ein geborstenes Stück Holz an den Kopf und taumelte an die Treppenhauswand. Laura und die Kinder kauerten in einer Schlafzimmerecke. Alle hatten die Münder aufgerissen und schrien. Ich hörte nur das Fauchen des Orkans. Dann ein Krachen, das sogar das Fauchen übertönte. Ich starrte durchs Treppenhausauge. Das Dach hob sich plötzlich. Ich glaubte zu träumen. Für Sekunden schwebte unser Dach frei über dem Haus, dann brach es seitlich weg, krachte auf die Straße. Dumpfes Entsetzen, ja Panik packte mich. Ich rappelte mich auf und warf mich über die Kinder. Harte Gegenstände flogen wie Geschosse in den Räumen umher. Teller, Tassen, Stühle, der Kleiderschrank und Vitrinen stürzten um und zerbarsten. Mir war, als seien Hubschrauber im Zimmer gelandet und schredderten das Mobiliar zu Spänen. In diesen Augenblick begriff ich: Da hatte der Tod uns am Schlafittchen. Welche Wand würde als erste umfallen und uns erschlagen …?“ James macht eine Pause und horcht.

Draußen ist es stockdunkel geworden. Und in dieser Schwärze orgelt der Sturm.

„Mal still“, flüstert der Landlord, „Laura will uns was zurufen.“ Von unten hören wir: „Entwarnung! Das Zentrum *Dorians* dreht nach Norden ab, rast auf die Bahamas zu. – Haben gerade die Nachrichten durchgegeben. Ausläufer von Windgeschwindigkeiten um hundert Meilen bekommen wir allerdings noch mit.“

„Noch mal Schwein gehabt!“, frohlockt James, schlägt sich auf die Schenkel, steht auf, um zu seiner Frau hinunterzueilen.

Tatsächlich flaut *Dorian* in der Nacht ab. Und ich bin gedanklich mal wieder bei Hemingway und seiner Zeit in Key West. Ob mich der Mensch und sein Werk doch noch anregt, vielleicht sogar begeistern kann? Zane Grey, ein Kollege aus der Trivialliteratur für Western, hatte ihm das *big game fishing* im Golf beigebracht. Die Jagd mit starken Motorbooten auf große Fische wurde Ernests Passion. Rasch nach seiner Ankunft wurde ihm klar: Die flache, isolierte Inselstadt konnte wie ein Gefängnis sein, wenn der maritime Auslauf nicht genutzt wurde. Hemingway war kein Seemann. Von Booten und dem Navigieren verstand er wenig. Er war aufs Töten kapitaler Meerestiere aus. Am Heck im Kampfstuhl in Spannung verharren, bis zum entscheidenden Biss einer unsichtbaren Beute. Es folgte ein langer Kampf, bis endlich der zappelnde, blutende Fisch an Bord gehievt wurde, wo er allmählich verendete. Leider, muss ich sagen, hat sich Ernest nicht von jenen unterschieden, die in ihren Villen auf den Keys Blue Merlins, Schwertfische, Barracudas präparierten und eingerahmt an den Wänden hängen hatten. Darunter das Messingschild mit Datum und Gewicht der Trophäe.

Nahm er nicht auch am großmäuligen Rekordangeln teil? Was mochte im Kopf des Katzen- und Hundeliebhabers, aber auch Tiertöters vorgegangen sein? Musste er stets der wehrhaften Kreatur seine Überlegenheit beweisen, um jeweilige Kicks in Literatur zu verarbeiten? Steckt für seine Fans im Stil schon der Mythos überspannter Männlichkeit: kurze, lakonische Sätze, lapidare Dialoge?

In der Whitehead Street 907 schrieb er Literatur von *A Farewell to Arms* über *Green Hills of Africa* bis *To Have and Have Not.* Titel, die Generationen begeisterten, die meisten Kritiker eingeschlossen. Und die, die mal derbe kritisierten, bekamen des Hobbyboxers Rechte schmerzhaft zu spüren. Warum sagt mir Ernest so wenig? Was Afrika angeht, las ich *Safari*, *Uhuru*, *Die schwarze Haut* von Robert Ruark ungleich lieber … Mit diesen Gedanken verschlief ich irgendwann den allmählich abebbenden Hurrikan *Dorian*.

Kuba winkt

Am nächsten Morgen erfahre ich, welche Verwüstung Dorian auf den Bahamas momentan anrichtet. Mit Kategorie fünf, der höchsten Stufe, und Windwirbeln um 300 Stundenkilometer wütet der Hurrikan über den Archipel. Strommasten knicken wie Halme, Leitungen zerreißen, im Nu werden 70.000 Menschen obdachlos. Bislang haben die Medien fünfzig Todesopfer gemeldet … Ich denke an William, und einem plötzlichen Impuls folgend mache ich mich auf in die Southard Street. Vorbei an Spuren der Zerstörung, die *Dorian*-Ausläufer in Key West verursachten. Bis auf eine umgestürzte Palme im Vorgarten, die Balkon und Dachpfannen beschädigte, hat das Haus der Crowns das Unwetter glimpflich überstanden. Mehrere Autos stehen vor dem Grundstück. Ich trete durch die angelehnte Haustür … und erschrecke. Im Kreis von Freunden und Nachbarn sitzt Anne, zusammengesunken, das Gesicht in ihre Hände vergraben. Was ist passiert?

„William is missing!“, raunt einer der Anwesenden. Oh Graus, hat ihn das Meer verschlungen? Niemand hat Informationen oder Rat und Anne ist am Boden zerstört. Ich stelle mich zur Gruppe, verlegen und stumm. Schlimm, diese Hilflosigkeit! Coast Guard und Hubschrauber seien suchend unterwegs, heißt es. Ein Segelschiff und zwei weitere Motorboote seien gleichfalls als vermisst gemeldet. Wäre es ein Trost, wenn Wracks und Wasserleichen geborgen werden? Niemand mag daran denken. Der Tag riecht nach Tod.

Nach Stunden ungewissen Wartens erreicht Anne die Botschaft, ihr Mann sei mit seinen Gästen, dem „zerzausten“ Boot, erschöpft, doch einigermaßen unversehrt im Hafen eingelaufen. Wenig später stampft er ins Haus, umarmt seine

Frau und sackt in den Sessel. Was war passiert? Einer seiner Angler hatte einen prächtigen Schwertfisch am Haken, der noch geborgen werden sollte. Doch der Bursche war extrem zäh. Als er endlich an Bord lag, blies der Sturm so heftig, dass eine Rückfahrt unverantwortlich war. William entschied sich, in einer westlich gelegenen Bucht von Big Mullet Key im Windschatten von Mangrovendickicht Schutz zu suchen. Kreuzseen traktierten die Motorjacht mit ungeahnter Heftigkeit. Allerhand Gegenstände gingen über Bord, auch der Schwertfisch. Kommunikation war plötzlich nicht mehr möglich. In der Bucht wurde die Nacht verbracht. Am nächsten Morgen dann wagte man den Kurs auf Key West.

„Was sagte der alte Ernest immer? *Man kann vernichtet werden, aber man darf nicht aufgeben* – oder so ähnlich." Damit stemmt sich der Skipper aus dem Sessel und verschwindet, humpelnd, gestützt von Anne, in Richtung Badezimmer. Über die Schulter ruft er mir zu: „Mit dir will ich noch 'n paar Worte reden. Morgen oder später – so long."

Bald drauf wurden wir informiert: Die beiden Motorboote konnten sich ebenfalls retten. Den Segler allerdings hat Poseidon östlich von Dry Tortugas mit Mann und Maus zu sich geholt.

Wer sich auf Hemingways Spuren begeben will, muss Kneipengänger und trinkfest sein. Doch will ich das? *Captain Tony's Saloon* ist äußerlich ein gelb gestrichenes Holzhaus, von innen ein düsteres Loch in der Green Street mit Billardtischen neben Tischfußball. Wände und Decken sind gespickt mit Postkarten, Autoschildern, Banknoten nebst anderer Andenken aus aller Welt. Ich sitze auf dem Barhocker namens *Hemingway* mit einem *Cocktail Hemingway* aus weißem Rum, Maraschino, Zitronen- und Grapefruitsaft. Hocker *Truman Capote* und *John F. Kennedy* sind noch frei. Überhaupt herrscht Totentanz, nicht nur im Saloon.

Der Massentourismus ist noch nicht zurückgekehrt, was ich genieße. Ein Straßenmusiker hat sich am Eingang an die Hauswand gequetscht, bearbeitet seine Gitarre, singt Country

Music. Wie ein Kriegsversehrter schleppt sich gerade William herein. Während des Seeabenteuers hat er sich die Hüfte angeschlagen und eine Schulter verrenkt. Vorerst ist er außer Gefecht und hat Zeit für mich. Mühsam erklimmt er den Barhocker *Truman Capote*.

„Hallo, weißt du eigentlich, wo wir hier sind?"

„Du wirst es mir sagen."

„Bis 1938 stand *Sloppy Joe's Bar* hier. Pächter Joe Russel zog in die Duval Street, weil er dort einen Dollar pro Woche weniger zahlte."

William bestellt Draft Beer und meint: „*Ein intelligenter Mann ist manchmal gezwungen sich zu betrinken, um Zeit mit Narren zu verbringen.*"

Ich muss Crown ziemlich konsterniert angeschaut haben, denn er meint: „Ein Spruch von Papa H., wenn man ihn nach seinen legendären Kneipengängen befragte. By the way: Was ist nun mit Ernest Miller. Konnte meine Frau ihn dir näherbringen?"

„Was soll ich sagen. Ich bin unsicher. Kann ich seinem Lebensweg folgen? Den ausgetretenen? Ich möchte Interessantes erzählen, nicht wiederkäuen. Verstehst du das?"

„Natürlich. Begib dich nach Kuba. Da hat er die längste Zeit seinen Wohnsitz gehabt. Zwanzig Jahre, mit Unterbrechungen, versteht sich. Dort war er am produktivsten, glücklich und zu Tode betrübt. Ja, geh nach Kuba, der Inselstaat ist im Wandel. Schon vor Fidels Ableben ist 'ne Menge in Gang gekommen. Bin einige Male dort gewesen. Echt spannend, was sich da tut!"

Schon richtig, die Erzfeinde USA und Kuba waren sich etwas näher gekommen: Papst Franziskus erschien bereits im September 2015 in dem „gottlosen" Staat. Man staune, seit die USA die Sanktionen etwas gelockert haben, flirtet die kommunistische Bastion mit dem Kapitalismus. Ende März 2016 ereignete sich etwas von historischer Tragweite: Präsident Barack Obama mit Gattin Michelle samt Töchtern trafen im Rahmen eines offiziellen Staatsbesuchs in Havanna ein.

Obama verkündete: „Ich bin hier, um die letzten Überbleibsel des Kalten Krieges auf dem amerikanischen Kontinent zu beerdigen." Nach sechzig Jahren Sprachlosigkeit ein Gruß des Friedens. Raúl Castro, der die Amtsgeschäfte seines kranken Bruders Fidel führte, hörte das gern und forderte neben der Rückgabe Guantanamos eine vollständige Aufhebung des Handelsembargos.

Und kurz nach dem Staatsbesuch rockten die Rolling Stones auf der Zuckerrohrinsel vor 450.000 Zuschauern. Im Mai schließlich legte die *Adonia*, ein US-Kreuzfahrtschiff, erstmalig seit über fünfzig Jahren in Havanna an. Noch im selben Jahr präsentierte Karl Lagerfeld im sozialistischen Staat Luxusmode, die vor Kurzem noch als dekadent galt. Máximo Líder, Comandante, Diktator und was noch alles, Fidel Castro, zwischenzeitlich hinfällig geworden, starb am 25. November 2016. Camilla mit Charles waren im März 2019 auf Stippvisite erschienen … Vielversprechende Hoffnungen auf Verständigung und Entspannung keimten da, wie zarte Pflänzchen, die US-Präsident Donald Trump rigoros zertrat. Für Amerikaner ist es zurzeit so gut wie unmöglich, Kuba zu besuchen, umgekehrt herrschen die gleichen Bestimmungen. Bleibt nur, dass Joe Biden die amerikanisch-kubanischen Beziehungen rasch aus dem Eiskeller holt. – Eine Überlegung wert, die Insel zu bereisen. So zum Thema: *Kuba, Hemingway und eine Cohiba.*

„Ich denke darüber nach, William."

„Anne hat mir etwas mitgegeben", dabei zieht er geheftete Seiten aus seiner Jackentasche. „Es handelt sich um eine neu entdeckte Story des Meisters der Kurzgeschichte, das sagte sie jedenfalls."

Ich überflog *Hunt as Luck*: *In dem Jahr wollten wir Marlin fischen, vor der kubanischen Küste, einen Monat lang (…) Wir hatten am Ende 42 Marline gefangen, aber die großen waren noch immer nicht gekommen (…) Du gehst am besten rauf zum Ambos Mundos und machst dich frisch, Cap. Steig unter die Dusche, und ich hol dich dort ab. Dann gehen wir ins* Floridita *und bereden alles (...) In diesem Moment betraten zwei Mädchen, die wir kannten, die Bar. Zwei hübsche Mädchen, zurechtgemacht für den Abend (...) Und ich will, dass wir den größten gottverdammten Marlin fangen, der je im Ozean herumschwamm (...) Die Strömung war sehr stark, sie hatte uns bis nach Cojimar hinuntergetragen (...) Der Fisch kreiste langsam, und jedes Mal, wenn er nach draußen schwamm, zog er Schnur von der Rolle (...)*

Ich legte die Seiten auf den Tresen: „Genau, das ist er, der Stil Hemingways. Um was geht's in der Story?“

„Ums Fischen, was sonst … keine Ahnung. Lies sie! Wieder so ein existenzieller Kampf in Literatur gegossen. Anne war begeistert und meint, sie sei was für dich.“

Wir kippen uns noch 'n paar hinter die Binde. Und werden schließlich richtig albern, indem wir uns mit dem Seelenleben des Schriftstellers befassen.

„Vom absurden Übermut Ernests führt ein Wesensstrang von Typen à la Herman Melville zu Jack Kerouac, schreibende Tramps, Beatniks und Vagabunden. Die sich offen als gebrochene Gestalten outen, und …“, gebe ich zum Besten.

Crown unterbricht mich: „Bullshit! Hemingway kannst du mit Jack London oder Steinbeck vergleichen, die ihren selbst erlebten Teil in Romanen verarbeiteten, die Risse ihrer Existenzen jedoch im Verborgenen ließen. Man braucht kein Psychiater zu sein, um deren Gebrechlichkeit zu erkennen.“

„Und – das widerspricht sich doch nicht! Papa H. war ein integrierter Teil seiner Show. Damit, gegen seine Absicht, zum Mitleidenden seiner Helden. Der Schriftsteller, versteckt hinter seinen Akteuren, wurde groß, indem er seinem Mythos nicht entsprach.“

William kratzt sich am Kopf. „Das versteh' noch einer.“

„Ich glaube, Papa H. taumelte hier in Key West, wie vielleicht auch in Kuba oder Afrika, tropensüchtig zwischen Lethargie und Spannung. Ausgelöst durch Schreiben, Jagen, Alkoholkonsum und Weibergeschichten. Der Mann aus kleinbürgerlichem Binnenland suchte in konträrer Umgebung das Extreme. Dazu gehörten der Thrill und die Einsamkeit. Beides führte zu seiner ungewöhnlichen Diktion. – Noch ist sie mir fremd."

So „blödeln" wir eine ganze Weile im düsteren Loch von *Captain Tony's Saloon*. Bis William auf einmal sagt: „Wir werden morgen mal 'nen Schlag rüber nach Big Mullet Key machen, in der Hoffnung Sachen zu finden, die da in einer Bucht beim Sturm über Bord gingen. Willst du mit?"

„Verdammt gern! Wann soll's losgehen?"

„Sei um fünf Uhr dreißig am Hafen."

Ich habe nichts Besonderes vor und verbummele mit einem Stadtrundgang den Nachmittag. Aufräumungsarbeiten sind in vollem Gang. Abschnittweise schon abgeschlossen. Nahe des Key West Aquariums lasse ich mich in einem Café nieder. Zuvor konnte ich Haien bei der Fütterung zusehen und am *Touch Tank* seltene Meerestiere befummeln. Bei Espresso und Sahnetorte widme ich mich der Story *Jagd als Glück*. Anne wird sicher fragen, was ich von dem Text halte. Schnell wird klar, es handelt sich um eine ähnliche Version von *Der alte Mann und das Meer*: Zwei Fischer, einer davon ist Hemingway selbst, sind erpicht, den ganz großen Fisch zu fangen. Was anfangs nicht gelingt. Man nimmt sich im *Floridita* vor, an Fische zu denken und nicht ans „Aufreißen" hübscher Mädchen. Dann kommt der Tag, der einen ganz großen Marlin an den Haken bringt. Der Kampf mit dem kapitalen Exemplar ist mühsam und kräftezehrend. Er geht über Stunden. Das ungleiche Ringen zwischen zwei Fischern und der Kreatur wird zum Existenzkampf stilisiert. Als man glaubt, die Beute besiegt zu haben, kappt ein Fischer in der Aufregung die falsche Schnur. Das Meerestier ist frei, der Fischer Carlos verzweifelt. Papa H. tröstet ihn. Am nächsten Tag geht's wieder auf See mit besserem Angelgeschirr und 'ner dicken Makrele als Köder am Haken für den ganz großen Fisch. Es dauert nicht lang, da taucht so ein Bursche auf. Die Angelcrew hofft, dass er sich die Makrele schnappt … tatsächlich beißt der Marlin zu. Nun wird gespannt auf den

Ruck gewartet, der bedeutet, dass der Fisch wirklich angebissen hat. Ende. Einigermaßen unbefriedigt stecke ich die Story wieder ein.

Pünktlich um sechs Uhr tuckern wir mit gedrosselter Kraft aus dem Hafenbecken. Key West schläft noch. Zaghaft schiebt sich die Sonne aus dem karibischen Bett. Das Golfwasser glitzert wie Wunderkerzen. Kurs Westsüdwest ist angesagt. William steht oben am Steuerrad und lässt sich vom Fahrtwind durchpusten. Mit vielleicht dreißig Knoten rauschen wir jetzt an kleinen, unbewohnten Inseln vorbei. Anne und ihre Freundin Susen bereiten unten das Frühstück. Das Wetter verspricht einen schönen Tag. Es ist auf dieser Reise mein erster Tag auf See.

Womit sind wir eigentlich unterwegs? Ich sehe mich an Deck um. Auffällig ist der nicht unerhebliche Schaden an der Jacht: verbogenes Relinggestänge, die zerfetzte Plane des Sonnendecks. Risse im Kunststoff an Deck und am Rumpf beeinflussen hoffentlich weder Stabilität noch Dichtigkeit. Die Motorjacht namens *Nina* ist ein Hatteras 31 Flybridge Cruiser aus GFK-Material mit zwei starken Crusader-Motoren.

„Breakfast!“, ruft Anne aus der Kombüse. William schaltet den Autopiloten ein und setzt sich zu uns an einen Klapptisch, der auch was vom Sturmschaden abbekommen hat.

„Die *Nina* muss in die Werft“, meint der Skipper, „diesen Törn wird der Kahn wohl noch überstehen.“

Susen: „Sollen wir uns Sorgen machen?“ Sie ist ein handfester Typ, Ende vierzig, in Jeans und Parka, mit wasserblauen Augen. Ihre kurzen, strohblonden Haare erinnern an ein Stoppelfeld. In der Duval Street unterhält sie einen Souvenirladen, auf Hemingway-Artikel spezialisiert. Vom T-Shirt bis zum Teebecher ist alles zu haben. Und sie erwähnt den *Hemingway Look-Alike Contest* während der *Hemingway Days*, jährlich im Juli.

In dieser Zeit treten viele bärtige Papa-Kopien auf. Die „Echteste“ wird prämiert. Scheint ’ne Mordsgaudi zu sein.

Ich vermute, Anne hat Susen eingeladen, um mich zu überzeugen, dass das Interesse an Papa H. ungebrochen groß ist. Schon sind wir beim Thema. Es lässt mich seit Key West nicht mehr aus den Klauen und es beschäftigt mich immer intensiver. Kann ich mich seiner Präsenz überhaupt noch entziehen?

Anne fragt: „Ich hoffe, du hast *Hunt as Luck* gelesen?"

Ich hab's erwartet und antworte: „Eine typische Ernest-Story. Mit dem eingeschobenen Bericht des Anglers Carlos, der erzählt, dass im *Donovan's* ein betrunkener Cop aus Jux und Tollerei einen Gallego zusammenschlägt, kann ich nichts anfangen."

„Aber, aber, das ist doch der Kern, die Tragik der Geschichte! Ein selbstherrlicher Polizist, dazu alkoholisiert, will einem Gringo gegenüber seine Macht demonstrieren, indem er den Einheimischen, einen unbeteiligten Kubaner, grundlos mit dem Revolverknauf niederschlägt. Eine glänzende, lässig eingestreute Parabel bezüglich der Absichten, die die Angler im Schilde führen. Und gleichzeitig gibt Ernest die Zwiespältigkeit seines Charakters preis. Die Story hat Tiefgang. Sie vermittelt dem Leser unendlich viel seines Wesens."

„Verflixt, du hast recht, Anne! Ich muss Hemingway scharfsinniger lesen."

Zu dumm, dass ich den Bezug nicht erkannt habe. Wirklich dumm! Es ist an der Zeit, mich intensiver mit ihm zu befassen.

Anne, aus Deutschland stammend, erzählt noch von Begebenheiten, die sich mit Ernest dort zutrugen: Anfang der 1920er-Jahre, er war Europa-Korrespondent mit einem Büro in Paris, reiste Hemingway durch Deutschland. Für den *Toronto Star* schrieb er zwei Kurzgeschichten, die sich unter anderem mit Kehl befassten. In einer Ausstellung dazu sollten die Texte *Crossing to Germany a way to make money* und *Getting into Germany – Quite a job, nowadays* nebst seiner Reiseschreibmaschine, Marke Corona 3, zu sehen sein. Im August 1922 besuchte er Triberg im Schwarzwald, wo er seiner Leidenschaft, dem Angeln, nachging. Eine Gedenktafel zeugt von seinem dreiwöchigen Urlaub dort.

Geradezu eklatant war sein Erscheinen in Berlin, um der Premiere von *Kat*, seinem Schauspiel, beizuwohnen. In seiner Rocktasche befand sich etwas Proviant, eine Flasche Whisky. Nach der Aufführung wurde er in die Garderobe von Käthe Dorsch, einer Schauspielerin, geführt. Er fragte laut und deutlich, wie viel diese Frau für eine Nacht kostet. Da Käthe kein Englisch sprach, hielt sie die Worte für ein Kompliment ihrer Schauspielkunst. Hemingway wurde aus der Garderobe hinausgedrängt, nachdem er ihr ein Angebot von „Hundert Dollar und keinen Cent mehr“ gemacht hatte. Zum Glück verstand Frau Dorsch auch das nicht. – Nicht zu vergessen seine Erlebnisse 1944 im Hürtgenwald zwischen Aachen und Düren. Wo eine der blutigsten Schlachten des Zweiten Weltkriegs stattfand. Nach acht Tagen an der Front kehrte Papa H. krank und total desillusioniert nach Kuba zurück. Er musste sich vom Grauen des Krieges erholen – und fiel dabei in eine tiefe Depression.

Ja, es gab mehrere Besuche von Hemingway in Deutschland. Meist waren sie von kurzer Dauer. All diese berührten mich nicht. *Jagd als Glück* geht mir auf dem Törn nicht aus dem Schädel … bis ich endlich erkenne, ich muss nach Kuba, ihm folgen, die Fährte aufnehmen. Eine fixe Idee hat sich meiner bemächtigt.

Die Seefahrt mit der *Nina* ist wirklich toll. Wir suchen die Bucht von Big Mullet Key ab, in der William vor dem Hurrikan Zuflucht fand. Im Mangrovenfilz haben sich lediglich Kisten, Tonnen, leere Flaschen und andere Kleinigkeiten verfangen. Nichts von besonderem Wert. Nichts, was William zu finden hofft.

Die See bleibt ruhig. Crowns beschließen, weiter bis Dry Tortugas zu cruisen. Eine Inselgruppe, die sich im *Dry Tortugas National Park* befindet. Herrliche, einsame Eilande, umspült von kristallklarem Wasser, mit der Sicht auf Korallenriffe, Fischschwärme und Schiffswracks.

Bei Garden Key legen wir an. Die Hauptinsel wird von dem sechseckigen Fort Jefferson, der einst mächtigsten Küstenfestung der USA, bestimmt.

„Wie kommt die Inselgruppe zu dem Namen?“, frage ich.

„Juan Ponce de León nannte sie schon im 16. Jahrhundert so, nach der Menge der sich dort tummelnden Meeresschildkröten. Dry weist darauf hin, dass es dort kein Süßwasser gab. Jahrhunderte blieben die Inseln menschenleer. Mit dem Bau des Forts wurde erst 1846 begonnen. Und bestückt wurde es mit 460 Kanonen. Tausend Soldaten waren als Besatzung vorgesehen. Moderne Waffensysteme veranlassten die Armee, das unvollendete Bollwerk aufzugeben“, ist von William zu erfahren.

„Imposant!“, entfährt es mir. „Können wir einen Rundgang machen?“

„Unbedingt. Die Dry Tortugas wurden übrigens 1992 zum Nationalpark erklärt. Korallenbänke, Schwärme von Tropenfischen, Seeschildkröten, ein enormer Vogelreichtum machen das Gebiet zu einem Mirakel im Golf von Mexiko“, erklärt Anne.

Wir umrunden das Fort. Ich staune über die massiven, fast drei Meter dicken Mauern. Ja, auch über den Kontrast eines aggressiven Bauwerks inmitten maritimer Urnatur. Trotz allem, das Gesehene gleitet vorbei, wie eine Landschaft, die aus einem Schnellzug wahrgenommen wird. Ich schmiede Pläne für einen Abstecher nach Kuba, in den Fußstapfen eines mir absurden Schriftstellers, den es zu ergründen gilt. Ich sehe ihn klar und deutlich vor mir, nur begreifen kann ich ihn nicht … Doch das Thema hat mich jäh gepackt. Seltsam: Wie durch eine karibische Brise herangetragen, kommt mir der „Held“ in den Sinn: *Während du gehst, wohin du gehen musst, während du tust, was du tun musst, wird das Instrument, mit dem du schreibst, stumpf. Du musst es auf den Amboss legen und neu schmieden.*

Endlich: Havanna in Sicht!

Halleluja! Geschafft! Ich bin auf einem Schoner in der Straße von Florida am Rand des Golfs von Mexiko. Vor uns Kuba mit einem Schweif von Inseln, die sich sichelförmig um das Karibische Meer gebildet haben. Ob man sie als halb untergetauchte Boa oder geborstenes Echsenskelett sieht, ist dem Betrachter überlassen. Karibische Inseln regen allein schon ihrer Lage wegen zu phantasievoller Betrachtung an. Angeführt wird der rund 3000 Kilometer lange Archipel aus fast 800 Inseln von Kuba, der größten „Perle" der Antillen. Für mich umgibt Kuba ein Zauber. Ein Zauber, den ich in Worte fassen möchte – ein sicherlich hoffnungsloses Unterfangen …

Man möge mir ersparen zu berichten, welche bürokratischen Hürden und unsinnigen Formalitäten zu überwinden waren, um die Erlaubnis zu erhalten, von den USA mit dem Schiff nach Kuba zu reisen. Ohne Hilfe der Crowns und deren Kontakte wäre eine Passage nicht geglückt. Wie so oft unterwegs bringt der Zufall den Reisenden weiter. Das „Tor" öffnete schließlich die *Spirit of the Sea*, ein kanadischer Schoner, dessen Käpten kein Problem darin sah, einen Deutschen auf dem Inselhopping ein Stück durch die Karibik zu transportieren. So wurde ich Gast einer lustigen Crew aus Hobbyseglern, die sich in Halifax für den Törn ihres Lebens Segelschiff und Skipper mit Steuermann gechartert hatten. *Dorian* haben sie im Hafen von Miami ohne Blessuren abwarten können, was die Besatzung Ben Wood, ihrem umsichtigen Schiffsführer, zu verdanken hat. Rasch war erkennbar, dass sich da nicht nur erfahrene Segler an Bord befanden. Also wurde jede Hand, die half, gebraucht. Achtern hieß es: Leinen los!

Ich holte die Pfänder ein und warf sie auf die Planken. Der Hilfsdiesel sprang an, schob die *Spirit* aus dem Hafen von Key West.

„Adios und Dank für alles!“, rief ich übers Wasser.

„Großsegel und Schoner hissen!“, kam das Kommando vom Skipper.

Wir brassten das Tuch und das Schiff neigte sich nach Lee. Der Motor starb. Jetzt waren nur noch das beruhigende Plätschern der See und das Knattern der Segel zu vernehmen. Der Wind stand günstig. Wir pflügten den blauen Acker gut und gerne mit sechs Knoten auf strammem Südkurs. Der Morgen war noch früh.

So Gott will, werden wir in fünfzehn Stunden, irgendwann gegen 22 Uhr, Havanna erreichen können. Ben geht hart an den Wind. Gischt bricht sich am Bug und fegt über Deck. Herrlich, so übers Meer zu gleiten, nur von der Kraft des Windes getrieben. Was für ein Gefühl von Freiheit und Abenteuer! Alles unter Kontrolle gebracht, genehmigen wir uns den Begrüßungstrunk. Bei weißem Rum mit Cola stellen wir uns vor. Ein passabler Haufen aus Rechtsanwälten, Ärzten, Unternehmern und Pädagogen ist da zusammengekommen. Nach allgemeinem Smalltalk begebe ich mich ans Heck.

Der Blick schweift über schäumendes Wasser bis an die Kimm – so nennen Seefahrer den Horizont –, wo das Ufer als dunkle, dünne Linie entschwindet. Dabei gleiten die Gedanken zurück in die Vergangenheit. Wie seltsam, ich denke an die Entdeckung Kubas durch Christoph Kolumbus und an Hemingway. Wie er die Insel für sich entdeckt haben mochte? …

„Deine erste Reise zur Zuckerrohrinsel?“, fragt mich Peter Waugh, der unbemerkt ans Heck getreten ist.

„Nicht unbedingt. War vor vielen Jahren mal dort, um Geschäfte zu machen – was nicht funktionierte.“

„Interessant! So ging’s auch uns. Ich arbeitete bei Enbridge Oil and Gas. Auch schon ’ne Weile her. – Und du?“

Ich muss lachen, weil sich meine Zeit als Geschäftsmann in grauer Vorzeit befindet, sage dann: „Kunststoffe für die Auto- und Flugzeugindustrie."

„Aha, dann sind wir ja Kollegen in einer Rohstoffkette."

„Waren, Peter, waren. Seit dreißig Jahren bin ich on Tour, um die Welt aus anderer Warte zu erleben."

„Selbst darin unterscheiden wir uns wenig", meint Waugh. „Wir machen den Atlantik rund und ich werde darüber schreiben. Als Chronist sozusagen."

Scheint wirklich ein Kollege zu sein, denke ich, und schon haben wir Kubas Geschichte am Wickel.

„Kubas Steinzeitkultur ist die der Guanahatabey, das waren Höhlenbewohner. Sie wurden durch das Taínovolk aus dem Orinoko-Delta verdrängt. Als erster Europäer setzte Kolumbus in der heutigen Provinz Holguin seinen Fuß auf kubanischen Boden ..."

Um nicht allzu uninformiert zu erscheinen, werfe ich ein: „Auf seiner ersten Reise hielt Christoph Kuba für das sagenumwobene Goldland Zipangu, das heutige Japan, von dem Marco Polo berichtete, in der Annahme, es gehöre zum Festland China. Der Irrtum wurde ihm 1494, auf seiner zweiten Kuba-Reise, bewusst."

„Für ihn war das eine herbe Enttäuschung, weil er, wie die meisten Entdecker jener Zeit, Schätze suchte. Dennoch schrieb er ins Logbuch: ‚Nie habe ich ein schöneres Land gesehen!'"

„Genau. Und nach den Entdeckern kamen Siedler und Eroberer mit Diego Velázquez und Hernán Cortés, dem späteren Unterwerfer des Aztekenreichs. Bereits 1522 kamen die ersten Sklaven aus Afrika auf die Insel. Ein Menschenhandel, der 350 Jahre bestand und die kubanische Kultur bis heute beeinflusst."

„Einfluss hatte auch das Zeitalter der Piratenüberfälle. Der Freibeuter Jacques de Sores, ein Franzose, zum Beispiel, brannte Havanna nieder. Die Spanier waren genötigt, Kubas Siedlungen durch mächtige Festungen zu schützen.

Nicht zu vergessen sind die Forscher: Alexander von Humboldt machte zweimal Station auf Kuba. Dank seiner umfangreichen Studien gilt er als der zweite Entdecker. Und Fernando Ortiz aus Havanna, ein Anthropologe."

Peter pflichtet begeistert bei und meint: „Ja, Orliz, seine *Transkulturation*, das Verschmelzen von Kulturen aus Spanien, Afrika, französischen Exilanten, chinesischen Einwanderern und Relikten der indianischen Taíno-Kultur, das alles hat mich schon immer beschäftigt. Er schuf für sein Land den Begriff *afro-kubanisch*. Für seine Forschungen und die *Liebe zur Kultur und zur Menschheit* war er sogar für den Friedensnobelpreis nominiert worden."

Wir könnten noch stundenlang in kubanischer Geschichte schwelgen, hieße es da nicht plötzlich von mittschiffs: „Das Deck klavieren!"

„Aye, aye, Sir!", antworten wir im Chor, begeben uns an die Wuhling (Tausalat), um ihn ordentlich aufzuschießen. Kurz vor 11 Uhr erscheint Skipper Ben. Er breitet die Seekarte auf dem Kartentisch aus.

„Wir befinden uns hier." Sein Finger zeigt auf eine tiefe Meeresfläche südlich der Riffeinträge. „Die Korallenbänke haben wir sauber umschifft. Bin gespannt, was uns vor Havanna erwartet!"

Bei raumem Wind gleiten wir zufrieden gen Süden. Wind von vorn heißt ständiges Kreuzen. Da wird jede Hand gebraucht. Befehle werden per Megaphon verstärkt, anders kommen sie nicht an. Seit gut einer Stunde haben wir Gegenwind und sind bannig auf Trab, als Ben ruft: „Rah und Schratsegel bergen!" Wir glotzen uns verwundert an. Die Sonne brennt aus wolkenlosem Himmel bei vier Beaufort (Windstärke 4). Was soll das?

„Ich schätze, das Barometer fällt", meint Peter. Kaum eine Viertelstunde später wächst fern am Horizont eine kleine, violette Wolke und mit der Wolke frischt der Wind auf. Ich steige in die Kajüte und erschrecke. Das Barometer steht auf 800 Millibar, mit fallender Tendenz.

Oben an Deck ertönt Bens Stimme: „Wir stehen vor einem Sturmtief mit ’nem veritablen Gewitter. – Charly und Tim, riggt das Strecktau auf. Alles festlaschen. Und das Ganze mit etwas Tempo!“ Keine zwei Minuten später wird der nächste Befehl übers Deck gebrüllt: „Schonersegel bergen!“ Das Laken rauscht abwärts, wird von flinken Händen geborgen.

Gespanntes Warten. In der Ferne erstes Wetterleuchten. Nachmittags geht’s los mit einem Windsprung. Es folgen peitschende Regenböen. Der Himmel ist schwarz geworden und ein strammer Wind bläst uns direkt ins Gesicht. Der Kurs ist nicht zu halten. Wir werden abgetrieben. Trotz Kreuzen und stampfender Hilfsmaschine. Wellen haben Schaumkronen, die von Böen zu Gischt zerstäuben. Die *Spirit of the Sea* kränkt gewaltig mal nach backbord, mal nach steuerbord. Fünfundvierzig Grad zu jeder Seite. Wie viel verträgt das Schiff? Die See springt über die Bordwand und streckt ihre Krallen aus. Sie brüllt: Ich komme – ich bin hungrig! Wir zwängen uns in Schwimmwesten. Wer jetzt über Bord geht, ist verloren. Bei einem solchen Wetter ist niemand zu bergen.

„Alle Mann Rettungsgurte anlegen!“, schnarrt des Skippers Stimme. Maßnahmen, die die Bewegungsfreiheit gewaltig einengen, sollen vor dem nassen Tod bewahren. Die ersten Crewmitglieder übergeben sich. Anfangs artig über die Reling oder in eine Pütz (Eimer). Später wo sie gerade gehen oder stehen. Dann fliegen die Brocken den Nachbarn um die Ohren.

Im Rick knattert nur noch die Sturmfock, die den Segler manövrierfähig halten soll. Angepickt stehe ich am Großmast und beobachte die hochgehende See. In den Sturm zucken grelle Blitze, fast gleichzeitig kracht der Donner. Am Bug brechen sich hohe Wellen und überspülen das Deck. Ben steht am Rad wie fest verwachsen. Die Karibik kocht.

„Ich muss die Brecher von vorn nehmen!“, brüllt er mir zu. „Kommen sie quer ein, kentern wir, werden Kleinholz.“ Ich nicke und hebe den Daumen. Was wir da abreiten, ist ein

Tropengewitter mit einem ausgewachsenen Orkan. So etwas schickt so manches Schiff auf den Meeresgrund. Rasmus tobt sich gerade wütend bei uns aus.

„Mach dich darauf gefasst, die Hölle bricht los!" Ben stemmt sich ins Rad. Und dann bricht sie los, als offener Schlund. Die *Spirit* stürzt in ein Tal. Ihr Heck steht fast senkrecht in der Luft. Als sie mit dem Bug wieder zum Vorschein kommt, hänge ich am Sicherheitstau wie ein Fisch am Haken. Kaum auf den Beinen, dreht sich der Segler um neunzig Grad, sinkt ins Meer, so tief, als wolle er nie mehr auftauchen. Das Steuerrad wird von Sturzseen eingedeckt. Ich komme mir verflucht alleine vor in dem Chaos. Allein im Zorn der Naturgewalten. Da tauchen sie auf: das Rad, dahinter der Käpten, die Hände um die Speichen gekrallt, den Schoner auf Kurs zwingend. Noch stemmt sich die *Spirit* gegen den Untergang und galoppiert vor dem Sturm dahin, neuen Abgründen und Gipfeln entgegen. Luft und See sind eins. Man glaubt, Salzwasser zu atmen …

Für Sekunden wird die Luke aufgestoßen, in einen Schwall Wasser hinein ruft einer: „Das Barometer steigt wieder!" Doch der Sturm hält uns noch Stunden auf Trab.

Ben ist fix und fertig, als wir uns Havanna nähern. Mit Peter schleppe ich ihn zum Niedergang, wir lassen ihn abwärts rutschen und packen ihn in seine Koje. Unser Käpten hat ganze Arbeit geleistet – Respekt! Bevor er die Augen schließt, beordert er seinen zweiten, Steuermann Tim, ans Rad.

Reinemachen ist angesagt. Zur Freude aller sorgt Smutje Floyd mit Sandwiches und erfrischendem Kaffee für Stärkung. Weit nach Mitternacht kommt endlich das Lichterband Havannas in Sicht.

Wer hat schon das Glück, La Habana des Nachts vom Meer her anzusteuern? Auf den ersten Blick erliegt man dem Reiz der Stadt. Dieser erstreckt sich in morbider Pracht längs des Malecón. Eine kilometerlange Uferpromenade, an deren Mauer sich Brandungswellen donnernd brechen und die

Promenade mit einem Schaumteppich überziehen. Das ist nicht immer so. Doch schon, wenn die Karibik aufgewühlt ist, wie heute. Wie beschrieb es Alexander von Humboldt: „Der Anblick Havannas von der Hafeneinfahrt aus ist einer der fröhlichsten und farbigsten von allen, die man an den Küsten des tropischen Amerikas nördlich des Äquators genießen kann." Er segelte 1800 an einem sonnigen Tag der Stadt entgegen.

Ich bin gekommen, um Havanna, Kuba und Hemingway für mich zu entdecken. Und schon jetzt fiebere ich nach mehr. An einem Apriltag 1928 traf die *Orita*, ein französisches Linienschiff, in Havanna ein. An Bord befand sich Ernest, der kurz vorher seiner Frau Pauline geschrieben hatte: *„Ich habe mich oft gefragt, was ich mit dem Rest meines Lebens anfangen soll, und jetzt weiß ich es – ich werde versuchen, Kuba zu erreichen."* Noch konnte er nicht ahnen, wie intensiv seine Beziehung zu Kuba werden sollte. Bis er sich häuslich niederließ, vergingen Jahre. Vorerst blieb es bei Angeltörns an kubanischer Küste. Bis 1932, als er das *Hotel Ambos Mundos* entdeckte – was er da wohl trieb?

Auf der *Spirit of the Sea* gleiten wir westwärts, vorbei am Castillo del Morro, dann weiter hinein in die Marina Hemingway, den größten Jachthafen Havannas. Er wurde 1953 im kleinen Küstenort Santa Fe angelegt. Achtzehn Kilometer westlich der Hauptstadt. Wie kommt die Marina zu dem Namen? Na klar, der Schriftsteller hatte 1950 die Marlin-Angel-Wettbewerbe, *Pesca de la Aguja*, in dieser einstigen Küstenidylle ins Leben gerufen. Ein Fest der Anglereitelkeiten nach dem Motto: Wer hat den Längsten am Haken.

Der Segler wird vertäut. Kurz und schmerzlos – der Abschied. Ein Zöllner, Hafenmeister oder Polizist, keine Ahnung, wer sich gerade wichtigmacht, ist verschlafen. Lustlos durchblättert er den Reisepass mit Einlage, die geschickt in seiner Hosentasche verschwindet. Im Morgengrauen liege ich hundemüde in einem Taxi Richtung Innenstadt. Mir ist alles egal. Will nur irgendwo mein Haupt betten.

Antonio steuert ein altes Dodge Cabriolet mit ’nem Toyota-Motor. Der rote Oldtimer mit frischem Herzen braust also dem Zentrum entgegen. Wohin, weiß ich nicht. Ich habe weder eine Adresse noch eine Unterkunft gebucht. Antonio wird wissen, wo er mich abladen kann. Ich vertraue ihm …

„Ich habe nur ein Leben,
und das möchte ich dort verbringen,
wo es mir gefällt."
(Ernest Hemingway)

Ambos Mundos

Aggressives Hupen, Lamento hallt von einer Hauswand, dann Klänge, die an Rumba erinnern, wecken mich. Ich schaue an die Decke, die von einem Baldachin verhängt ist. Wo bin ich eigentlich? Antonio scheint mich in das Zimmer eines längst verstorbenen Conte verfrachtet zu haben. Wurmstichige Möbel aus der Zeit des spanischen Barock. Es riecht nach Mottenpulver. Noch schlaftrunken tapse ich auf den Balkon. Weiche zurück, in der Angst, der könnte jeden Moment mit mir abbrechen. Auf gegenüber liegenden, nicht minder maroden Altanen wird lauthals diskutiert und gelacht. Unten an der Ecke einer Straßenschlucht stehen Männer, sie bearbeiten Trommel, Bass und Rasseln. Ich schließe für einen Moment die Augen: Dunkle, löchrige Gassen, rhythmische Klänge, rauchende Männer in Guayabera-Hemden, den Panama auf dem Kopf, lehnen an Mauerresten. Mädchen mit wiegenden Hüften und knappen Röcken haben es besonders eilig. Der Geruch von Dieselabgasen, Parfüm und Fäulnis. Abblätternde Fassaden, wie ein bunter Flickenteppich. Gleißendes Sonnenlicht und harte Schatten. Natürlich, ich bin in Havanna-Vieja. Unnachahmlich, dazu ist der Stadtteil zu widersprüchlich. Zu schön und zu verfallen, zu laut und zu verträumt, zu fremd und doch wie eine Sirene. Attribute, die fortzusetzen sind: abgenutzt, verbraucht und dennoch prächtig. Heruntergekommen und voller Würde. Heiter, trotzdem voller Melancholie – ich glaube, das gilt für ganz Havanna … Es klopft.

„Herein!“

„Buenos días. Wir dachten, Sie kommen gar nicht mehr zu sich“, sagt eine Frau. Lange kastanienbraune Haare, dunkler Teint, schlank, wohl proportioniert, vielleicht fünfunddreißig Jahre alt. Jünger wirkend. Augen wie glühende Kohlen.

„Excusare. Hatte gestern einen anstrengenden Tag.“

„Sí, sí. Antonio hat mich informiert und gesagt, ich soll mich um den Gringo kümmern.“

„So, hat er das? Ich bin kein Gringo, bin Deutscher. Und was hat Antonio mit Ihnen zu tun?“

„Ich heiße Isabella Torres, bin seine Schwester. Uns gehört die habitación.“

Die Wohnung einer Häuserzeile im dritten Stockwerk scheint als das einzige bewohnbare Überbleibsel in einer Bauruine zu existieren. Das Treppenhaus ohne Geländer mit fehlenden Stufen. Wände schief mit bröckelndem Putz. Fenster, in den Behausungen darunter gähnende Löcher, ohne Scheiben. Impressionen, deren Verfall so während der Einquartierung im Morgengrauen nicht auffielen. Was soll's, ich habe eine Unterkunft mit attraktiver Betreuung.

„Ist eine Stadtbesichtigung gewünscht?“, fragt Isabella, als wir auf dem Flur herumstehen.

„Nein. Ich möchte mich auf Hemingways Spuren begeben, von Beginn an. Doch wie und wo beginnen?“

Sie stutzt, dann meint sie: „Oje, von dem weiß ich nur, dass er Bücher schrieb, viel trank und mit Fischern unterwegs war. – Aber ich hab eine Idee.“

Ich folge ihr durch ein Gewirr enger Sträßchen, durch das alte Herz Havannas, wie ein Tourist dem Fremdenführer. Plötzlich bleibt sie stehen, pocht an eine ramponierte Haustür.

Wir warten. Ein Spalt öffnet sich. Augen spähen erwartungsvoll, scheinen Isabella zu kennen. Die Tür öffnet sich. Wir huschen in einen halbdunklen Hof mit seitlichen Gelassen. In eines führt uns der Pförtner.

„Was hast du vor?“, frage ich besorgt.

„Warte es ab. Wir gehen zu einer Magierin. Sie ist eine berühmte Wahrsagerin. Ich kenne sie. Hat mir manches prophezeit. Wer in Kuba wissen will, was das Schicksal mit ihm vorhat, holt sich Rat bei einer Wahrsagerin. Du brauchst doch Rat für deinen Plan?“

„Ich brauche Informationen, keinen Hokuspokus“, gebe ich vorwurfsvoll zurück.

Auf einem gefliesten Boden hockt eine rabenschwarze alte Kubanerin in einem weißen Nachthemd. Ein dottergelbes Kopftuch hat sie bis fast über die stechenden Augen gezogen. Im Schneidersitz nehmen wir vor ihr Platz. Isabella spricht mit ihr in einem unverständlichen Spanisch. Zwischendurch fällt das Wort Hemingway. Abwechselnd grunzt und nickt sie zu dem Gehörten. Zwischendurch fixieren mich ihre Augen so eindringlich, dass ich Gänsehaut bekomme. Nicht abzustreiten, die Person verfügt über magische Kräfte.

Nun sagt Isabella: „Maruba ist dein Problem bekannt. Sie kann dir mit Hilfe der Santería-Geister helfen. Die Sitzung kostet vierzig Dollar.“

Santería, schwarze Magie, das ist doch für die Kubaner, was für Haitianer der Voodoo-Kult bedeutet. Verflucht, wo bin ich da hineingeraten? Die Melange aus katholischer Religion und afrikanischen, hauptsächlich Yoruba-Riten, geschaffen von Sklaven, die ihren heidnischen Göttern einen christlichen Mantel umhängen. Die heilige Barbara ist deren Gott Chango. Franz von Assisi Oruba, Petrus Ogun und Jesus ist ihr Oddua. Jetzt erinnere ich mich: Hemingway war für Santería empfänglich. Im Zusammenhang mit einem afrikanischen Mädchen soll es mehrere Hinweise dafür geben. Gern wüsste ich mehr darüber. Immerhin, Santería-Priester können mit dem Kult auch großes Unheil anrichten. Was am Ende bis zum Selbstmord oder Auftragsmord führt. Ich willige ein. Aus Neugierde.

Maruba schickt ihren Gehilfen weg. Der erscheint einen Moment später mit einem gackernden Huhn im Arm. Dem Federvieh entfährt ein letzter Schrei.

Blitzschnell hat die Magierin dem Tier den Kopf abgedreht. Während das Blut über ihre Hände läuft, verfällt sie mit geschlossenen Augen in ein Versenkungsmurmeln. Ihr Assistent, ein Mulatte, schlägt eine Trommel und stampft im Takt mit den Füßen. Blut des noch zappelnden Opfertiers tropft, begleitet von allerlei Gebärden und Beschwörungsformeln, in eine Schale, die der Helfer auf einen Altar aus Knochen, Steinen, Blumenblüten stellt. Eine Kerzenflamme erwärmt die Schale, in der das Blut unter ekelerregendem Gestank dampft. Langes Warten. Maruba beugt sich über das kochende Blut. Ich kämpfe mit Übelkeit. Endlose Minuten verstreichen. Ist sie in Trance gefallen? Gebannt verfolgt Isabella das Geschehen. Der Trommel entweicht forderndes Hämmern. Blutgeruch benebelt. Ein Santería-, gleich Voodoo-Ritual besonderer Mystik?

Wie von weither kommt Leben in die Magierin. Langsam legt sie ihre blutige Hand auf meinen Kopf. Ich erwarte das Orakel. Reiseverlauf? Was weiß sie über Hemingway? Jetzt nuschelt sie etwas, das mir Isabella verdeutlichen muss:

„Suche Ambos Mundos, San Francisco de Paula, La Floridita, Cojimar … dann wirst du finden, wonach du suchst."

Ich frage: „Wo? Kann mir jemand helfen?"

„Du wirst Hilfe erfahren. Doch hüte dich vor Ungemach."

„Wann? Wieso?"

„Übe dich in Duldsamkeit. Nichts erreichst du mit Ungeduld."

„Welches Ungemach?"

Keine Antwort. Kein weiteres Wort folgt. Die Sitzung ist beendet. Nicht unbedingt enttäuscht übergebe ich der Alten das ausgemachte Honorar. Wir verlassen die Stätte der Geisterbeschwörung. Noch etwas benommen, empfinde ich die Bekanntschaft mit der „Zauberin" als besonderes Privileg. Kaum zu glauben, dass es im 21. Jahrhundert auf Kuba von Wahrsagern nur so wimmeln soll und fast jeder sie frequentiert. Was mag Maruba Isabella geweissagt haben? Wir schlendern nun über die Avenida Antonio Maceo, das ist der

Malecón, vorbei am Castillo de San Salvador de la Punta, in Richtung Hafen. Die Meeresbrise duftet nach Salz und Fisch. Stadteinwärts vermischt sich der Geruch mit Aromen von Tabak, Rum, Limetten und Zuckerrohr – Ingredienzien des Mojito, Kubas berühmter Cocktail. In der Calle Obispo hat sich eine korpulente schwarze Mama niedergelassen. Grell geschminkt, mit rotem Turban und angeklebten Fingernägeln, wie Adlerkrallen, beachtliche Ohrringe, in ein farbenprächtiges Kleid gehüllt. Ein Bild für die Götter! Ich nähere mich. Will ihr einen Obolus in den Topf werfen – schwupp, da hat sie mir eine Zigarre, Format Winston Churchill, in den Mund gestopft. Isabella entfährt schallendes Lachen. Rasch hält sie die Szene als Foto fest. Drei Musikanten nähern sich tänzelnd, bringen ein Ständchen.

Ecke Calle Mercaderes Calle Obispo stehen wir vor dem Hotel *Ambos Mundos*. Eine Vier-Sterne-Herberge mit fünf Stockwerken, rosa gestrichen. Wir treten ein. Im riesigen Foyer befindet sich links eine Bar, rechts steht ein Flügel. Die hintere Wand ist mit gerahmten Fotos behängt, die Hemingway mit seiner vierten Frau Mary Welsh, Fidel Castro, anderen Persönlichkeiten und großen Fischen zeigen. Auf einer Tafel steht *Habitación de Ernest Hemingway 511*. Irgendwo rattert ein Fahrstuhl. An der Bar lassen wir uns nieder. Isabella bestelle ich einen Mojito, mir eine Flasche Corona Extra, mexikanisches Bier. Der hellhäutige Barkeeper hantiert mit dem Shaker wie mit einer Rumbarassel. Er nennt sich Samy und strahlt übers ganze Gesicht.

„He, Samy, können Sie uns etwas übers Hotel erzählen?"

„Und ob! Was wollt ihr wissen?"

„So viel wie möglich."

„Na dann: Gebaut wurde es zwischen 1923 und 1925 nach Plänen des Architekten Luis Wise Hernandez, wie üblich im Kolonialstil. Berühmt geworden ist das Haus durch Ernest Hemingway, der bei uns in den 1930er-Jahren wohnte. Genau genommen mit mehreren Unterbrechungen von 1932 bis 1939. Immer wenn er sich in Havanna aufhielt, bekam er

Zimmer Nummer 511. Er liebte den Blick über die Altstadt, das Wasser und den Hafen, wo sein Boot lag. Seinem Freund John Dos Passos habe er einst mitgeteilt: *In diesem Hotel kann man ein gutes sauberes Zimmer bekommen, mit Ausblick auf Hafen und Kathedrale – man kann die ganze Hafeneinfahrt und das Meer für 1,80 Dollar überblicken.*"

„Was hat er denn da so getrieben, außer übers Fischen, Saufen und Señoritas nachzudenken?"

Der Barkeeper lacht. „Sie haben für Papa H. wohl nichts übrig?"

„Stimmt! Aber ich will versuchen, meine Meinung zu revidieren."

„Nun, in seinem Zimmer sind die Romane *Tod am Nachmittag*, *Die grünen Hügel Afrikas* und der Anfang von *Wem die Stunde schlägt* entstanden. Er hat angeblich stets betont: *Ambos Mundos, ein guter Platz zum Schreiben!*"

„*Wem die Stunde schlägt* sei Fidel Castros Bettlektüre gewesen, stimmt das?", werfe ich ein.

„Die Guerillataktik, darin beschrieben, imponierte Castro in seinem Dschungelversteck in der Sierra Maestra. Das ist richtig."

„Sein Zimmer da oben. Ist das zu besichtigen?"

„Aber sicher. Zahlen Sie drei Dollar. Ich schaue nach einer geeigneten Begleitung."

Steward Paolo ist ein aufgeweckter Bursche mit pomadisiertem Haar, das wie eine Speckschwarte glänzt. Gleich nach der Begrüßung bekennt er, Fan von Papa H. zu sein. Er habe alles von ihm gelesen. Hemingway scheint für Hotelangestellte so eine Art Pflichtlektüre zu sein. Mit Paolo kommen wir an einer weiteren Papa-Gedächtnisecke mit einer Menge gerahmter Schwarz-Weiß-Fotos vorbei. Das *Ambos Mundos* schlachtet den Aufenthalt des Amerikaners weidlich aus! So werbemäßig meine ich. Neben dem Treppenhaus befindet sich ein uralter Otis-Lift, mit einem Stahlgitter umbaut. Der Liftboy in roter Jacke und passendem Hütchen lässt ihn herunterscheppern.

Wir steigen ein und gleiten hinauf. Zimmer 511 ist schlauchförmig, klein, dabei recht spärlich eingerichtet: ein Doppelbett unter einem braunen Plumeau. Zwei Nachttische, beiderseits angeordnet, füllen die gesamte Stirnseite aus. An den Wänden Fotos des Meisters und ein Geweih. Scheint das eines Hirschs zu sein. Rechts die Fensterfront mit Tür als Austritt. Herrlich der Blick über Hafeneinfahrt und Kathedrale! Auf einem Mahagonitisch steht seine Schreibmaschine, geschützt unter einer Glashaube. Eine Sammlung alter Briefe, die Ernest im Hotel erhielt, befindet sich unter einer Glasscheibe. Vor dem Tisch steht ein Stuhl. Es fehlt nur das Stehpult. Ich stelle mir den Schriftsteller vor, wie er eifrig in die Tasten haut, um sein Tagespensum zu schaffen …

Steward Paolo erklärt aus dem Hintergrund, indem er auf die Schreibmaschine deutet: „Er war kein Schnellschreiber. Aber einer, der seine Schreibmaschinen ordentlich traktierte. Er soll einige zerhämmert haben. Täglich habe er sich um die drei Seiten abgerungen und die oft überarbeitet. Die meiste Zeit verschlangen seine Hobbys: Das Tête à Tête mit der schönen Jane Maron. Die Angelei mit den anschließenden Gelagen auf der *Pilar*, einer Motorjacht, die er sich 1934 geleistet hatte. Alkoholreiche Fröhlichkeit genoss er mit Freunden wie John Dos Passos, Arnold Gingrich vom Magazin Esquire oder einfachen Fischern in Hafenspelunken. Seine heimliche Geliebte Jane bezeichnete er nach der Liaison in *Haben und Nichthaben* als Miststück. Das so nebenbei."

Hab mir doch gedacht, dass Papa H. in seiner Bude nicht nur dichtete!

„Seine besondere Liebe galt dem Meer", fährt Paolo fort, „ihm wurde großes Interesse gewidmet. Immer wieder ist er hinausgefahren, um es zu erkunden: die Tücken, die Gefahren, vor allem seine Schätze, die Schwärme großer Fische. Natürlich beobachtete er die einheimischen Fischer und profitierte von deren Ratschlägen und Erfahrungen. Ernest mochten die Fischer. Er war spendabel. Den Fischfang teilte er gerne mit ihnen.

Seine bisweilen prahlerische Art hatte ihm aber auch Feinde geschaffen. 1936 wollten ihn Tagediebe, Seeräuber und anderes Gesindel aus dem Armenviertel in Regla überfallen und so richtig ausplündern. In *Mein Bruder Ernest* beschreibt Leicester Hemingway den Vorfall: *Ran an die Pilar. Wer ihn zuerst plündert, soll in Regla gefeiert werden!* Ernest bekam Wind von der Sache, legte sich mit 'ner Waffe auf die Lauer. Um ein Haar hätte er einen der Strauchdiebe abgeknallt."

Das Havanna der damaligen Zeit war schön, prächtig und reich – an der Oberfläche. Alles Fassade! Luxusleben für die oberen Zehntausend.

Paolo: „Hemingway entdeckte Kuba vom Meer her, wie seine Romanfiguren. Denken wir an den Fischer Santiago in *Der alte Mann und das Meer* oder an *Haben und Nichthaben*: Harry Morgan war mit seinem Boot und zahlungskräftigen Anglern unterwegs gewesen. Die Klientel blieb aus. Die Not machte Harry zum Alkohol- und Menschenschmuggler zwischen Key West und Kuba, bis er an dem illegalen, gefährlichen Geschäft zugrunde ging."

Mein Blick schweift noch einmal durch das Zimmer. Merkwürdig, es vermittelt den Eindruck, als sei Papa H. gerade nur mal kurz nach unten, an die Bar gegangen. Gleich erscheint er mit 'ner Flasche Rotwein und 'nem Glas, setzt sich an die Maschine, um neue Abenteuer aufs Papier zu bringen. Mit einem Lächeln meint Paolo: „Hemingway wohnte bei uns für 1,80 Dollar pro Nacht. Sie müssen heute so um die 250 Dollar bezahlen."

Isabella verdreht staunend die Augen. Der Steward hat sich für die Führung ein ordentliches Trinkgeld verdient. Wieder im Foyer bei Samy, lasse ich nach einer Weile durchblicken, dass mich Details aus Ernests Leben auf Kuba interessieren. Er stellt den Shaker ab, denkt nach und sagt:

„Moment mal. Da gibt es jemanden. Einen Professor für Literatur, Doktor Juan Utiva. Zurzeit arbeitslos – umständehalber. Hat bei mir oft seinen Frust runtergespült. Wenn Sie wissen, was ich meine." Isabella stößt mich an. Ich kapiere sofort.

„Professor Utiva, der kommt wie gerufen! Wo kann ich ihn treffen?“

„Hier. Ich werde ihn anrufen. Passt Ihnen morgen so um elf Uhr?“

„Unbedingt! Meine Handynummer, falls sich die Zeit ändern sollte.“

Hoch erfreut, schlage ich Isabella einen Imbiss auf der Dachterrasse vor.

„Adiós, Samy. Muchas gracias. Hasta mañana.“

Bei Muschelsuppe, Paprikaschoten, Tamales, das sind Rollen aus Maismehl, die mit gebratenem Schweinefleisch gefüllt, in Kohlblätter eingewickelt, dann gekocht werden, genießen wir die kreolischen Gaumenfreuden, dazu einen einmaligen Ausblick. Isabella legt ihre Hand auf meinen Arm. Berichtet einen traurigen Lebensabschnitt: Bei mir lief nicht alles glatt. Ich bin Witwe. Carlos war ein lieber und treuer Mann. Das ist in Kuba selten, musst du wissen. Die meisten Männer sind polygam, haben mehrere Frauen gleichzeitig. Zu unserem Glück wünschten wir uns so sehr Kinder. Ich wurde nicht schwanger. Auf den Rat einer Freundin ging ich zu Maruba, der Wahrsagerin. Sie sagte, ich könne keine Kinder bekommen. Woran es liegt, behielt sie für sich. In Carlos' Zukunft sah sie Düsternis. Das bedrückte mich sehr.“

Isabella unterbricht sich. Um zu prüfen, wie ihre Worte wirken? Was bezweckt sie mit der rührseligen Geschichte? Möchte sie einen „Sugar Daddy“ mal etwas erleichtern oder sich einfach einen Stein von der Seele rollen?

Ich bin gespannt und frage: „Was ist mit deinem Mann geschehen?“

Sie rutscht unruhig auf ihrem Stuhl hin und her.

„Wir Kubaner, zumindest eine große Zahl, darbt von jeher. Unter den Diktatoren, nach der anfänglichen Revolutionseuphorie unter Fidel Castro. Doch besonders als die Sowjetunion zusammenbrach, die Hilfen aus Moskau ausblieben. Und Castro *periodo especial* (die Sonderperiode) als Durchhalteparole verkündete. Nach und nach flüchteten Millionen Kubaner bei Nacht und Nebel auf dem Wasserweg nach Florida. Carlos hatte sich immer gesträubt, sein Land zu verlassen. Er war stolz, Kubaner zu sein. Hatte in der Armee gedient, war in Angola im Einsatz. Sein Glaube an bessere Zeiten war unerschütterlich. Bis er eines Tages wegen angeblich kritischer Äußerungen zur Politik denunziert wurde, in die Fänge der Geheimpolizei geriet, seinen Job als Maler verlor und verfolgt wurde. Er fürchtete Folter und Gefängnis. Wir trugen uns mit Fluchtplänen. Er wollte als Vorhut in Miami Fuß fassen. Ich sollte später nachkommen. Im Boot einer Schlepperbande verließ er mit anderen Flüchtlingen des Nachts den wenig bewachten Küstenabschnitt von Cojimar. Wieder war Verrat im Spiel. Das Boot wurde von der kubanischen Küstenwache entdeckt. Aufgebracht, dabei Republikflüchtlinge erschossen oder gefangengenommen. Andere ertranken. Was mit Carlos geschah, weiß ich bis heute nicht. Es heißt, er sei ertrunken. Wahrscheinlich haben ihn Haie zerfleischt."

„Schlimm!", gebe ich zu verstehen. Bin ehrlich berührt. „Wie ist die Situation zurzeit? Verlassen Kubaner ihr Land noch?"

„Das Ausreisen wurde erleichtert. Damit gibt's sehr viele Auswanderer. Besonders gut ausgebildete, weil sie hier keine Chancen haben."

Ich muss an das Herz der Altstadt mit den maroden Stadtvillen und an mein Zimmer in Isabellas Etage denken.

„Wie seid ihr eigentlich an eure Wohnung gekommen?", frage ich neugierig geworden.

Sie lacht und erklärt: „Eine komplizierte Geschichte: Einst wohnten in den prächtigen Villen stinkreiche Zucker- oder Tabakhändler. Nach der Revolution flüchteten die Besitzer, wurden enteignet oder verjagt. Mehrere Familien nahmen die einzelnen Stockwerke in Besitz. Allmählich verfiel die Bausubstanz, war ja kein Geld da. Auch unsere Familie wurde einquartiert, weil wir als Dörfler in der Stadt arbeiteten. Mehrere Jahre ging das recht gut, bis die Installation, der Putz, die Elektrik, das Holz, nach und nach alles kaputt ging oder verfaulte und die ersten Familien die ‚Prachtbauten' verlassen mussten. Das Büro des Stadthistorikers Eusebio Leal – ein deutschstämmiger Kubaner, habe ich vernommen – erhielt 1993 per Dekret Sondervollmachten mit dem Ziel, die Altstadtsanierung in Angriff zu nehmen. La Oficina del Historiador (Historikerbüro) arbeitet wie eine Art Stadtviertelregierung mit erstaunlichen Befugnissen. Es erteilt Genehmigungen für Geschäfte oder verkauft staatliches Eigentum. Mein Bruder und ich haben die Konzession für unsere Wohnung erhalten und dürfen Zimmer als *casa particular* an Touristen vermieten. Ein Teil der Einnahmen wird als Steuern abgeführt. Mit einem anderen Teil soll die Wohnung saniert werden. Was das Sanieren angeht, da haben wir Zweifel. Wahrscheinlich werden Baukonzerne beauftragt und wir können sehen, wo wir bleiben."

Eine Stadt im Zerfall und in der Entstehung zugleich. Oder ist das Kapitalismus mit sozialem Gewissen? Isabellas Offenheit beeindruckt mich. Schweigend schauen wir über die Dächer Havannas. Es geht dem Abend zu. Die ersten Lichter verleihen der Stadt eine andere, eine romantische Atmosphäre.

In den Straßen bereitet sich die Nacht auf Salsa- und Samba-Klänge vor. Eine Stadt in Partylaune, um allem Ungemach zu trotzen? Karibische Lebensfreude kann kein Regime bezwingen. Besonders nicht in der Königin des Archipels: La Habana!

„Stürzen wir uns ins Nachtleben", schlage ich vor.

Tangotänzer haben den Boulevard Paseo del Prado zur öffentlichen Bühne erklärt. Unter Mangobäumen und Pinien, zwischen Bougainvilleen und im süßen Duft der Frangipaniblüten schwingen Pärchen das Tanzbein. Eine Band betagter Männer, wie gerade dem Buena Vista Social Club entsprungen, mit Trompete, Bandoneon, Gitarre und Trommel, produziert die Musik.

„Tango in Kuba?", frage ich Isabella, deren Hüfte bereits im Takt schwingt.

„Das passt. Die afrokubanische Habanera ist mit dem Tango verwandt. Ich liebe den Tanz. Lass es uns mal probieren."

Für die Aufforderung hatte ich eine passende Ausrede parat: das Knie, Meniskusschmerzen. Als ich ihren Körper an meinem fühle, fällt mir keine Entschuldigung ein. Verlegen mache ich ein paar Schritte. Bald merke ich, verdammt, der Tanz mit dieser Frau lässt dich dreißig Jahre jünger sein. Meine Tanzerei wird immer angepasster. Sie macht sich einen Spaß mit mir und wirbelt wie eine Primadonna über den Beton. Von Zuschauern erntet sie Beifallsklatschen. Für mich bleibt ein müdes Lächeln. Ich gönne ihr die Freude. Eine angebrochene Tropennacht ist heiß. Beim Tanzen rinnt der Schweiß. Während sie mich rhythmisch mitreißt, stellt sich bei mir Kurzatmigkeit ein. Isabella jedoch kommt erst richtig in Fahrt … Die Band pausiert nach dem Schlussakkord. Fast wäre ich der Kubanerin erschöpft an den Busen geglitten. Auf dem Weg hinunter zum Malecón werden aus den dunkelsten Löchern verfallener Prachtbauten Instrumente geholt. An jeder Ecke wird Musik gemacht. Bleiben wir stehen, um zu lauschen, wird uns flugs der Hut unter die Nase gehalten. Musik ist Ausdruck von Lebensfreude, aber auch eine Chance, Geld zu generieren. Ich bin in heimischer Begleitung. Von unseriösen Angeboten penetranter Händler bleibe ich verschont: Cohiba, Habana cigar? Legendario ron de Cuba? Una chica mulata?

Ich habe den herben Duft von Tang und Salzwasser in der Nase. Das Meeresrauschen ist intensiver geworden. Wir haben die steinerne Uferböschung erreicht, setzen uns zu tuschelnden Liebespaaren auf die Mauer. Gelegentlich fegt der Wind Gischt über die Brüstung. Das kühlt und befeuchtet die Haut. Isabella wischt einen Rest Geflügelblut aus meinen Haaren und meint:

„Maruba hat seherische Kräfte. Morgen triffst du einen wichtigen Informanten."

„Ja, vielleicht. Ich bin gespannt. – Doch jetzt lass uns den Abend, das Meer, die Stimmung genießen."

Zurück im Gemäuer meiner Unterkunft. Die mich auf sonderbare Weise inspiriert. Es mag wohl am skurrilen Charme liegen, den die „Ruine“ versprüht. Mein romantisches Rustico. Erklären kann ich es nicht, weiß nur, dass ich mein Obdach mit keinem Luxushotel tauschen möchte. Ich habe meinen Notizblock auf den Knien und das Bedürfnis, die ersten Eindrücke niederzuschreiben:

La Habana ist wie ein spannendes, sehr schönes Buch, doch nur für den, der es zu lesen weiß. Noch habe ich diese besondere Kunst nicht erlernt. Es ist die Leidenschaft, die die Stadt – ein großes, morbides Freilichtmuseum – umarmt. Ihre sanften und schrillen Klänge berühren jeden Menschen, gleich welcher Nation, egal ob Künstler oder Scharlatan. Sie ist eine schmeichelnde, zugleich scheinheilige Diva, fünfhundert Jahre alt und doch quirlig und lebendig. Ein Weltkulturerbe, das viele erobern wollten: Piraten, Mafiosi, Guerilleros, Kommunisten, Touristen – was ist mit Hemingway, Leonardo Padura, Burt Glinn, Graham Green oder Kubas literarischem Gewissen, Ángel Santiesteban? Gelungen ist es niemandem. Menschen bewegen sich, Schachfiguren gleich, im Schatten, andere tanzen im grellen Licht, auf beschwerlichen, bisweilen trügerischen Nebenpfaden und schreien lautlos gegen bröckelnde Fassaden: Freiheit jetzt! Das sind die Risse im geschlossenen Diskurs. Unbeirrbar erhebt sich die Stimme gegen Willkür und Unterdrückung, gegen ein Leben im stetigen Mangel an Selbstbestimmung, Freiheit, an Träumen und Sinnhaftigkeit zu vieler Kubaner. Die Flucht über das Wasser ist für manche der einzige Weg. Andere flüchten sich in die Musik, den Tanz, ins Vergessen oder die Resignation.

Bei dem Gedanken an morgen überkommt mich auf einmal eine merkwürdige Unruhe. Warum nur? Ist es der Gedanke an den Literaturprofessor, dem ich unmöglich gewachsen sein werde? Als adäquater Diskutant wird er mich belächeln, wenn nicht ignorieren. Zweifel lassen mich das Treffen hinfällig machen. Als unsinnig erscheinen.

Hilfesuchend greife ich zu Hotchners *Papa Hemingway*. Das Buch jenes jungen Redakteurs beim *Cosmopolitan*. Er wurde mit dem Auftrag seines Magazins 1948 nach Kuba geschickt, um sich zu blamieren, um Hemingway zu interviewen. Mit gemischten Gefühlen brach er also auf, wohl wissend, dass Ernest Reporterfragen hasste und solche kontant ablehnte zu beantworten. Aus ersten Gesprächen in Hemingways Lieblingsbar entwickelte sich eine enge Freundschaft und nach Jahren der Beobachtung, der vielen Gespräche und Reisebegleitungen das ungemein intime Porträt: *Papa Hemingway*. Mit fast fieberhafter Eile vertiefe ich mich in das Werk, um mir wenigstens einige Informationen anzulesen. Nun habe *ich* Angst vor einer Blamage.

„Ich liebe dieses Land, ich fühle mich hier zu Hause, und wenn ein Mensch sich an einem anderen Ort zu Hause fühlt, als dem, an dem er geboren wurde, ist es ihm bestimmt, dort zu leben.“
(Ernest Hemingway)

Streifzug durch eine „Diva“

Als ich das Foyer betrete, ist es kurz nach zehn Uhr. Barkeeper Samy empfängt mich mit einem schiefen Grinsen.

„Buenos días!“, ruft er. Mit einer Kopfbewegung deutet er an einen Tisch. Dort sitzt ein Mann, von Zigarrenqualm umhüllt. Seine äußere Erscheinung gibt durchaus Anlass zu Misstrauen. Soll das der Literaturprofessor sein? Schäbiger Anzug, abgetretene Turnschuhe, rücken ihn in die Nähe eines Obdachlosen. Keine Vorurteile!, ermahne ich mich und nehme an seinem Tisch Platz. Wir stellen uns vor. Es ist tatsächlich der Professor Juan Utiva. Wie sich herausstellt ein Habanero, der an der Universität Philosophie lehrte und sich auf amerikanische Literatur spezialisiert hat. Den Lehrstuhl habe er verloren, weil er nicht sagen durfte, was er denkt, demzufolge er gewisse Einwände zum System kundtat. Utiva, einst überzeugter Kommunist, berichtet, dass er seinen Studenten seit fünfundzwanzig Jahren hätte etwas vormachen müssen.

Beispiel: Wenn ihm Studenten kritische Fragen stellten, wurde permanent gelogen. Die Revolution fraß ihre Kinder und 30.000 Andersdenkende. Fidel, der Máximo Líder, ließ Kameraden, frühere Mitstreiter liquidieren, weil sie Vorschläge zur Machtübernahme anmeldeten. Ja, Castro betrachtete schon bald Kuba als sein Eigentum, über das er nach Gutdünken verfügte.

„Meine Familie und ich wurden bespitzelt. Als meine Linientreue die Partei nicht mehr überzeugte, war ich für die Lehre ungeeignet, wurde suspendiert. Raúl hat mich des Dienstes enthoben. Bruder Fidel hätte mich einsperren lassen. Grundlos, nur eines Verdachts wegen."

„Wovon leben Sie jetzt?", frage ich frei heraus.

„Von Gelegenheitsjobs. Als Stadtführer oder Ähnliches, was mir meist der Tourismus beschert. Mit Trinkgeld kann das ein Vielfaches von einem Professorengehalt sein."

„Wie viel verdient denn ein Lehrstuhlinhaber?"

„Im Monat so um die 600 Pesos, das sind dreiundzwanzig Dollar. Was dem Tagesverdienst eines Taxifahrers oder dem Stundenlohn einer Prostituierten entspricht. Das ist Kommunismus bei uns heute: gute Schul- und Ausbildung, schlecht bezahlte Arbeit bis keine Berufschancen. Eine neue Klassengesellschaft, die der Dollarverdiener und die der Pesos-Empfänger. Ganz unten Professoren, Lehrer, Ärzte, Arbeiter in Kooperativen, oben Prostituierte und Parteibonzen."

„Was verdienen Professoren bei Ihnen?"

„Im Durchschnitt so um die 9000 Dollar."

Utiva schießen plötzlich Tränen in die Augen. „Das hieße fast vierzig Jahre Uni-Dienst. – Dafür haben wir gekämpft? Die Flucht junger Kubaner, wer kann es ihnen verdenken?"

Betretenes Schweigen. Dann sagt er: „An der Universität soll demonstriert werden. Im Sozialismus das erste Mal. Nicht nur für die Freiheit der Lehre, Mitspracherecht, nein, einfach ums Überleben! Nach dem Abkommen zwischen Obama und Raúl war überall Hoffnung auf Freiheit und Aufbruch entstanden. Aufatmen ging durch die Bevölkerung. Ich weiß, unsere Wünsche sind utopisch: den Lebensrhythmus der Tropen beibehalten, das Internet für alle, Gehälter für gutes Leben, den Genuss, Tage vor der Haustüre in Gesellschaft von Musik, Tanz, einem Schwätzchen mit Freunden zu vertrödeln."

„Da gebe ich Ihnen recht. Wird der Sozialismus reformiert, bleibt von ihm nicht mehr viel übrig. Konkurrenzkampf ist die Triebfeder des kapitalistischen Erfolgs. Und der Keim für Gier. Deren Auswüchse haben doch die Revolution entfacht und Castro an die Macht gebracht. Oder liege ich da falsch?“

„Keineswegs. Raúl hat die Grenzen der neuen Freiheit gezogen, als er Anfang 2015 sechzig Dissidenten verhaften ließ. Seine Mahnung: Reformen ja – doch nur parteikonform. Gewerbefreiheit in engen Grenzen. Meinungsfreiheit – nein. Nach Trumps Intervention ist ohnehin vieles ins Stocken geraten. Besonders der zahlungsfähige Tourismus aus den USA.“

„Ist das Ende der Ära Castro mit dem neuen Präsidenten Miguel Díaz-Canel nicht schon vollzogen worden?“, frage ich.

„Fidel Castro ist vor vier Jahren gestorben. Der neunundachtzigjährige Raúl, zwar seit drei Jahren auf dem Altenteil, hat die Zügel immer noch fest in der Hand. Ohne sein Einverständnis unternimmt Díaz-Canel keine Reformen. Der mit einundsechzig Jahren verhältnismäßig junge Politiker und studierte Elektroingenieur wird ausländische Investoren oder private Initiativen nur in äußerst engen Grenzen agieren lassen. Wir sind gespannt, ob Díaz-Canel mit einem möglichen Präsidenten Joe Biden harmoniert. Noch sind wir ein Land zwischen Stillstand und Aufbruch – Vergangenheit und Zukunft.“

Unruhig dreht Utiva seinen ausgegangenen Stumpen zwischen den Fingern. Ich habe Kaffee bestellt und denke über den neuen Präsidenten Kubas nach, der eine wahre Herkulesaufgabe zu stemmen hat. Das heißt, ein Land vor dem ökonomischen Kollaps retten, ohne die Ziele der Revolution zu verraten. Geht das überhaupt? Erstmals steht ein Mann an der Spitze, der den Umsturz vor sechzig Jahren nicht selbst miterlebt hat. Die Revolutionshelden von damals sind tot oder Greise. Díaz-Canel, bisher wenig bekannt, ist ein nüchterner Apparatschik ohne Charisma, der Massen rhetorisch mitreißen kann. Er wird als intelligent, bescheiden und in gewisser Weise liberal eingeschätzt.

Ob das den Kubanern genügt, muss sich erst herausstellen. Kann er mit seinem fast bankrotten Land auf Hilfen seiner Partner in China, Venezuela, Spanien, Kanada hoffen? Nach dem Zusammenbruch der Sowjetunion ist jüngst ein zweiter Bruderstaat und Hauptsponsor, Venezuela, kollabiert. Öl aus Venezuela kommt nur noch tröpfchenweise. Im Gegenzug entsandte kubanische Ärzte und Lehrer werden nicht mehr bezahlt. Von Raúl Castros initiierte Mikroreformen: privates Gewerbe. Ich-AGs, sogenannte *cuentapropistas*, haben nicht den erhofften Aufschwung gebracht, dafür die Ungleichheit befeuert. Schnell müssen die ineffektiven Staatsbetriebe saniert werden. Was das bedeutet, haben wir in den neuen Bundesgebieten schmerzlich erlebt …

„Worum geht es Ihnen? Samy erzählte, Sie wollen sich an Hemingway abarbeiten", kommt der Professor jetzt auf den Punkt.

„Abarbeiten ist gut. Ich möchte ihn verstehen können und Sie sollen mir dabei helfen."

„Sie haben dafür Kuba gewählt. Das ist schon mal okay. Hier hat er die längste Zeit verbracht und sich wohl gefühlt. Zu seinem Schreibstil fand er jedoch ganz woanders."

„Woanders?"

„Ja, als junger Journalist mit schriftstellerischen Ambitionen im Paris der Jahre 1922 bis 1925. Seine besondere Leistung waren weder Inhalt noch Perspektive seiner Short Storys, Novellen, Erzählungen oder Romane. Es war der Ausdruck, den er reinigte und erfrischte. Der lernbegierige Hemingway traf in Paris auf die besten Lehrmeister für seine Zunft. Zielsicher wusste er zu abstrahieren, was seiner Gedankenwelt entsprach, was er abzulehnen hatte. Von Ezra Pound lernte er die Poesie der Klarheit bei Verwendung treffender Verben und minimalem Gebrauch von Adjektiven. Von Gertrude Stein erfasste er die Magie sich wiederholender Rhythmen. In der französischen Hauptstadt jener Zeit war der junge Ernest von Lyrikern und Malern, darunter Pablo Picasso, umgeben und beeinflusst worden. Seine frühen

Werke können als Prosagedichte, reimlos ohne Versmaß, bezeichnet werden. Die spätere, verfeinerte Diktion und Erzählkunst bergen Finessen, die er sibyllinisch *Eisbergtheorie* nannte. Doch dazu kommen wir noch. – Wie wollen wir starten, mit einem Rundgang? Sie sind doch sicher gut zu Fuß?"

„Genau, wir marschieren durch die Diva La Habana und Sie zeigen mir Ernests Verweilorte."

„Zuvor noch Folgendes: Schon seit einigen Jahren pendelte Papa H. zwischen Key West und Havanna, um im Golfstrom zu fischen. Befand er sich im südlichen Meeresabschnitt, übernachtete er hier im *Ambos Mundos*. Hoteldirektor Manolo Asper hatte für ihn stets Zimmer 511 reserviert. Er schrieb an dem Roman *Wem die Stunde schlägt*. Erzählt wird die Geschichte von republikanischen Aufständischen im Spanischen Bürgerkrieg, die den Auftrag haben, eine Brücke zu sprengen. Martha Gellhorn, Kriegsreporterin und Journalistin, traf, aus Europa kommend, in Havanna ein, um ihren Roman *The Stricken Field* zu beenden. Im Hotel herrschte brütende Hitze bei miserabler Organisation. Martha konnte sich nicht konzentrieren, quengelte und suchte einen zum Schreiben geeigneten Ort. Sie entdeckte eine Immobilienanzeige, die sie neugierig machte und nach San Francisco de Paula, einem Dorf rund fünfzehn Kilometer südöstlich von Havanna, führte. Der Beginn für ein neues Refugium."

Wir treten hinaus in tropische Hitze mit gleißendem Licht. Hauszeilen beschatten die Calle Obispo notdürftig. Über die Muralla erreichen wir den Hafen.

„Im Frühjahr 1934 kaufte Papa H. die hochseetüchtige Motorjacht *Pilar*, die auch schon mal da hinten dümpelte. Ihr eigentlicher Ankerplatz war allerdings Cojimar. Ein Fischerdorf, das Sie unbedingt besuchen müssen."

„War es nicht so: Seit Hemingway seine Leidenschaft für die Hochseefischerei entdeckte, träumte er von einem eigenen Boot?"

„Unbedingt. Er hatte Reportagen über seine Afrika-Safari an *Esquire* verkauft. Von dem Honorar und einem Vorschuss von 3000 Dollar ließ er sich auf der Brooklyner Wheeler-Werft ein Boot nach seiner Vorstellung auf Kiel legen. Zünftig mit einer Flasche Champagner taufte er die Motorjacht auf den Namen *Pilar*, nach der Schutzpatronin Pilar und dem Decknamen Pilar seiner noch geheimen geliebten Pauline Pfeiffer. Er war ja noch mit Hadley Richardson verheiratet."

„Wissen Sie Näheres übers Schiff?"

„Na klar. Es ist achtunddreißig Fuß lang und zwölf Fuß breit, wurde aus Eichen- und Zedernholz gebaut. Das Cockpit besteht aus Mahagoni. Zwei Dieselmotoren leisten 75 PS. An Bord können acht Personen schlafen. Sechs in der Kabine und zwei im Cockpit. Besonderen Wert legte Ernest auf die stabile Herstellung des Kampfstuhls. Das ist der Stuhl im Heck des Schiffs, auf dem der Angler oft Stunden mit einem 200 Kilogramm schweren Schwertfisch kämpfen muss, bis er ihn an Bord bekommt. Per Bahn wurde die *Pilar* nach Miami verfrachtet. Von nun an verbrachte der Eigner viel Zeit an Bord und erlebte auf den Planken so mache Abenteuer."

„Und das Schiff existiert noch?"

„Eigentlich wollte Mary Welsh, dass die *Pilar* auf See vor Cojimar versenkt wird. Das ließen die kubanischen Behörden nicht zu. Einige Jahre lag sie unbeachtet im Hafen von Havanna, bis schließlich wenigstens der Bootsrumpf einen gebührenden Platz zwischen Bougainvilleen und Palmen im Garten der Finca Vigía fand."

Mit dem Professor schleppe ich mich bei drückender Mittagshitze durch die Innenstadt, um möglichst viele Stationen zu erleben, an denen Hemingway oder andere Größen seiner Zeit präsent waren. In der Calle O stehen wir vor dem vornehmsten, zugleich luxuriösesten Hotel der Stadt: *Nacional*, der Komplex ist im Neokolonialstil erbaut worden. Ava Gardner, Marlon Brando, Winston Churchill, Frank Sinatra oder Errol Flynn waren voller Bewunderung vom Interieur, dem Blick von der Bar aufs Meer, den beiden Swimmingpools und dem von Palmen umsäumten Eingang. Johnny Weissmüller, der einstige Tarzan-Darsteller, soll mal von seinem

Zimmer direkt in den Pool gesprungen sein und die sechzehn Suiten sind mit Namen berühmter Gäste versehen: Walt Disney, Rita Hayworth, Jean-Paul Sartre. Eine Suite heißt schlicht *Mafia* nach Meyer Lansky. Utiva informiert, dass Hemingway nie Gast gewesen sei. Was mich wundert: War er nicht in Europa gern in den ersten Häusern abgestiegen? Denkt man an die Saufgelage im Pariser Hotel *Ritz* beispielweise. Seine Abneigung gegen das *Nacional* lag an den Erbauern, Mafiabossen. Deren Organisation breitete sich in den 1930er-Jahren von Chicago über Miami bis Kuba aus. Gangster wie Meyer Lansky, Frank Costello, Lucky Luciano nisteten sich ein, um am Alkoholschmuggel, der Prostitution, dem Rauschgifthandel, dem illegalen Wettspiel nicht nur zu profitieren, vielmehr das profitable Geschäftssegment zu kontrollieren. Langsam, aber sicher wurde Havanna das Winterdomizil der US-Verbrechersyndikate. Ungeheuer hohe Dollarmengen, illegal erworben, wurden gewaschen und in legale Betriebe, Baufirmen, Restaurants, Reisebüros, Hotels investiert. Dabei halfen die korrupte Polizei und die Regierung selbst, an der Spitze Diktator Fulgencio Batista, als Profiteure. Um 1934 wurden fünf große Luxushotels von der Mafia gebaut. Neben dem *Nacional* gehörte auch das *Havanna Hilton* dazu. Bis 1959 waren Batista und Lansky das erfolgreichste Gangsterteam. Zustände, die Fidel Castro dazu veranlassten, Havanna als „Bordell der Yankees“ zu bezeichnen. Jene Wirren offenbarten mal wieder Hemingways Indifferenz: Einerseits distanzierte er sich von der Mafia und dem „Blutsauger“ Batista, andererseits beteiligte er sich während der Prohibition am Alkoholschmuggel. Allerdings vornehmlich für den Eigenkonsum.

Weil wir gerade beim Alkoholkonsum sind, schlägt der Professor vor, in der *Bodeguita del Medio* Siesta zu machen. „Ich liebe die schmuddelige, behagliche Kneipe“, meint er. „Hier, so heißt es, ertränkte der Schriftsteller die Drachen in seinem Innersten mit Mojito-Cocktails. Auf die Frage nach seinem enormen Alkoholkonsum pflegte er zu erklären, es sei seine Medizin, wenn ihm etwas fehle, heile sie alles. Tatsächlich versuchte Papa H. permanente Schmerzen auf diese Weise unter Kontrolle zu bringen. Seit seiner Jugend hat er, was Verletzungen oder Unfälle anging, Glück im Unglück: Als Vierzehnjähriger nahm er in der Oak Park High School Boxunterricht. Dabei wurde ihm das Nasenbein zertrümmert. Beim Milchholen fiel er hin, ein Stock durchbohrte ihm dabei die Kehle. Teile seiner Rachenmandeln wurden aus dem Hals herausgedrückt. Dann die schwere Verletzung, die er als Ambulanzfahrer beim Roten Kreuz an der italienischen Front erlitt. Autounfälle und zwei Flugzeugabstürze in Afrika ramponierten seinen Körper extrem. Wenn er in Stimmung war, brüstete er sich mit dreißig Unfällen, dazu eine Reihe Verletzungen, Schnittwunden, Knochenbrüchen. Für jeden, der es hören sollte: Ich bin der Mann mit den eisenharten cojones! Das lehrte ihn Schmerzen zu ertragen und Schläge einzustecken wie solche zu verteilen – unter Alkoholeinfluss. Hinzu kamen seine körperlichen und seelischen Gebrechen, die sich mit den Jahren steigerten: Übergewicht, Zucker, Depressionen, Verfolgungswahn … Dem Journalisten Kurt Singer erklärte er einst 1954, in dem Jahr der Flugzeugabstürze und des Nobelpreises: Die ganze Welt sei ein Boxring. Überleben könne nur, wer zurückschlägt, und er sei jederzeit bereit, seine Boxhandschuhe anzuziehen."

La Bodeguita del Medio gehörte neben der *Floridita Bar* zur Stamm- und Lieblingskneipe des Schriftstellers. Sie befindet sich in der Empedrado, nahe der Plaza de la Catedral. Über dem uralten Tresen hängt hinter Glas, mit seiner Handschrift und von ihm unterschrieben, eine Tafel aus Zedernholz mit dem berühmten Spruch: *My mojito en el Medio – my daiquiri en la* Floridita (meinen Mojito in der Bodeguita del Medio – meinen Daiquiri in der *Floridita Bar*).

Wir verkriechen uns an ein schummeriges Plätzchen und genießen die besondere Atmosphäre, natürlich bei Mojitos aus frischer grüner Minze, Zitrone, Eis, etwas Mineralwasser und einem ordentlichen Schuss weißen Rums.

Auf dem Originalhocker von Papa H. darf nicht jeder seinen Hintern breitdrücken. Alle Wände sind illustriert mit Fotos und Autogrammen von Stars, die sich hier verewigt haben. Mein Blick bleibt an vergilbten Lichtbildern von Hemingway, Ernesto „Che" Guevara, Jane Fonda, Joan Baez, dem Zigarre rauchenden Máximo Líder, Fidel, hängen.

„Ursprünglich war diese Kneipe ein Lebensmittelgeschäft namens Casa Martínes. Mit der Zeit wurde in dem Laden gern auch mal etwas getrunken und gegessen. Im April 1950 nannte der Inhaber das Geschäft in Bodeguita del Medio um und zog damit rasch die Prominenz aus Kunst und Gewerbe des In- und Auslands an. Neben den Abgelichteten verkehrten auch Gabriel García Márquez, Nat King Cole, Brigitte Bardot und manch weitere Persönlichkeiten in der anheimelnden Räucherkammer. Hemingway mochte VIPs nur, wenn er sich deren Gesellschaft selbst ausgesucht hatte, und mied die Bar, wenn der Rummel zu groß wurde. Ob sein Spruch über dem Tresen authentisch ist, wird übrigens von einigen Chronisten bezweifelt."

Wir leisten uns noch ein Geflügelsandwich, einen Mokka und paffen zum Abschluss eine Zigarre. Eine Cohiba. Ich möchte wetten, dass es keine echte ist. Dennoch, sie schmeckt. Als Nichtraucher ist sie mir zu stark. Also gebe ich den „Genuss" nach drei Zentimetern auf – mir wird kodderig. Kein Rauchverbot? Doch, schon, seit sieben Jahren, heißt es. In Bars und anderswo wird es noch recht salopp gehandhabt, was an Fidel lag, dem der Stumpen nie ausging. Allmählich wird das Verbot strikter gehandhabt. Der Professor ist Passionsraucher. Ich lausche seinem Vortrag zur Zigarre.

„Als Christoph Kolumbus auf Kuba landete, fielen ihm braune, glimmende Pflanzen auf, die die Indios stets herumtrugen oder daran zogen. Es handelte sich um aromatisch brennende Blätter, Tabak. Bereits im 16. Jahrhundert gelangte das Kraut nach Europa. In den Gärten von Toledo, wo die Zikaden zirpen, wurde das Nachtschattengewächs Nicotiana angebaut. Zikaden heißen auf Kastilisch cigarras. Damit war der Name für das Produkt, aus der Genusspflanze hergestellt, gefunden. Sir Walter Raleigh brachte die Pflanze nach England. Und Sevilla wurde 1717 die erste Zigarrenhauptstadt der Welt mit Kuba als Lieferant der spanischen Krone."

„Wo wird guter Tabak auf der Insel angebaut?"

„In der Provinz Pinar del Río gedeiht der Beste der Welt. Das liegt am Klima, an der Feuchtigkeit, dem Boden, der Sonne, nicht zuletzt an der Anbaukunst. Zigarren werden heute noch von Hand gewickelt. Ein diffiziles Handwerk. Die Blätter werden in einem Tuch gefeuchtet, hernach auf einer Holzplatte geglättet, entrippt, dann mit der *chaveta*, einem Wiegemesser, an den Spitzen beschnitten. Nun rollen geschickte Hände Puppen. Enden werden geformt, schließlich Deckblätter mit einem Kleber auf Reisbasis um die Puppen gewickelt. Der letzte Arbeitsgang ist das Zuschneiden der Enden."

„Hört sich aufwendig an. Wie lang dauert die Herstellung einer Zigarre?"

Utiva zieht an seiner Cohiba und bläst mir den Rauch ins Gesicht. „Na, was meinen Sie?"

„Keine Ahnung. Vielleicht fünf Minuten?"

„Er grinst schelmisch und sagt: „Zwei Minuten braucht ein Zigarrenarbeiter für die Arbeitsgänge. Frauen sind bisweilen noch schneller. Die Produktion findet in großen Sälen statt, in denen die Angestellten bei Musik oder einem Vorleser unterhalten und informiert werden. Wir stellen jährlich sechzig Millionen Zigarren her, davon werden die besten weltweit exportiert. Berühmte Marken heißen: *Cohiba*, *Monte Christo*, die rauchte Che Guevara trotz seines Asthmas am liebsten, *Romeo y Julieta*, *Partagás*, *Hoyo de Monterrey*, *Bolíva*, *La Corona* und *Upmann*. Bis zum ärztlichen Rauchverbot hatte Castro stets eine Cohiba im Mund. Hemingway wurde nie mit brennender Zigarre gesehen. Als Jäger fürchtete er seinem Geruchssinn zu schaden."

„Und woran erkennt man 'ne ordentliche Havanna?"

„An der Farbe. Sie muss dunkelbraun, ohne Flecken sein. Sie fühlt sich fest an, ist dennoch geschmeidig. Im Geschmack kräftig, darf sie auf der Zunge aber nicht brennen. Sie glimmt gleichmäßig herunter, während die Asche helle, exakte Ringe bildet. Nur auf Fingerdruck darf die Asche herabfallen. Der Kenner verwendet keinen Zigarrenabschneider. Er beißt die Spitze des Deckblatts dezent ab und hat zuvor die Bauchbinde entfernt. Dann lehnt er sich zurück und genießt.“

„Wunderbar! Aber wir müssen weiter“, treibe ich den genießenden Dozenten an. Draußen rufen wir ein privates Taxi. Einen Oldtimer. Einen amerikanischen Straßenkreuzer als Cabriolet. Farbe gelb, der Marke Chevrolet. Im Fond des klapprigen Schlachtschiffs der fünfziger Jahre liegen wir mehr, als dass wir sitzen, und ruckeln durch enge Straßen. Immer noch viel zu schnell für die Karosse mit einem Fahrer mit extravagantem Fahrstil: Ein Arm hängt lässig aus dem Fenster. Die Hand des anderen Arms trommelt im Takt zu schrillen Salsaklängen auf dem Lenkrad herum. Dabei trällert er, was sich anhört, als trete man einem Hund auf dem Schwanz herum. Fahrgenuss ohne Rücksicht auf die Passagiere.

Juan Utiva brüllt dazwischen, um etwas über das Fahrzeug zu erfahren. Denn auch er liebt Oldtimer, kann sich allerdings keinen leisten. Schließlich gehören zu einem Erwerb nicht nur mindestens 30.000 Dollar, sondern auch Mechanikkenntnisse. Mit anderen Worten, du musst ein versierter Schrauber sein, weil sich die Altboliden häufiger in der Werkstatt als auf der Straße befinden. Trotz allem, seit es Touristen im Land gibt, boomen die Chaisen und es lässt sich mit ihnen gutes Geld machen. Es sind Relikte aus vorrevolutionärer Zeit des amerikanischen Kapitalismus. Und ein Spaß für Nostalgiker. Die Cadillacs, Chevrolets, Oldsmobiles, Studebakers und all die übrigen Ungeheuer unterliegen seit 1961 einem Importverbot. Dieser Chevy Impala von 1955 hatte eine Acht-Liter-Maschine und soff zweiunddreißig Liter

Benzin. Mit einem Austauschmotor aus China braucht er weniger als die Hälfte.

„Der Fahrer meint, der Wagen sei sein ganzer Stolz. Seine Frau dürfe man begrapschen, aber nicht seinen Chevy“, sagt Utiva.

Die Rundfahrt führt uns kreuz und quer durch Havanna. Nach der spanischen Eroberung von Mexiko und Peru wurde das Leben in der Stadt erträglicher. Die strategisch günstige Lage des Naturhafens stellte einen idealen Liegeplatz für die mit Schätzen beladenen Flottenverbände dar. Der Hafenort prosperierte, was zur Folge hatte, dass Havanna 1607 Santiago de Cuba als Hauptstadt ablöste. Mauern und Festungen sicherten die Stadt gegen Piratenangriffe, jedoch nicht wirksam im Siebenjährigen Krieg gegen Großbritannien. Die Stadt wurde umzingelt, musste sich ergeben und wurde elf Monate von britischen Truppen besetzt. Erst durch den Tausch mit Florida erhielt Spanien seine Überseeperle zurück. Sie wurde nun noch massiver geschützt und galt ab 1774 als das Bollwerk von Westindien. Reger Handel mit Zucker, Rum, Tabak und Kaffee machte Havanna reich und attraktiv. Die Einwohnerzahl wuchs auf über 150.000 Seelen. Mit den Amerikanern strömte zu Beginn der Prohibition 1922 auch manch kriminelles Gesindel in die Stadt, das mit den diktatorischen Präsidenten Gerardo Machado und Fulgencio Batista gemeinsame Sache machte. Man sprach von Havanna, *dem dekadenten Paradies*. Nährboden für eine Revolution, die Fidel Castro an die Macht brachte, mit Verstaatlichung, Enteignungen, dem Sozialismus. Im Kapitalismus gibt es Reiche und Arme. Im Sozialismus oder Kommunismus nur Arme, von den Parteibonzen einmal abgesehen …

„Hemingway schlenderte gern durch die lauten, lebendigen Straßen, in denen die Menschen so ungezwungen, so viel lockerer waren als die in seiner Heimat. Gern schaute er sich in den Buchhandlungen um. Da drüben befand sich einst La Moderna Poesie, das größte Buchgeschäft der Stadt. Es eröffnete 1898. Auf dem Weg ins *Floridita* kam Ernest daran vorbei, um sich mit Lektüre zu versorgen. Er las viel, selbst auf Safaris habe er in Jagdpausen Klassiker im Schatten von Akazien konsumiert. Und da zur Moderna Poesie auch die Reparaturwerkstatt Librería Cervantes für Schreibmaschinen gehörte, wusste er, wo seine Corona No. 3, No. 4 und die Royal instandgesetzt werden konnten. Auf dem Gebiet hatte er Maschinen im wahrsten Sinne verbraucht. Heute gibt es keine nennenswerten Buchgeschäfte mehr. Nur ein paar Händler stehen auf der Plaza de Armas oder anderswo. Sie bieten eigene oder zensierte Literatur an. Freilich auch eine Auswahl von Hemingway-Texten. Ich hab mal eine alte Ausgabe in spanischer Übersetzung von *In Our Time* entdeckt, seine erste kommerzielle Veröffentlichung von 1925. Irgendwo hier muss auch der Kiosk gestanden haben, an dem Juan Pastor, Ernests Chauffeur, täglich die Zeitungen für seinen Chef kaufte, die er an der Bar des *Floridita* las. Ihm mussten stets vier Tageszeitungen gebracht werden. Amerikanische und spanische, dadurch war er über die hiesigen Ereignisse, auch dank seiner guten Spanischkenntnisse, bestens informiert", erklärt Utiva.

„Was für einen Wagen fuhr eigentlich sein Driver?"

Der Professor beugt sich vor und klopft unserem Fahrer auf die Schulter: „He, compañero, dreh mal das Radio leiser! – Einen Buick Station Wagon. Hemingway besaß eine kleine Flotte, neben dem Buick gab's einen Chrysler Pick-up und ein knallrotes Chrysler Cabriolet, Baujahr 1955. Das hatte er sich für 4000 Dollar nagelneu geleistet. Es wurde nur zu besonderen Anlässen aus der Garage geholt. Bekannt ist ja, dass er gern angab oder seinen Erfolg als Schriftsteller zur Schau stellte. Zum Umgang mit dem teuren Cabrio erzählte Chauffeur Pastor so manche Story: Es sei vorgekommen, dass er seinen Chef im *Floridita* abgefüllt einlud. Auf der Heimfahrt übergab er sich so manches Mal oder machte sich gar in die Hosen. Bemerkte er die Bescherung, schimpfte er lautstark auf irgendwelche fremden Mächte, die die Sauerei verursacht hätten. Selbst fuhr er nicht gern, auch nicht gut.

1945 saß er betrunken am Steuer, dabei verursachte er einen Unfall, bei dem sich der Wagen überschlug. Ernest hatte noch Dusel, zog sich lediglich eine Kopf- und Knieverletzung zu. Einige Jahre später landete er mit seinem Wagen auf der Carretera Central im Graben. Geborstene Scheiben brachten ihm Schnittwunden am Kopf und im Gesicht bei. Und der Aufprall sorgte für eine ausgekugelte Schulter."

Gerade kutschieren wir durch die Calle O'Reilly, wo Ernest bei Optica Lasta, Haus Nummer 506, seine Brillen kaufte. Den Laden gibt es nicht mehr. Genauso wenig das Restaurant, wo Papa H. anschreiben ließ, weil er oft ohne Bargeld unterwegs war. Nicht weit entfernt befindet sich das einst bekannte *Rancho's*, ein Straßenrestaurant, zugleich Bordell und Opiumhöhle. Gegessen habe Ernest wohl des Öfteren dort, meint Utiva. Ob er auch die hinteren Gemächer frequentierte, ist nicht bekannt. Seine Droge war der Alkohol. Kneipen, in denen sich Prostituierte tummelten, waren ihm bekannt. Für *Insel im Sturm* gingen mit Sicherheit Milieustudien voraus. Und da gab es noch die Casa Recalt, so etwas wie ein Getränkemarkt, wo Ernest in rauen Mengen Hatwey Bier kaufte, um damit allzeit in der Finca Vigía und auf der *Pilar* versorgt zu sein.

„Sagt mal, Ernest war doch Jäger. Hatte er Probleme mit seinen Augen?"

„Sein Vater, Dr. Clarence Edmonds Hemingway, war Arzt und konnte an seinem Sohn schon früh eine angeborene Sehschwäche diagnostizieren. Sie war nicht gravierend, dennoch entwickelte sich daraus ein veritabler Minderwertigkeitskomplex. Den er sein Leben lang zu bekämpfen trachtete."

„Interessant. Klar, seine Sucht, sich überall und immer als ganzer Mann beweisen zu müssen, rührt daher. Da muss doch ein Erlebnis vorausgegangen sein?"

„Das gab es auch: Am 6. April 1917 traten die USA gegen Deutschland und die Achsenmächte in den Krieg ein. Um der Langeweile von Oak Park, Illinois, der dominierenden, ja erdrückenden Mutter und dem schwachen Vater zu entkommen, meldete sich der Siebzehnjährige als Kriegsfreiwilliger. Mit seiner Sehschwäche war er nicht wehrtauglich. Als Honorary Second Lieutenant beim Sanitätskorps des amerikanischen Roten Kreuzes fand er Verwendung. Weil er trotz der Sehschwäche ein guter Schütze war, schmerzte ihn die Untauglichkeit ungeheuer. Freunden in Oak Park und Kansas tischte er über seine Fronteinsätze dreiste Lügen auf, um zu vertuschen, dass er mit der Waffe nicht kämpfen durfte. Für Fotos trennte er das Rote-Kreuz-Abzeichen seiner Uniform ab. Beginnt so die Karriere eines großen Romanciers? Oder wird uns der Charakter eines komplizierten Zeitgenossen offenbar, der früh an Großmannssucht litt? Hemingway war in Frontnähe als Versorgungsfahrer eingesetzt worden, als ihn eine Granate schwer verletzte. Seinem Bein wurden achtundzwanzig Stahlsplitter herausgeschnitten. Ein Erlebnis, das ihn zu Hause doch noch zum Helden machte. Aus Splittern, die seinem Bein herausoperiert wurden, habe er sich einen Ring anfertigen lassen. Und die Geschichten früherer Verletzungen schmückte er von Mal zu Mal grotesker aus. Die Begegnung mit dem Tod, die brutalen Kriegserlebnisse, seine erste große Liebe zur Krankenschwester Agnes von Kurowsky, die Begegnung mit Europa, war das die Saat für die starken Themen eines angehenden Schriftstellers?“

Der ehemalige Präsidenten-Palast, heute das Revolutionsmuseum, rückt heran. Dahinter, auf einer Freifläche, befindet sich der gläserne Schrein mit der Jacht *Granma*. Für die Revolution das nationale Symbol! Auf dem überladenen zwölf Meter kurzen Holzboot stachen am 25. November 1956 zweiundachtzig Revolutionäre unter Castros Führung von Tuxpan in Mexiko aus in See, um Kuba zu befreien. Ein lächerliches Unternehmen mit seekranken Wirrköpfen, könnte man meinen. Ein fanatischer Arzt aus Argentinien war auch dabei. Das Boot hatte einen uralten Motor, war langsam und für Hochseetörns ungeeignet. Irgendwie schafften die Männer die Überfahrt, strandeten aber zu guter Letzt vor der kubanischen Küste, wo sie sich ans sumpfige Ufer Playa de Los

Colorados kämpfen mussten. Batistas Truppen nahmen sie sogleich unter Feuer. Viele Rebellen kamen ums Leben oder wurden gefangen genommen. Ein Häuflein von zwölf Aufständischen, darunter Fidel, Raúl und Che Guevara flüchteten in den nahen Dschungel der Sierra Maestra und begannen ihren Feldzug gegen das Regime. Nur fünfundzwanzig Monate später flüchtete Batista in die USA. Castro übernahm als Erlöser die Macht. Papa H. begrüßte die Revolution, was ihm später US-Republikaner vorwarfen und das FBI argwöhnisch machte. Er geriet unter polizeiliche Observation.

Bevor wir die vielleicht wichtigste Lokation Hemingways in La Habana ansteuern, biegen wir von der Prado kommend in die Dragones mit dem Wahrzeichen der Stadt, dem Capitolio Nacional.

„Dazu möchte ich Ihnen einige Worte sagen", meint Utiva, „es ist unser prächtigstes Gebäude, gebaut nach dem Ersten Weltkrieg während des Zuckerbooms. Der *Tanz der Millionen* spülte der Regierung enorme Einnahmen in die Kasse. Das Bauwerk sollte dem Capitol in Washington D.C. gleichen, möglichst pompöser werden. Was 5000 Arbeiter und mehrere Architekten in dreijähriger Bauzeit auch tatsächlich vollbrachten. Vor der Revolution beherbergte das Gebäude den Senat und das Repräsentantenhaus. Nach mehreren Jahren der Renovierung sind heute die Akademie der Wissenschaften sowie die Nationalbibliothek darin untergebracht. Unter der Kuppel ist der *Stern von Kuba* zu erkennen, ein in Gold gefasster 24-karätiger Diamant. Eine Idee des Bauherrn Diktator General Gerardo Machado y Morales. Der Edelstein stammt aus Südafrika, ob da oben wirklich ein Diamant funkelt, ist die Frage. Natürlich sind wir stolz, dass die Spitze des Capitolios mit 91,73 Metern um drei Meter höher ist als die des Capitols in Washington."

An einem belebten Platz stoppt der Chevi. „Endstation!", sagt Utiva. Wir klettern aus dem Wagen, sind von einer Menschenmenge umringt.

„Sitze niemals an einem Tisch,
wenn du auch an der Bar stehen könntest.“
(Ernest Hemingway)

Wo es den *Papa Doble* gibt

„Was ist denn hier los?“, frage ich verwundert. Staune über die Menschenansammlung vor der Hausecke, die auch von Polizisten auf Motorrädern observiert wird.

„Wir befinden uns in der Calle Obispo, Ecke Avenida de Bélgica, vor dem *Floridita*, Hemingways geliebtes Stammlokal. Seinen, wie er ihn einst nannte, *schönsten Ankerplatz in der Karibik*.“

Jetzt erkenne ich den Namenszug an der Hauswand.

„Eigentlich heißt der Laden *El Florida*, Gäste tauften ihn um. Lassen Sie uns hineinschauen.“

Wir drängen an Herumstehenden vorbei zum Eingang. Das Lokal ist rappelvoll. Links bearbeitet eine Band mehrere Instrumente. Eine Mulattin mit kurzgeschorenen, gelb gefärbten Haaren schmettert Rhythmen in die Menge. Der Geräuschpegel ist ungeheuer hoch. An der meterlangen Bar herrscht babylonischer Sprachwirrwarr. Wir befinden uns an einem touristischen Hotspot mit Multikulti-Flair. Einfach beeindruckend, welchen Reiz Papa H. nach nun sechzig Jahren immer noch ausübt! Hinter der Mahagonibar, von Säulen, Flaschen und Gläsern eingerahmt, prangt ein Wandgemälde von Havannas Hafeneinfahrt mit einem spanischen Handelssegler aus dem 18. Jahrhundert. Schräg gegenüber wird ein Shop mit Hemingway-Gimmicks und Souvenirs umlagert. Ein Mädchen reicht Becher, Schlüsselanhänger, Postkarten, Texte des Dichters auf CDs heraus und kassiert. Der Ecktresen mit dem letzten Barhocker war Hemingways Stammplatz. Eine Bronzebüste von ihm steht auf einem Sockel an der Wand, darüber ein gerahmtes Foto: Ernest im Gespräch mit Fidel Castro. Es dauert geraume Zeit, bis wir uns einen Platz an der Bar erkämpft haben. Und, wie kann es anders sein, Daiquiris bestellen. Die echten, wie *er* sie trank. Mit doppelter Menge Rum. *Papa Doble* genannt. Zum Nachmixen: 12 cl Bacardi White Label, 6 cl Grapefruitsaft, 2 cl Maraschino Likör. Die Zubereitung: Zutaten mit Eis in den Cocktail-Shaker geben, kräftig schütteln, bis sich der Shaker kalt anfühlt, alles in ein vorgekühltes Martiniglas abseihen und kosten. Schmeckt nach Ozean, sagte sich Hemingway und trank selten weniger als zehn Gläser pro Abend davon. Eigentlich gehört noch ein halber Teelöffel Zucker dazu. Den ließ der zuckerkranke Ernest lieber weg.

Utiva informiert: „Um 1900 hieß das Lokal Piña de Plata, Gäste konnten Cognac, Rum, Wermut, Gin, Ingredienzen späterer Cocktails konsumieren. Ab 1922 gab es eine regelrechte Masseneinwanderung von amerikanischen Barmixern, die infolge der Prohibition arbeitslos geworden waren. Sie brachten Eisblöcke in Mode, mit denen eisgekühlte Mixgetränke hergestellt wurden. Damit begann die Erfolgsstory der Cocktails. Constantino Vert, ein Katalane, übernahm das Lokal 1919, beschäftigte einen französischen Koch für exquisite Speisen, selbst erfand er 150 Mixgetränke, darunter auch den beliebten Daiquirí. Es muss um 1932 gewesen sein, als Hemingway die Bar erstmals besuchte. Nach dem Erwerb der Finca Vigía 1939 wurde er Stammgast. Und fühlte sich gleich pudelwohl, wenngleich er nicht nur von angenehmen Zeitgenossen umgeben war, wie Gary Cooper, seinem Freund, Errol Flynn, Mario Menocal, Dr. Roberto Herrera oder A. E. Hotchner, einem der wenigen Reporter, die er wirklich mochte.

Wenn Hemingway erschien, so erzählte man, zog er sogleich die gesamte Aufmerksamkeit auf sich. Der gut aussehende 1,85 Meter große Mann mit riesigen Füßen und Händen wie Klosettdeckel besaß Charisma, ihn umgab eine besondere Aura, der sich niemand entziehen konnte.

Sein nicht immer ganz weißes Hemd – der Reinlichste war er nicht –, das lässig über Bauch und Khakihose hing, nackte Füße in braunen Mokassins, waren Markenzeichen. So schritt er seinem Barhocker zu, den ihm niemand streitig machte, und ließ seine massige Gestalt nieder. Unaufgefordert wusste der Barkeeper, was er zu tun hatte. Papa H. kam, um sich zu unterhalten, Freundschaften zu schließen, Geschichten zu hören, über seine Erfolge als Angler zu prahlen, Trinkrekorde aufzustellen, beim Würfelspiel zu gewinnen. Immer darauf aus, Herausforderungen zu suchen, zu bestehen, zu siegen …"

„Sein extremes Streben nach Bestätigung hatte wohl schon pathologische Züge?", werfe ich ein.

„Kann man so sagen. Ich erinnere mich an eine Überlieferung, die 1942 stattgefunden haben soll: Er lief mit der *Pilar* in den Hafen ein, weil das Wetter zu rau war, um auf dem Meer zu bleiben. Im *Floridita* traf er zufällig auf Guillerno, den bekannten Pelotaspieler (Pelota, ein baskisches Rückschlagspiel, ähnlich Badminton). In den folgenden Stunden tranken die beiden vierunddreißig Daiquiris. Die Bar verließen sie nur, um aufs Klo zu gehen. Guillerno hatte sich schließlich verdrückt, während Ernest noch einen Doppelten trank, sich nach Hause begab, dort die ganze Nacht las."

„So ruiniert man systematisch seine Gesundheit."

„Und ob! Für den Schriftsteller war das *Floridita* auch der Ort für Provokationen, Schlägereien, Verhöhnung oder Albernheiten. Er gründete den *Königlichen Orden der Krabbenesser*, deren Mitglieder nur die Köpfe und die Schwänze der Schalentiere aßen. Minutiös verarbeitete Ernest seine Erlebnisse in den Romanen. So ist in *Insel im Sturm* nachzulesen, was sich an einem Nachmittag an der Bar abspielte: Zuerst trank er mit Leuten von der Navy, dann mit Seemännern von der Küstenwache. Weiter ging's mit kubanischen Politikern. Es folgten Zuckerrohrpflanzer, Regierungsbeamte und Sekretäre der Botschaft. Nur ja keine Schwäche zeigen. Mit den FBI-Agenten mussten auch Runden gekippt werden.

Zum Schluss setzte er sich für'n Absacker zu den attraktiven Huren, mit denen jeder Stammgast 'n paar Mal geschlafen hatte. Für die Reihenfolge lege ich nicht die Hand ins Feuer. Aber so wird's gewesen sein. Er spendierte gern. Seine Großzügigkeit ist verbrieft."

Ich stelle mir gerade die Situation an der Bar vor. Der wilde Dichter in seinem Element. Alle Augen und Ohren waren auf ihn gerichtet, wenn er von der Jagd und vom Angeln erzählte und seine Beute immer größer und gefährlicher wurde. Wenn sich Jägerlatein mit Seemannsgarn verknoteten … In diesem Moment erinnere ich mich eines Heinz Helfgen, Lehrer aus Düsseldorf, der ab 1951 mit dem Fahrrad um die Welt radelte. Als Schüler lauschte ich regelmäßig am Radio seinen Etappen, die der Schulfunk brachte. 1952 hatte er Kuba erreicht und erkundigte sich in Havanna im United-Press-Büro nach der Adresse von Hemingway, den er unter allen Umständen besuchen wollte. Im Büro lachte man Helfgen aus. Der Schriftsteller lehne Interviews grundsätzlich ab und lasse keine ungebetenen Gäste auf sein Grundstück. Heinz war schmerzlich berührt. „Keine noch so geringe Chance?", erkundigte er sich. „Eine einzige", sagte der Presse-Mann, „gehen Sie ins Restaurant *Floridita*, vielleicht haben Sie Glück und erwischen ihn dort." Flugs machte sich der Lehrer a. D. per Fahrrad auf. „Am langen Bartisch", erzählte er, „standen mehrere Männer herum, tranken und unterhielten sich." Einen der Kellner fragte er: „Ist Señor Hemingway da?" – „Klar, das ist der Señor dahinten in der Barecke", kam die Antwort.

Helfgen ging schnurstracks auf den Hünen zu, der ihm vorkam wie ein normannischer Fischer: weiße ungepflegte Bartstoppeln, offenes Hemd über der Hose, ein breites Grinsen im Gesicht, mit Gästen im Gespräch. „Heinz Helfgen, ein um die Welt radelnder Zeitungsschreiber aus Deutschland", stellte sich der Lehrer a. D. vor. Daraufhin schlug ihm Papa H. seine mächtige Pranke so heftig auf die Schulter, dass Heinz glatt zusammensackte. „Großartige Idee, Kraut. Ich bin leider zu schwer für ein solches Abenteuer. Schade. – Was wollen Sie trinken?“ Hemingway war an Helfgens Erlebnissen ehrlich interessiert und hörte aufmerksam zu. Wurde aber von Leuten fortwährend gestört, die ihn mit Fragen belästigten. Er schüttelte sie ab. Und wandte sich dem Radler wieder zu. Auf einmal sagte Ernest etwas, und Helfgen schlug das Herz höher. „Wir müssen uns ein paar Stunden in Ruhe bei mir zu Hause unterhalten. Kommen Sie am besten übermorgen nachmittags nach San Francisco de Paula hinaus. Ein Dorf zwölf Kilometer von hier.“ Auf ein Stück Papier schrieb Ernest seinen Namen, dazu die genaue Adresse. Glücklich über die Bekanntschaft, verabschiedeten sich die beiden Männer. Helfgen radelte ans Meer, wo er am Strand sein Zelt aufschlug. Die Vorfreude, sein Idol bald besuchen zu können, ließ ihn kaum zur Ruhe kommen …

„Mir wird’s zu laut hier“, unterbricht der Professor meine Erinnerung an den Weltumradler.

„Ja, Sie haben recht, allmählich gehen Geräuschpegel und Gedränge auf die Nerven.“ Von den Daiquiris beschwipst, treten wir hinaus in die Nacht, tauschen die Adressen aus, verabreden uns für den nächsten Tag.

„Ich bin 1938 von Key West hier herübergezogen und habe diese Farm gemietet und schließlich gekauft [...] Es ist ein Fleck, wo man gut schreiben kann [...] Ich wache auf, wenn die Sonne aufgeht, und mache mich an die Arbeit, und wenn ich aufhöre, schwimme ich und trinke etwas und lese Zeitungen [...] Manchmal gehen wir zu einem Hahnenkampf [...] gehen danach ins Floridita *[...]*
Mary liebt die Gartenarbeit und hat einen schönen Blumen- und Gemüsegarten und herrliche Rosen."
(Ernest Hemingway, Ausschnitt aus einem Brief an Earl Wilson, 1952)

Finca unter Palmen

Eine traurige, schmutzige Landschaft mit ärmlichen Holzhäusern gleitet an uns vorüber. Antonio, der Bruder der attraktiven Isabella, chauffiert uns in seinem Taxi auf der Carretera Central, eine der Verbindungsstraßen zwischen Havanna und San Francisco de Paula. Juan Utiva sitzt hinten, hat die Augen geschlossen, sein Kopf lehnt an der Scheibe. Katerstimmung? Daiquiris verursachen Kopfschmerzen, die habe ich zumindest. Virtuos umfährt Antonio gefährliche Schlaglöcher. Unrat umsäumt die Nebenstraßen. Streunende Hunde mit Krätze und offenen Wunden flüchten mit eingezogenen Schwänzen. Halbfertige Steinhäuser, Mauerreste, schiefe Bretterbuden prägen die Ortsdurchfahrt. Sie wird von zweirädrigen Eselskarren und Radfahrern eingeengt. Ab und zu knattern Motorräder mit und ohne Beiwagen heran. Männer sitzen in Gruppen vor ihren Behausungen, spielen Domino, rauchen oder starren einfach vor sich hin. Wo die Vegetation fehlt, tanzt roter Staub.

Auf einer Veranda, von Wellblech überdacht, wippen zwei Greise in Schaukelstühlen. Hier herrscht eine Armut, die sich nicht verstecken lässt. Armut seit 1962, hervorgerufen durch das System, verstärkt worden seit der amerikanischen Blockade, die Mangel an Lebensmitteln, Rohstoffen, Medikamenten, Ersatzteilen für Maschinen und vieles mehr auslöste. Doch ich sehe auch lachende, ausgelassen spielende Kinder. Manchmal ist Musik zu hören. Das lässt hoffen.

Hans Helfgen kommt mir wieder in den Sinn. Vor neunundsechzig Jahren war er hier entlang geradelt. Freudig erregt, in Erwartung, den berühmten Schriftsteller in seinem Anwesen zu treffen. Ich rufe mir ins Gedächtnis, was Helfgen erlebte: Das Dorf San Francisco de Paula erreichte er nach zweistündiger Trampelei, bei der es nur bergauf ging. In einer Bodega erkundigte er sich nach dem Wohnsitz des Dichters. Jedem der Gäste war Papa H. bekannt. So gelangte er rasch an ein großes, parkähnlich angelegtes Grundstück, umgeben von einem hohen Stacheldrahtzaun. Am verschlossenen Tor befand sich ein Schild mit dem Hinweis, dass Besucher nur nach Vereinbarung empfangen werden. Helfgen fuhr zur Bodega zurück und wählte die Telefonnummer, die ihm Ernest auf dem Zettel notiert hatte. Barsch fragte ihn eine Frauenstimme nach seinem Begehren. Und sie meinte, recht giftig, ihr Mann sei sehr müde – im Übrigen kein öffentliches Denkmal. Der Lehrer a. D. beharrte auf seiner persönlichen Einladung. Schließlich meldete sich eine Männerstimme, die mitteilte, er sei willkommen. Eine Frau werde ihm das Tor aufschließen. So geschah es und Helfgen gelangte auf das Grundstück. Ein Weg, von Königspalmen und Kakteen flankiert, führte an einem Rasen vorbei, einen Hügel hinauf. Im Gras weidete ein altersschwacher Ackergaul. Oben öffnete sich die Vegetation, das Haus wurde sichtbar: Weiß, herrschaftlich, von zwei mächtigen Bäumen flankiert. Helfgen stellte seinen Drahtesel ab, stieg über eine breite Freitreppe, öffnete eine Flügeltür und befand sich in einem großen, gemütlich eingerichteten Wohnzimmer.

Vier Männer in Badehosen saßen in Clubsesseln, umstellt von einer Batterie Flaschen und Gläsern. Papa H. entdeckte den Radler, stand auf, reichte ihm die Hand. Auf Deutsch begrüßte er ihn mit: „Ritter Ernst von und zu Hemingstein!" Was auch seine Zechkumpane amüsierte, Kameraden aus dem Spanischen Bürgerkrieg sowie ein englischer Oberst aus dem Zweiten Weltkrieg. Zur Begrüßung musste der Radler erst einmal Champagner trinken. Die Dame des Hauses, Frau Mary Hemingway, geborene Welsh, erschien nur für ein kurzes Hallo, verschwand, um Koffer für einen Flug in die Vereinigten Staaten zu packen. Die feuchtfröhliche Gesellschaft schien nicht nach ihrem Geschmack zu sein.

An ein ernsthaftes Gespräch mit Hemingway war an diesem Nachmittag nicht zu denken. Man erzählte sich Witze, machte allerhand Unsinn und trank … bis Ernest plötzlich im Sessel einschlief. Von seinen Kameraden erfuhr Helfgen, dass die Gestalt des heldenhaften Robert Jordan in dem Roman *Wem die Stunde schlägt* identisch sei mit der des Autors. Helfgen wurde von Mary weder eingeladen zu bleiben noch verabschiedet, also suchte er sich im Garten einen lauschigen Zeltplatz unter Mangobäumen mit dem Blick auf das Lichterband Havannas. Am nächsten Morgen konnte der Radler mit dem Schriftsteller ausgiebig plaudern. Zu seinem Erstaunen erfuhr Helfgen eine Menge über dessen Tagesablauf und Arbeitsweise. Im Arbeitszimmer stand auf einem Bücherregal die Schreibmaschine in Brusthöhe. „Ich bin Frühaufsteher, arbeite hier fast immer im Stehen gleich nach dem breakfast, das ich mir selbst mache", erklärte der Meister, „ich schreibe mit der Maschine. Dialoge werden mit der Hand vorgeschrieben." Er verriet, viel zu lesen, am liebsten seine Texte, weil er daran feile, um jedes Wort ringe. Es gibt ein treffendes Zitat von ihm: *Schreiben ist nicht schwer. Du musst dich nur an die Schreibmaschine setzen und bluten.* Sein letztes Manuskript habe er viele Stunden täglich gelesen, um eine halbe Stunde daran zu schreiben. „Eine merkwürdige Art, Romane zu verfassen, ich weiß. Es ist eben meine Weise“, gestand er. Der Radler wurde durchs Haus geführt. Hemingway sprach über den Fischfang und seine bevorstehende Ostafrikareise. Eine Safari, auf der er Großwild jagen werde. Auch der abseits stehende Turm mit dem herrlichen Blick bis Havanna und ans Meer wurde Helfgen vorgeführt. „In das kleine Turmzimmer flüchte ich, wenn mir aufdringliche Verehrer da unten das Haus auf den Kopf stellen!“ Eingerichtet war der Raum nach Papas Geschmack: Bücherregal, Liege, Fernrohr, auf dem Boden ein Löwenfell. Der Lehrer a. D. blickte von oben auf das Fünfzig-Meter-Schwimmbecken, in dem Ernest täglich fünfzig Bahnen schwamm, um fit zu bleiben. Zurück im Salon, machten es sich die Beiden bei spanischem Rotwein bequem. Sie philosophierten über Glück, Erfolg und Reichtum. Ernest bekannte, bei der Arbeit glücklich zu sein. An Tagen, an denen er kreativ war und wenig korrigieren musste, wäre es fast so, wie mit einer großartigen Frau zusammen zu sein. Aber auch kleine Dinge konnten ihn glücklich machen, wenn ein Hund mit dem Schwanz wedelt oder die Katzen in einer Ecke zufrieden schnurren. Man sprach über Gott, die Welt, Politik und den Krieg. Hemingway: „Ich bin Schriftsteller, von Politik verstehe ich wenig. Als man jedoch in Deutschland Bücher verbrannte, hat man auch mich verbrannt. Da wurde ich wach, habe zu den Waffen gegriffen und gekämpft … Ich freue mich, dass es in Deutschland wieder aufwärts geht.“ Der Radler fragte den Gastgeber nach seinen Eindrücken, die er von Germany mitgebracht habe. Da antwortete Papa H. auf Deutsch und schwärmte vom Forellenfang im Schwarzwald und den Frauen. Und klärte auf, dass seine Mutter von dort stamme. So plauderte man noch mehrere Stunden. Hemingway erzählte von seinen drei erwachsenen Söhnen, die ihn hin und wieder besuchten. Als Helfgen seine Frau als begeisterte Leserin seiner Bücher erwähnte, griff Ernest spontan ins Regal und schenkte dem Radler eine Erstausgabe von *Wem die Stunde schlägt* mit der Widmung: *To Kuni Helfgen with all good wishes from her friend Ernest Hemingway,*

Habana 1953. Abschließend bekannte der Lehrer a. D.: „Von allen großen Persönlichkeiten, mit denen ich auf meiner Weltumradelung zusammentraf, hatte der Schriftsteller den tiefsten und nachhaltigsten Eindruck auf mich gemacht. Der Mensch war mehr noch als der Dichter."

In Erinnerung der weit zurückliegenden Schulfunkreportagen des Radlers um die Welt, bin ich doch über die Wirkung überrascht, die Hemingway auf Helfgen ausüben konnte. Zeigte sich während der Stippvisite nicht doch schon das Gegensätzliche seines Wesens? Ich bin gespannt, was mich gleich auf der Finca Vigía erwartet. Oder *Nagaja Ngai*, das „Haus Gottes unter Bäumen", wie es Papa H. bisweilen nannte.

Antonio steuert sein Taxi auf einen Parkplatz, der bereits von Bussen, neben einer Anzahl von Pkws, frequentiert wird. Ich rufe in den Fond: „He, Professor, aufwachen. Deine Kompetenz ist gefragt."

Juan Utiva schreckt hoch und meint: „Oh weh, mit dir gehe ich nicht noch einmal ins *Floridita*!"

Durch das geöffnete Tor schreiten wir einen geharkten Weg bergan. Befinden uns wie in einer Prozession, die an einen Wallfahrtsort führt. Vorbei geht's an Souvenirläden und einem barackenähnlichen, verfallenen Haus.

„Das ist die Garage für sein Chrysler Cabrio gewesen. Ein ehemaliger Stall. Daran schließt sich das Kinder- und Gästezimmer an", erklärt Juan. „Du hast Glück, bis vor einem Jahr war das acht Hektar große Gelände wegen Restaurierungsarbeiten an der Finca für Besucher komplett gesperrt."

Der tropische Bewuchs des parkähnlichen Geländes lichtet sich. Eine weiß gestrichene Villa wird sichtbar. Auf den ersten Blick erinnert sie an Hemingways Anwesen in Key West. Allerdings noch stattlicher.

„Ich frage mich die ganze Zeit, wie die Finca zu dem Namen *Nagaja Ngai* kommt, Juan?"

„Den hat der Dichter selbst ins Spiel gebracht. Das Dach Afrikas, der schneebedeckte Kilimandscharo, heißt bei den

Massai *Nagaja Ngai*, Haus Gottes. In seinem Roman *Schnee am Kilimandscharo* liegt der sterbende Schriftsteller Harry Street am Fuß dieses Berges und lässt sein Leben Revue passieren. Die Story wurde mit Gregory Peck und Susan Hayward verfilmt."

„Was Papa H. dort auf der Jagd und bei den Massai erlebte, hatte ihn wohl besonders beeindruckt?"

Ich erinnere mich an die, man möge es mir nachsehen, langweilige Geschichte, in der auch Hildegard Knef als Gräfin Liz mitspielte.

„Martha Gellhorn, wie du weißt, entdeckte das Landhaus. Da war es noch in einem desolaten, fast baufälligen Zustand. Ihr gefiel jedoch die Anlage mit Swimmingpool und Tennisplatz, das Gebäude mit hohen Decken, dem großen zentralen Wohnzimmer, auf Anhieb. Und Hemingway war von der Lage begeistert, die so nebenbei militärgeschichtliche Bedeutung hatte: Den Briten gelang es 1760, von diesem Hügel aus nach Havanna vorzustoßen und die Stadt einzunehmen. Gelände nebst Haus gehörte dem Fabrikanten Joseph D'Orn aus New Orleans. Für monatlich hundert Dollar mietete Martha die Villa, ließ sie auf eigene Kosten instand setzen und zog ein. Ernest folgte seiner Geliebten heimlich, schließlich war er ja noch mit Pauline Pfeiffer verheiratet."

„Führte der Moralist mal wieder ein Doppelleben?"

„Damit hatte er keine Probleme. Als die Scheidung durch war, heiratete er Martha und kaufte die Finca für 18.500 kubanische Pesos. Eine Menge Geld, der Pesos war damals gefragt. Für den Schriftsteller waren es Peanuts. Allein für die Filmrechte an *Wem die Stunde schlägt* kassierte er ein Honorar von 150.000 Dollar. Verträge mit Charles Scribner's Sons, New York, seinem Verlagshaus, und Redaktionen für seine Short Storys machten ihn zum bestbezahlten Autor der damaligen Zeit."

Das Erste, was mich auf dem Gang den Hügel hinauf beeindruckt, ist die üppige Vegetation in einer eher artenarmen Landschaft. Mangobäume, hohe Palmen, Orchideen, an denen Kolibris flattern, Hibiskus- und Jasminsträucher, Avocadobäume mit Früchten, darin eingebettet die Villa. Da hat sich jemand mit Verstand und Liebe ein Paradies geschaffen.

„Papas vierte Frau, Mary Welsh, legte den Garten kenntnisreich an und pflegte ihn bis 1960. Sie sorgte auch für ein möglichst ungestörtes Wohnen in dem Refugium, das durch Stacheldraht gesichert werden musste. Ein Schild allein: *No visitors except appointment* an der Toreinfahrt hielt die Fans nicht ab, das Haus zu belagern.“

Gerade sind wir im Begriff die Freitreppe zu betreten, um über die Terrasse ins Wohnzimmer, den Salon, zu gelangen, da hält Juan inne und sagt:

„Seinerzeit stand hier ein alter Baum, eine Ceiba mit gewaltigen Wurzeln, die sich unter die Hausmauer gebohrt hatten und bereits Fliesen hoben. Mary waren die Wurzeln ein Dorn im Auge, andererseits wusste sie, dass ihr Mann Wildwuchs liebte und keinen Baumputz duldete. Als Ernest auf See war, ließ sie die Wurzeln abhacken. Die Bescherung bemerkt, veranstaltete er ein riesiges Donnerwetter. Den aus seiner Sicht schlimmen Baumfrevel verzieh er Mary nie. Die Ceiba sei ein heiliger Baum, der im Santería-Kult eine zentrale Rolle spielt. Ihn zu beschädigen bringe Unglück. Hemingway glaubte an Magie, Zauberei, Rituale, auch zog er einen Medizinmann dem Schulmediziner vor. Nun fürchtete er einen Fluch, der durch die Tat seiner Frau auf der Finca lastete.“

Vom großen, mit Bücherborden, Rauch- und Bartisch, Sesseln, Jagdtrophäen und Wandfächern für eine Plattensammlung eingerichteten Salon gelangt der Besucher in alle weiteren Räume: Das Schlaf- und Arbeitszimmer mit anschließendem Bad des Hausherrn. Bibliothek, Gäste- und Esszimmer befinden sich dem Salon gegenüber. Rechts schließen sich Küche, Marys Bad und ihr Schlafzimmer an. Alle Räume sind original eingerichtet und vermitteln den Eindruck, das Ehepaar sei gerade mal ins Dorf gegangen. Und erwarte später Gäste, denn im Speisezimmer ist der Tisch gedeckt.

Sogar das Besteck mit dem Wappen der Finca liegt fein ausgerichtet neben den Tellern. Der Zeitschriftenständer in der Ecke, unter dem Antilopenkopf, enthält Magazine und Zeitschriften aus aller Welt. Der vom Literaten entworfene Bartisch steht voller Flaschen: Von Aperol über Cognac bis Whisky ist alles vorhanden. Wie damals! Als ich so interessiert den Bartisch betrachte, meint der Prof:

„Mit Gästen prahlte er: *Bei Wermut habe ich angefangen, zum Abendessen eine Flasche Rotwein getrunken, bin vor dem Pelotaspiel zu Wodka gewechselt und habe den Abend bis drei Uhr morgens bei Whisky und Sodas beschlossen.* Im Salon, dem Wohnzimmer, ging's nicht immer zu wie bei feinen Leuten: Geselliges Beisammensein endete schon mal in wüster Schlägerei. Hemingway soll einen amerikanischen Botschaftsangehörigen mit Salat beworfen und ihm sein Steak über den Tisch geschleudert haben. Und so mancher kritische Gast wurde krankenhausreif geschlagen."

„Nicht zu glauben, was zivilisierte Menschen so alles anstellen!"

„Papa H. benahm sich eben nicht immer zivilisiert. Martha Gellhorn gefiel sein Benehmen gar nicht. Sie verschwand zum Schreiben in ihrem Zimmer. Und bald hatte sie auch von Ernest die Nase voll und trennte sich von dem Grobian."

Der Literatur-Prof informiert mich weiter: Ernest hatte sein Bett stets mit Büchern, Zeitschriften, Schriftstücken oder Briefen bepackt. Zum Ruhen und Schlafen begab er sich ins Gemach seiner Frau. Dort las er, auf dem Bett ausgestreckt, Zeitungen. Zu Füßen lag Black Dog, sein Lieblingshund, mit dem es ein trauriges Ende nahm: Wie häufig bewaffnete sich Ernest abends mit einer Pistole und begab sich auf einen Rundgang durch den Park. Black Dog an seiner Seite. So wurde der Alltag beendet. Eines Nachts drangen Batistas Soldaten auf sein Grundstück, als der Hund bellte, wurde er umgebracht. Der sinnlose Tod des treuen Begleiters war für Papa H. das Ende des kubanischen Traums. Mit dem Ereignis fühlte er, dass es für ihn in Kuba zu Ende ging.

Ein Kommando des Diktators war mitten in der Nacht auf der Suche nach Waffen angerückt. Der alte, schon halb blinde Hund wollte das Gelände seines Herrn bewachen, dabei streckte der Gewehrkolben eines Soldaten das Tier nieder. Armer alter Black Dog! Hemingway war untröstlich. Sein treuer Begleiter beim Arbeiten, Lesen, Schreiben fehlte ihm sehr. Später, Ernest weilte in Ketchum, Idaho, schrieb er an seinen Sohn Patrick: *In Kuba ist es jetzt wirklich nicht mehr zum Aushalten. Ich bin kein ängstliches Kerlchen, aber in einem Land, wo keiner recht hat, wo beide Seiten blutrünstig sind, zu wissen, dass das Morden auch unter den neuen Machthabern weitergehen wird, zu sehen, was für einen Missbrauch die jetzigen Machthaber treiben – ich hab das alles satt.*

Ernest ist immer ein Tierfreund gewesen, meint Juan. Er liebte alle Arten von Geschöpfen: Bären, Vögel, Kampfhähne, Eidechsen, besonders aber Katzen und Hunde. Einst fand er eine verletzte Eidechse im Garten. Die päppelte er auf. Als sie starb, war ihr Körper heilig, sie zierte eine Ecke mit vielen Erinnerungsstücken seiner Reisen. Auf dem Gelände lebten vier Hunde und siebenundfünfzig Katzen, denen er ausgefallene Namen gab wie: Missouri, Ambrosy, Dillinger, Boise und so weiter und sofort. Das Katzenrudel nannte Ernest Friendless. Der Name sollte in einem Spionagefall noch eine Rolle spielen.

Martha Gellhorn ging seine Katzenliebe dermaßen auf die Nerven, dass sie hinter seinem Rücken die Kater kastrieren ließ. Was bei Papa H. einen Tobsuchtsanfall auslöste. Später soll er über seinen Lieblingskater Boise gesagt haben: *Kein Wunder, er kann keine Weiber ausstehen. Einem Weib hat er nämlich zu verdanken, dass ihm die Eier abgeschnitten wurden.*

Ich werde lebhaft an Hemingways Katzenliebe in Key West erinnert und frage mich: Wie ist das möglich, was geht in einem Menschen vor, der Tiere schießt, andere am Angelhaken stundenlang quält oder sich an blutigen Stier- und

Hahnenkämpfen ergötzt? Da muss doch so etwas wie Schizophrenie vorliegen. Ich spreche den Professor daraufhin an.

„Schon merkwürdig. Ursprünglich nahm ich an, ihm ginge es ums Kräftemessen mit wehrhaften Kreaturen, die eine Chance haben, dem Jäger Paroli zu bieten. Doch das stimmt nicht. Mit seinem Vater schoss er Enten, Fasanen, Rebhühner und behielt das Töten von Federvieh bei. Er war auch nie ein Jäger im Sinne eines Hegers, der eine eigene oder gepachtete Jagd im biologischen Gleichgewicht zu halten trachtete. Bei ihm war es tatsächlich der Spaß am Töten. Heute, stärker denn je, macht ihn das unsympathisch. Bei aller Achtung vor seinen Werken – ich kann mir nicht helfen."

Nachdenklich erschließen wir uns weitere Räume der Villa. „Jetzt findest du ein aufgeräumtes Haus vor", sagt Juan, „das entspricht nicht der Wirklichkeit. Der Dichter lebte in einem kreativen Chaos. Überall Stapel von Schriftstücken, Zeitungsausschnitten, Briefen. Der kubanische Journalist Norberto Fuentes hatte 1961 die Gelegenheit, geschriebene, aber nie abgeschickte Briefe, Skizzen, Entwürfe und Manuskripte zu sichten. Mit Akribie wühlte er sich, nur Wochen nach des Meisters Ableben, quasi durch die Asche seines Lebens, um den verborgenen, den unbekannten Hemingway zu finden. Ob er ihn im Tohuwabohu der Hinterlassenschaft fand – ich weiß es nicht.

Immerhin, in seinem Buch *Hemingway en Cuba* kommt zum Ausdruck, der Schriftsteller war in Kubas Seele tiefer eingedrungen, als es die Kubaner zu seinen Lebzeiten vermutet hatten. Was ein gefühlvolles, auf der *Pilar* geführtes Bordtagebuch zum Ausdruck brachte."

In Marys Bad stieß man auf weitere Merkwürdigkeiten, die Ernest als Kontrollfreak charakterisieren. Die Hausapotheke quoll über von Medikamenten für ein Sammelsurium von Krankheiten. An einer Wand notierte er täglich seine Blutwerte und sein Gewicht mit dem jeweiligen Datum, ergänzt mit Notizen zu Rezepten und medizinischen wie pharmazeutischen Hinweisen.

Für die Aufzeichnungen, die lange Kolonnen an der Badezimmerwand entstehen ließen, verwendete er denselben Zimmermannsbleistift, mit dem er an seinen Dialogen feilte. Wie passt exzessives Trinken mit minutiöser Überwachung der Werte zur Gesundheit überein?

„In jedem Zimmer gefüllte Bücherregale, dann die Bibliothek, lassen auf eine stattliche Literatursammlung schließen", bemerke ich.

„Das kann man wohl sagen. Um die 9000 Bände zählte seine Sammlung zu ganz unterschiedlichen Themen: Naturkunde, Militärgeschichte, Jagdsafaris, zeitgenössische Literatur, Biografien, Bücher über Geographie … In den Regalen befanden sich Werke von Virginia Woolf, James Joyce, Gertrude Stein, John Dos Passos, Georges Simenon oder die von ihm sehr geschätzten Autoren Mark Twain und Joseph Conrad. Manch ein Titel ist noch heute in den Bücherborden zu finden."

Die Bibliothek hatte Papa H. mit Requisiten seiner Afrika-Safaris drapiert: An der Wand hängt ein mächtiger Schädel eines Kaffernbüffels. Auf dem Schreibtisch liegt, neben allerlei Talismanen, ein ausgestopfter Löwenschädel. Ach Afrika! Seine große Liebe. Die erste Reise mit Pauline wurde von ihrem Onkel mit 25.000 Dollar gesponsert. Zweieinhalb Monate zog er mit ihr und dem berühmten Großwildjäger Philip Percival – der hatte schon US-Präsident Theodore Roosevelt und Baron Rothschild Löwen vor die Flinten getrieben –, durch die Steppe, schoss, was ihm vor den Lauf kam, und ließ sich zu dem Statement hinreißen: *Ich schieße gern mit der Büchse, und ich töte gern, und Afrika ist genau der Ort, wo man das tut.*

Der Blick in sein Arbeitszimmer verschafft Einblick in seine Arbeitsweise. Es ist spärlich möbliert: Bücherschränke, ein Schreibtisch, der nie benutzt wurde. Er schrieb ja, wie erwähnt, fast ausschließlich im Stehen auf einer Royal-Reiseschreibmaschine, die in Hüfthöhe auf einem Sideboard stand, neben einem Foto seiner Söhne Patrick und Gregory.

„Sind Einzelheiten zu seiner Arbeitsweise bekannt?“, möchte ich wissen.

„Das Übliche. – Doch halt, in einer Ausgabe von *The Paris Review* war mal zu erfahren: Er stand immer zeitig auf, begab sich nach einem kargen, selbst gemachten Frühstück gleich hoch konzentriert an die Arbeit. Vor seiner Royal stand er nackt, nur mit Khakishorts bekleidet, und hackte auf die Tasten. Von Zeit zu Zeit trat er von einem vernarbten Bein aufs andere. Der besseren Durchblutung wegen. Die Schmerzen erinnerten ihn an den Fahrradabstecher an die Piave, wo er Schokolade und Zigaretten an Soldaten in den Schützengräben verteilte. Eine österreichische Granate hatte ihm gezeigt, dass auch ein Schokoladenbote nicht unsterblich ist. Den Beinah-Tod hielt er fest: *Mein Atem blieb weg, und ich fühlte, wie ich sausend meinen Körper verließ. Ich fuhr geschwind aus mir heraus, mein ganzes Ich, und ich wusste, dass ich tot war und dass es gar nicht wahr ist, wenn man denkt, man stürbe einfach ... Ich atmete und da war ich wieder.*“ – Ging ihm das Schreiben leicht von der Hand, schwitzte er mächtig und war aufgeregt wie ein Kind. Ohne Inspiration aber war er niedergeschlagen, verdrossen, unleidlich. Dennoch kämpfte er bis zum Mittag um Eingebung, hoffte auf treffende Formulierungen.

Während des Schreibens hielt er seinen Alkoholkonsum bis auf etwas Rotwein im Zaum. *Schreiben sei ein hartes Geschäft, man sollte sich seiner Arbeit ebenso hingebungsvoll widmen wie ein Priester dem Gottesdienst,* vertraute er A. E. Hotcher an. Nach sechs Stunden guter Arbeit fühlte er sich so erschöpft, aber auch so zufrieden, wie wenn er *die ganze Zeit mit seinem Schatz im Bett gelegen hätte.* Ernest war, was das Schreiben anbelangte, ein Pedant: So notierte er sich am Ende eines Arbeitstages die exakte Anzahl der Wörter, die er geschrieben hatte, in ein Notizbuch. Nicht selten quälte er sich, formulierte ständig um. Den Schluss von *In einem anderen Land* änderte er zweiunddreißigmal und überarbeitete die Korrekturfahnen nochmals dreißigmal.

Papa H., der Schreck seines Verlegers Charles Scribner's Sons samt Lektor Maxwell Perkins, dem bei Ernests Skripten glatt der obligate Hut hochging. Es gab Kapitel, die schrieb er vierzig- oder fünfzigmal um, berichtete *Der New Yorker* 1947. Hemingway ging's dabei um jedes Wort, um jedes Komma. Als einmal eines seiner vielen Unds gestrichen wurde, rastete er schier aus. Nannte das eine Katastrophe. Einem Herausgeber schrieb er: *Die Erzählungen sind so konzentriert geschrieben, dass die Änderung eines einzigen Wortes eine ganze Erzählung aus dem Lot bringen kann. Alles in diesem Buch hat seinen ganz bestimmten Platz in seinem Aufbau, und wenn ich mich irgendwo zu wiederholen scheine, habe ich gute Gründe dafür.*

„Jetzt verstehe ich, dass er im fortgeschrittenen Alter kaum einen Satz zustande brachte. Zwanghaft musste er ihn wieder und wieder korrigieren – wie zermürbend, wie furchtbar!"

„Sein Anspruch zermürbte ihn tatsächlich. Er wollte die Sprache von allem Überfluss befreien, bis aufs Mark bloßlegen. Die Diktion filetieren. Dabei wandelte er auf schmalem Grat. Von der Kunst des Weglassens zum Weglassen der Kunst trennt fast nichts. Sein Psychoanalytiker, gestand er einst der Schauspielerin Ava Gardner in Madrid, sei die portable Corona Nummer drei, seine Schreibmaschine."

„*Der alte Mann und das Meer* sei ihm 1952 zügig aus der Feder geflossen", erwähne ich.

„Klar, der glücklos kämpfende Fischer Santiago, das Böse, der Hai, der ihm den großen Fisch bis aufs Skelett abnagte – in der Niederlage tapfer bleiben, das Thema beflügelte den Dichter. *Der Mensch darf nicht aufgeben. Er kann besiegt werden. Aber er gibt nicht auf!,* postulierte auch Spencer Tracy als Santiago in der Verfilmung der Novelle. Ein Jahr später erhielt Ernest den Pulitzer-Preis und 1954 wurde ihm der Literatur-Nobelpreis verliehen. Er war auf dem Zenit. Hatte alles erreicht, was ein Dichter zu erreichen imstande ist. Und er war reich. Mehrfacher Millionär, der sich auf der Finca zwölf Angestellte leistete, große Beträge spendete, bei jeder Gelegenheit Lokalrunden schmiss. Der reine Hausstand verschlang 4000 Dollar im Monat. Und im Landhaus ging's bisweilen zu wie in einem Zirkus. Dennoch, der Held, der Draufgänger, der Strahlemann war innerlich verzweifelt, deprimiert, hilflos. Ein von Bluthochdruck, Diabetes, Wassersucht, Leberschaden, Arteriosklerose zermürbter alter Mann. Im kleinen Kreis gestand er: *Ich tue so fröhlich wie immer, aber ich bin es nicht. Ich bin hundemüde und mit den Nerven am Ende.*"

Ich überlege eine Weile und frage: „Hinweise auf sein Ende?"

„Damit kokettierte er schon geraume Zeit. Anfangs verachtete er seinen Vater als Feigling, der sich durch Selbstmord aus dem Leben und aus der Verantwortung schlich. Dann kam der Gesinnungswandel. Er wollte sein Ende ebenfalls selbst bestimmen. *Ich werde entscheiden, wann der Tod über mich kommt*, war aus seinem Mund in Kneipen zu hören. *Ja, der Tod ist auch nur eine Hure*, antwortete er einem deutschen Journalisten. *Verlasst euch darauf, ich werde auch die Art und Weise bestimmen, wie er mich holen wird.* Zeuge einer makabren Inszenierung war Dr. Herrera, ein kubanischer Arzt: *Sehen Sie her, so werd' ich's machen.* Drüben, im Salon der Finca, setzte er sich barfuß auf seinen Lieblingssessel, stellte den Kolben der Mannlicher 256 auf den Teppich zwischen seine Beine. Dann beugte er sich vor und schob die Gewehrmündung in den Mund bis an den Gaumen. Mit dem großen Zeh drückte er auf den Abzug. Klick, hörte der Arzt, nicht ohne sich mächtig zu erschrecken. Hemingway lachte und schloss die Vorstellung mit: *So begeht man mit einem Gewehr Harakiri.* Ernest genoss es, Menschen zu erschrecken, mit seiner Todesverachtung zu schockieren."

„Nicht zu fassen! Dabei hatte er doch mit der neuen Liebe den Jungbrunnen erlebt. Inspirierte die blutjunge Gräfin ihn nicht sogar zu dem großen Wurf?"

„Ja und nein", meint Juan kopfwiegend, „mit Mary besuchte er 1948 Venedig. Dabei lernte er Adriana Ivancich kennen, eine überaus hübsche Aristokratin. Sie wurde die letzte große Liebe seines Lebens. Anfangs fand sie den alten, ewig vom Krieg schwafelnden Herrn langweilig. Schließlich wuchs in ihr so etwas wie Sympathie. Mary Welsh und Adrianas Mutter befürchteten Schlimmes, als Ernest das Mädchen einlud, ihn in Kuba zu besuchen. Mutter und Tochter kamen tatsächlich angereist und lebten sechs Monate auf der Finca. Marys Ehe wurde auf eine harte Probe gestellt. Nicht grundlos fürchtete sie, ihr Mann habe den Verstand verloren. Viele Stunden verbrachte Papa H. mit Adriana zurückgezogen im Turmzimmer, was zu allerlei Spekulationen Anlass gab. Nach Beteuerungen der Gräfin sei die Beziehung jedoch rein platonisch gewesen. Und der Schriftsteller musste sich eingestehen, ein Alter, ein Kranker zu sein, dem Erinnerung, aber keine Zukunft bleibt. Aber aus der erfrischenden Jugend des Mädchens schöpfte er aufs Neue Kraft, etwas aufs Papier zu bringen. Sie weckte in ihm die Lust für den Roman *Über den Fluss und in die Wälder* und inspirierte zur Novelle *Der alte Mann und das Meer*.

Die Kritik zerriss den Roman als Wunschvorstellung eines alten Lüstlings. Kitsch in seiner schlimmsten Form. Hemingway konterte wütend: *Die kranke Auster scheißt die schönste Perle. Nur im Bewusstsein des Scheiterns kann Schönheit gedeihen, kann das Wahre sichtbar werden.* Tatsächlich hatte Ernest in *Über den Fluss und in die Wälder* viel Herzblut tropfen lassen. Seine Romanheldin ist Renata, nach dem Vorbild von Adriana Ivancich, das greise, liebende Alter Ego Hemingway verkörpert Colonel Richard Cantwell, der von Schlachten schwadroniert. Mit einem Paukenschlag landete *Der alte Mann und das Meer* bei den Kritikern. Hatte der gebrochene Held seine Ausdruckskraft wieder gefunden? Ich rezitiere frei aus dem Gedächtnis: Fischer Santiago, der für immer *salao* ist, verfolgt von der übelsten Sorte des Pechhabens. Er kehrte nach endlosem Ringen zurück – geschlagen als Fischer, aber unbesiegt als Mensch im tapferen Kampf gegen die Aussichtslosigkeit. Das Segel war mit

Mehlsäcken geflickt, und zusammengerollt sah es aus wie die Fahne der endgültigen Niederlage. Müde schulterte der Fischer den Mast, schleppte ihn den Hügel hinauf wie Jesus das Kreuz auf den Berg von Golgatha. Dann schläft Santiago ein und träumt von den Löwen. Die Novelle war des Dichters Flackern in einem siechenden Feuer."

„Und wie erging es Adriana?"

„Sie kehrte mit ihrer Mutter nach Italien zurück. Schrieb das Buch *La Torre Bianca* (*Der weiße Turm*), ihre Plauderstunden mit dem Dichter – ein Misserfolg. Ihre Ehe mit einem deutschen Grafen: ein Fiasko. Sie wurde depressiv, fing an zu trinken und erhängte sich 1983."

Wir verlassen das Haus und steigen auf den Turm, drei Stockwerke hoch, mit einer Aussicht bis an den Horizont, wo sich der Atlantik spiegelt.

„Nach Plänen von Mary Welsh wurde dieser rechteckige, weiße Campanile 1947 gebaut. Er beherbergt oben ein Arbeitszimmer, in dem sich der Dichter ungestört von der Muse küssen lassen sollte. Im Stockwerk darunter sah Mary die Waffenkammer des Hausherrn vor. Unten dann war das Reich der Katzen. So ihre Planung. Die Nutzung gestaltete sich ganz anders. Der Literat mied den Turm, fühlte sich dorthin abgeschoben. Also eroberte die Katzenkamarilla sukzessive den ganzen Turm. Bis auf Ausnahmen: Papa H. betätigte sich auch schon mal als Wetterfrosch und sagte Radiostationen Hurrikane voraus. Eines Tages zog einer auf und er soll sich halbnackt mit Schnapsflaschen auf den höchsten Punkt des Turmes begeben haben, um den Orkan im Freien abzureiten. Dabei habe er Kommandos gebrüllt, so sein imaginäres Kriegsschiff durch den Hurrikan manövriert. Und sich im Getöse köstlich amüsiert."

Im Garten, der auf mich wie ein gepflegter Dschungel wirkt, setzen wir uns auf eine Bank mit dem Blick auf den Swimmingpool, in dem Ernest seine Bahnen schwamm. Und sich allerhand Prominenz tummelte. Neben der ständig präsenten Ava Gardner waren Spencer Tracy, Katherine

Hepburn, Jean Paul Sartre, berühmte Stierkämpfer, der Boxweltmeister Rocky Marciano und manch weiterer VIP Hausgäste – konnte ich erfahren. Das Becken ist trocken. Daneben, unter einem Dach, steht aufgebockt die Hülle der *Pilar*. In der Tat ein schönes Schiff. Die Seetüchtigkeit ist ihm anzusehen. Die Aufbauten sind naturholzbelassen, der Rumpf wurde schwarz und rot gestrichen. Am Heck bewegt sich die amerikanische Flagge im Wind. Wir lauschen dem Gezwitscher bunter Tropenvögel. Ich denke ans Meer und Hemingway auf seiner *Pilar* im Kampf mit Wellen, Sturm und großen Fischen und die spannenden Storys dazu.

Um Näheres darüber zu erfahren, möge ich mich nach Cojimar begeben, sagt der Professor. Dies sei nicht der richtige Ort, über Seegeschichten zu sprechen. – Ein anderer Gedanke keimt auf:

„Mir fiel auf, dass die Fotos im Haus viele bekannte Leute zeigen. Doch keine einzige Abbildung erinnert an seine Eltern. Ist das nicht merkwürdig?“

„Durchaus nicht. Sein Verhältnis zu Vater und Mutter war ein gestörtes“, sagt Juan.

„So, dann berichte mal.“

„Ernest Miller Hemingway wurde am 21. Juli 1899 als zweites von sechs Kindern im verträumten Ort Oak Park geboren. Seine Eltern: Mutter Grace, strikt, herrisch, bibelfest, sehr musikalisch und den schönen Künsten zugeneigt. Vater: Dr. Clarence Edmonds, Arzt, verträglich, harmoniesüchtig, naturverbunden. Anfangs war er dem Sohn ein Freund, Lehrer und lieber Begleiter auf gemeinsamer Pirsch und spannenden Jagdausflügen. Doch bald schlug die Zuneigung um in Verachtung. Er ließ sich von seiner resoluten Frau kujonieren. Was Ernest ihm als unverzeihliche Schwäche auslegte. Der Selbstmord des Vaters verstärke die Abneigung. Grace, die die Hosen anhatte, bestimmte den häuslichen Ablauf. Sie erzog das Söhnchen – und das scheint Ernest sein Leben lang gequält, traumatisiert und verunsichert zu haben – als Püppchen in Mädchenkleidung. Sie regte ihn an, mit seiner Schwester mit Puppen zu spielen. Ernest trägt Schürze, Häubchen, lernt nähen, auch Cello spielen. Unbegreiflich, was die Mutter mit ihm anstellte, ihm antat! Der Vater schenkte ihm mit drei Jahren eine Angelrute, mit acht ein Jagdgewehr. Jagen und Fischen werden zu lebenslangen Leidenschaften. Sein Alter Ego Nick Adams in den frühen Short Storys erzählt davon. Von der Mutter erhielt er ein Cello und musste üben, was er hasste, wie bald auch die Mutter. *Warum hast du dir alles gefallen gelassen!*, klagte er den Vater an, der häusliche Arbeiten übernehmen musste, weil Mutter das unter ihrer Würde fand. Der Sohn suchte mit Gewehr und Angelrute seine Männlichkeit, die ihm Grace austreiben wollte. Das häusliche Spannungsfeld stigmatisierte den Heranwachsenden und schlug Wunden, die er später sich und anderen immer wieder zufügte. Er entflieht der puritanischen Verschrobenheit des Elternhauses, dem langweiligen Muff von Oak Park. Will in den Krieg ziehen, an die Front, ganz nah dabei sein, wo die Kanonen donnern. Ernest war überzeugt: Die Mutter habe den Vater in den Tod getrieben. Was zu einem tiefen Zerwürfnis zwischen den beiden führte. Er hat sie zwar später finanziell unterstützt, sie jedoch mit Flüchen überschüttet, jeden Kontakt abgelehnt und war ihrer Beerdigung ferngeblieben."

„Genetische Disposition und Erziehung haben aus ihm den widersprüchlichen Menschen gemacht. Mit dieser Hypothek marschierte er durchs Leben. Am Ende hat sie ihn berühmt, aber auch verrückt gemacht."

„Seltsam", meint Juan Utiva, „der Dialog aus *Indianerlager* zwischen Nick Adams und seinem Vater werden gegenwärtig:

Warum hat er sich umgebracht, Vater?

Ich weiß es nicht Nick, wahrscheinlich konnte er es nicht mehr aushalten.

Bringen sich viele Männer um, Vater?

Nicht sehr viele, Nick.

Ist Sterben schwer, Vater?

Nein, ich glaube, es ist ziemlich leicht, Nick. Es kommt drauf an.“

Der Tod hatte auf Papa H. eine faszinierende Wirkung. Er suchte, erlebte und beschrieb ihn. Als Dämon, Schrecken und Erlösung. Er provozierte ihn und prahlte damit. In der Schlacht im Hürtgenwald, so tönte er, habe er 122 Krauts abgeknallt. Was natürlich Unsinn ist. Fest steht, dass er sich in den Kriegen gern mit der Waffe in der Hand eingemischt hätte.“

„Apropos Anekdoten, da erzählt man wohl so das ein oder andere?“

„Oh ja. Einige stimmen, andere hat er frei erfunden. Eine berühmte erzählt sein Liebesleben mit Mata Hari. Als er nach Frankreich kam, hatte man die Spionin allerdings schon hingerichtet. Zutreffend ist, dass Ernest im Zweiten Weltkrieg als Kriegsberichterstatter in Paris weilte. Im Hotel Ritz sang ihm Marlene Dietrich auf dem Badewannenrand sitzend Lieder vor, während er im Wasser planschte. Dann die Sache mit dem Leoparden: Mit dem Gewehr im Arm posierte er neben einer geschossenen Raubkatze. Erlegt hatte das Tier ein anderer. Wenngleich sich seine Storys und Romane im Allgemeinen an erlebte Tatsachen hielten, war von ihm Widersprüchliches zu hören: *Alles, was du tun musst, ist einen wahren Satz schreiben!* Oder: *Es ist nichts Unnatürliches daran, dass die besten Schriftsteller Lügner sind. Es macht einen erheblichen Teil ihres Berufes aus!* – Antagonismen, die sich durch seine gesamte Vita ziehen. Wie vor uns im Garten, da stand mal ein Käfig, in dem er Kampfhähne züchtete, die im Dorf oder in Havanna in speziellen Arenen kämpfen mussten. Eine mörderische Tierquälerei, bei der Wetten auf den siegreichen Hahn abgeschlossen werden. Hahnenkämpfe sind in Kuba offiziell verboten, werden an geheimen Orten doch noch durchgeführt.“

Mir will der Charakter des Literaten nicht einleuchten. Alles auf die Erziehung zurückzuführen, wäre sicher zu einfach. Doch sie muss eine entscheidende Rolle gespielt haben.

Das Problem waren die beiden Stränge, die an dem pubertären Jungen zerrten. Hier die stringente Mutter, die ihre Karriere als Sängerin für ihre Kinder aufgegeben hatte, oktroyierte in ihrem Sprössling die Muse. Dort der Vater, er versuchte seine Leidenschaft für die Natur dem Filius zu vermitteln, um aus ihm einen Naturburschen zu machen. Für Ernest stand früh der Beruf des Schriftstellers fest. Dafür bekam er nie den Segen der Eltern. Den brauchte er nicht. Was er brauchte, war das Abenteuer. Um lebendig zu bleiben, mit heißem Herzen Geschichten zu erzählen, benahm er sich wie ein Junkie, der ständig die nächste Dröhnung suchte. Kick folgte auf Kick, was ihn rasch verzehrte – vielleicht eine Erklärung? Wie ich erfahre, soll seine Erlebnissucht im Juli 1944 besonders ausgeprägt gewesen sein: Im Dorchester Hotel, London machte er, noch mit Ehefrau Nummer drei verheiratet, Mary Welsh das Angebot: *Ich kenne Sie nicht richtig, aber ich will Sie heiraten.* Am D-Day, dem Tag der Invasion in der Normandie: Hemingway kauerte in einem Landungsboot mit Kurs auf Omaha Beach. Zwar stürmte er nicht an Land, wie er beteuerte, sondern betrat französischen Boden etwas später. Um sich dann zum Ärgernis der Kommandeure in Kampfhandlungen einzumischen. Völlig genervt berichtete General Burton, dass der alte Ernie folgenden Funkspruch gesendet hätte, *wenn er seine Stellung halten solle, brauche er Panzer!* Ein Zimmer im *Hotel du Grand Veneur* wurde seine „Operationsbasis“, in der er Soldaten, Melder, Deserteure und anderes Volk empfing, interviewte und Waffen hortete. Sein Ziel: bei der Befreiung von Paris als erster die Champs-Élysées stürmen. Er schloss sich, nach Verwarnungen, die er natürlich ignorierte, der Panzerdivision General Pattons an. Aus einem Biwak teilte er seiner neuen Flamme Mary Welsh mit: *Wir führen hier ein sehr lustiges Leben, voller Toter, mit deutschem Beutegut, bestem Cognac und viel Ballerei.* Bei den Kollegen der schreibenden Zunft galt Papa H. als nun völlig übergeschnappt. Wohl im mächtigen Rausch teilt er am 27. August 1944 per Brief mit:

Sind über die Étoile und Concorde in Paris einmarschiert. Habe die Einheit mehrmals ins Gefecht geführt. Totaler Blödsinn, tatsächlich waren GIs lange vor ihm in Paris eingetroffen. Erst im Trommelfeuer des Hürtgenwaldes schien der „Held“ wieder etwas zu sich gekommen zu sein. Er hatte seinen fünften Krieg erlebt und war gezeichnet. Nachts quälten ihn bis zu seinem Lebensende Alpträume …

„In diesem Garten spielt ein interessanter Krimi“, sagt mein Informant, der das Thema wechseln will, „Leonardo Padura schrieb 1977 *Adiós Hemingway* und spielt auf des Dichters Lavieren zwischen der Diktatur, in der er gut lebte, und dem Kommunismus an. Papa H. fand an Castros Revolution Gefallen. Der Umstand beschleunigte allerdings seinen Verfolgungswahn. Verfolgt fühlte er sich vom US-Geheimdienst, der Steuerbehörde, Kritikern, neidischen Kollegen, vor allem aber vom FBI. Für die Bundespolizei war der Schriftsteller ein Linker, einer, der Kommunisten nahe stand. Man setzte ihn mit ähnlich gesinnten Autoren auf eine schwarze Liste. FBI-Präsident Edgar Hoover ließ ihn tatsächlich überwachen und ein Dossier anfertigen. Gern hätte er Ernest den Prozess gemacht.“

„Und worum geht es in der Geschichte?“, ich werde neugierig.

„Eine reizvolle Perspektive hatte sich Padura da ausgedacht. Nämlich die, den überbordenden Mythos Hemingway zu enttarnen. Nicht dass er desavouiert werden sollte. Nein, aber es gilt, den Menschen auch in seinen Schwächen und Gemeinheiten darzustellen, die er seinen Frauen, vielen Freunden und Schriftstellerkollegen angetan hatte. Angefangen mit Attacken auf seine Mentoren Gertrude Stein und Sherwood Anderson bis hin zu Scott Fitzgerald und dem langjährigen Freund John Dos Passos, mit dem er sich im Spanischen Bürgerkrieg wegen divergierender politischer Ansichten entzweite. Hinter dem wirkmächtigsten Literaten des 20. Jahrhunderts erscheint eine nicht gerade liebenswerte Persönlichkeit. Hier setzt die Story ein: Auf der Finca Vigía wird vierzig Jahre nach Hemingways Tod eine Leiche gefunden, getötet worden durch zwei Kugeln aus einer Maschinenpistole seiner legendären Waffensammlung. Ein Hurrikan, der über Kuba einen rasenden Totentanz vollführte, hatte einen Teil des Dachs der Finca demoliert, Teile des Gartenzauns zerstört und – nun kommt's – einen alten, kranken Mangobaum samt Wurzelwerk umgerissen. Zusammen mit den Wurzeln waren die Knochen eines Mannes zum Vorschein gekommen. Die Pathologie stellte fest, dass es sich um einen Weißen, um die sechzig Jahre alt, handelte. Im Laufe der Ermittlungen ergab sich, der Tote war ein FBI-Agent. Bekannt war: Der Literat hatte Probleme mit dem FBI. Er verfluchte die smarten Typen, allesamt seien Bluthunde und die hassten das aufgeblasene Ego des Schreibers. Welch ein Entsetzen, Hemingway ein Mörder? Die kubanische Polizei ist in Nöten, sie will auf jeden Fall die Aufmerksamkeit der Weltpresse vermeiden. Der Säulenheilige darf unmöglich vom Sockel gestoßen werden. Ungeheuer wäre der Aufschrei der Abermillionen Fans in Kuba und weltweit."

„Toller Krimi! Und wie geht's weiter?"

„Hemingway ist kein Mörder. Die Lösung liefert Ernests letztes Geheimnis dank der Entdeckung von Ava Gardners schwarzen Spitzenhöschen."

„Wie bitte?"

„Der Slip, der die intimste Stelle einer der schönsten Frauen der Welt bedeckte. Der Rest gehört zur hemingwayschen Eisberg-Theorie", meint Juan sibyllinisch und lacht schallend, als er mein verdutztes Gesicht sieht. „Hör dir an, welches Hemingway-Zitat Leonardo Padura seinem Kriminalroman voranstellte: *Die Toten hatten nicht immer heißes Wetter: Sehr oft war es der Regen, der sie reinwusch, wenn sie in ihm lagen, und der die Erde, nachdem man sie darin begraben hatte, aufweichte und der dann manchmal anhielt, bis die Erde zu Schlamm wurde und sie herauswusch und man sie von neuem begraben musste."*

Palmen wispern. Ein kühles Lüftchen säuselt. Ein Vogel schreit. Irgendwo im feuchten Laub einer Senke randaliert ein Ochsenfrosch.

„Dank Martha hatte sich Ernie ein herrliches Stückchen Kuba zum Schreiben gesichert. Und dem FBI war es ein Dorn im Auge, dass der Amerikaner sich ausgerechnet auf die Insel der Staatsfeinde abgesetzt hatte. Die US-Polizei musste einen wie ihn bespitzeln, der sich mit Revolutionsführer Castro ablichten ließ, den sowjetischen Außenminister Mikoja auf seinem Landsitz empfing und tönte: *Ich bin von der Notwendigkeit der Kubanischen Revolution überzeugt. Ich hoffe nur zu Gott, dass die Vereinigten Staaten nicht die Zuckerquote kürzen. Damit wäre alles vermasselt. Kuba würde den Russen in den Schoß fallen.* Als er dann noch, von einer Auslandsreise zurückkommend, die kubanische Flagge küsste, machte ihn die Geste zum Prügelknaben der US-Presse. Die ihm vorwarf, er habe sich von seiner amerikanischen Staatsbürgerschaft losgesagt. Schwer gekränkt begab sich Papa H. für kurze Zeit in die innere Immigration. Es war für ihn kein wirklicher Trost, pro Wort fünf Dollar zu verdienen, damit der bestbezahlte Autor unter der Sonne zu sein. Nein, Trost war es nicht, denn der Stern im Zenit sank. Längst spürte er das Siechtum seiner Schaffenskraft. Er begann sich selbst aufzugeben. Mit Tränen in den Augen gestand er seinem Freund und Chronisten: *Hotch, wenn ich nicht mehr unter meinen eigenen Bedingungen leben kann, dann ist für mich das Leben unmöglich. Verstehst du das?* Und: *So habe ich immer gelebt, so muss ich leben – oder nicht mehr leben.* Bei einer anderen Gelegenheit: *Was liegt einem Mann am Herzen? Dass er gesund bleibt. Dass ihm die Arbeit gut von der Hand geht. Dass er im Bett seinen Spaß hat. Nichts davon ist mir geblieben. Gottverdammich, nichts! Wer hält mir die Polizei vom Leibe und wer zahlt die Steuern, wenn ich nicht mehr das Geld heranschaffe, um sie zu bezahlen?*“

Hilferufe? Danach hatte A. E. Hotchner Papa H. nicht mehr wiedergesehen. Was dem Freund blieb, war ein Talisman, eine Rosskastanie aus Paris, die Ernest stets bei sich getragen hatte. Die Kastanie sollte jetzt Hotchner Glück bringen. Ihn, davon war er überzeugt, hatte das Glück verlassen.

„Blicken wir lieber in seinem Leben ein Stück zurück. Fallende Helden machen traurig“, sage ich. „Wie war es mit der Harmonie seiner Frauen auf der Finca bestellt und was passierte später mit dem Anwesen?“

„Harmonie ist gut. In dem Landhaus hat sich so manches Drama abgespielt. Ernest war viermal verheiratet. Da stellt sich die Frage nach seinem Verhältnis zu Frauen. Er hatte viele Eroberungen. In der Umwerbung war er ein hartnäckiger, erfolgreicher Meister. Doch schon bald wendeten sich die Damen von ihm ab, weil ihre Erwartungen enttäuscht wurden. Seiner Fähigkeit zu lieben wurde misstraut. Ihm ging es um den Spaß an der Eroberung. Das Ziel erreicht, schwand sein Interesse. Er sagte bisweilen, *ein Jäger könne sich den Luxus der Gefühle nicht leisten.* Sein ‚Beuteschema‘ waren selbständige, schöne, intelligente Frauen. Ließen sie sich auf ihn ein, sollten sie sich aufgeben, ihm dienen, sein Besitz sein. Der Schriftsteller war alles andere als ein Frauenversteher. Und in der Wahl einer Partnerin fürs Leben erfahrungsresistent. Er gab zu: *Im Umgang mit Frauen bin ich ein Idiot – ich habe immer das Gefühl, ich müsste sie heiraten.* Zu hören war auch: *Ich habe immer gute Ehefrauen gefunden.* Räumte er damit seine Beurteilungsschwäche ein?“

„Verstehe. Auch verheiratet gab er das Poussieren nie auf. Eroberungen, neue Affären benötigte er als Stimulanz für seine Arbeit …“

„… und für sein Ego. Stetig gierte er nach Bestätigungen. Nach dem Rausch des Sieges. Sei dieser auch noch so widersinnig oder verrückt. Adriana Ivancich, die seine Enkelin hätte sein können, wäre seinem Werben fast erlegen. Wäre es nach ihm gegangen, hätte er sie geheiratet. Als Ehemann war Ernie ein brummiger Dickschädel, dem seine Freiheit heilig war und der ständig vergöttert werden wollte.

Was an einem Komplex gelegen haben mochte. Unter den studierten, intellektuellen Literaten war er der Handwerker, der eine Universität nie von innen sah. Martha Gellhorn, mit der er auf der Finca häufig Zoff hatte, nannte ihn Pig, anfangs scherzhaft. Bald meinte sie es ernst. Weil er sich nachlässig kleidete, übermäßig schwitzte, seine Hygiene vernachlässigte, zu viel trank, sich ordinär ausdrückte und benahm. Sich außerdem mit dem ganzen Viehzeug umgab. Hinzu kam, dass Martha anfing, sich auf dem Landgut zu langweilen. Für Ernest die Karriere als Schriftstellerin und Journalistin zu opfern, kam für sie nicht in Frage. Ihr Angetrauter wetterte: *Ich brauche eine Frau im Bett und nicht in weltweit verkauften Zeitschriften!* Gern hätte Ernest mit ihr Kinder gezeugt. Martha war strikt dagegen und unterbrach die eine oder andere Schwangerschaft, überzeugt davon, keine gute Mutter sein zu können. Hemingway tobte mal wieder. Martha packte ihre Siebensachen und verschwand. Ihre Nachfolgerin, Mary Welsh, auch Journalistin, war aus einem anderen Holz, keine Karrieristin. Dem Schönen zugeneigt, waren Haus und Garten ihre Betätigungsfelder. Dabei startete ihre Ehe mit einem Fiasko und wäre ums Haar gescheitert …“

Juan unterbricht sich, um eine Zigarre anzuzünden. Das Ende beißt er ab und spuckt es auf den Rasen. Dann reibt er wie der Westernheld Tom Prox ein Streichholz an einer Latte der Bank an und pafft Ringe in die Luft. Ich schaue dem nicht endenden Besucherstrom nach, kann verstehen, dass selbst literarisch Uninteressierte an der Figur, an dem Mythos Gefallen finden.

„Professor, du sprichst in Rätseln. Was geschah in der Ehe?“

„Hemingway fuhr mit Mary in die Finca. Katzen umschlichen ihre Knöchel, Tierköpfe, gehörnte Schädel starrten von den Wänden herab. Das riesige Herrenhaus im Meer von Pflanzen und Blumen faszinierte sie. Dennoch fragte sie sich: Bin ich noch ganz bei Trost? Habe meinen Mann verlassen, meine Wohnung in London und einen Job bei der Times aufgegeben für einen Egomanen, der zwischen Liebreiz und

Boshaftigkeit grundlos pendelt. Sie hatte noch ihr Hochzeitskleid an, als ein grandioser Streit entbrannte. Ernie war angetrunken und pöbelte lautstark. Schockiert stand sie neben ihren Koffern, war im Begriff davonzurennen. Er, den Ernst der Lage erfassend, wurde blitzartig nüchtern, ganz Charmeur, säuselte, entschuldigte sich und bat um Verzeihung, wie ein bereuender Dieb. Mary ließ sich umgarnen. Aus einer Hochzeit mit sofortiger Beinahe-Trennung entstand Hemingways letzte Ehe, die fünfzehn Jahre bis zu seinem Tod hielt. Wie du gehört hast, nicht ohne Höhen und Tiefen. Weniger bekannt ist die Bauchhöhlenschwangerschaft, an der Mary fast gestorben wäre. Oder Papas Liebschaften neben Adriana, mit Mädchen wie Irin Valerie Danby-Smith, seiner Privatsekretärin. Auf einer Ostafrikareise begann er ein Verhältnis mit Debba, einem einheimischen Makamba Girl. Weil der Literat mit massiven Potenzproblemen zu kämpfen hatte, können sexuelle Kontakte ausgeschlossen werden. Aber jedes Mal stand Mary kurz davor sich von ihrem lüsternen Ehemann zu trennen. – Einem aufziehenden Gewitter gleich, nahte 1960 die Stunde des Abschieds. Nach dem Scheitern der US-Invasion in der Schweinebucht wurde das Anwesen von der kubanischen Regierung beschlagnahmt. Ein Kuba-Ende, das Ernest das Herz brach. Mary deponierte noch rasch die Manuskripte *Paris – ein Fest fürs Leben* und *Inseln im Sturm* in einem Schließfach der Banco Nacional de Cuba. 1961 wurde die Finca der Revolutionsregierung übereignet. Jahre später arbeitete sie mit dem Verlagshaus Charles Scribner's Sons an der Herausgabe der Manuskripte. Zäh rann die Zeit wie durch eine Eieruhr. Schließlich erhält Mary von den Kubanern die Genehmigung, die Kunstsammlung, Gemälde berühmter Meister, darunter *Der Bauernhof* von Joan Miró, Manuskripte und einen Teil seiner Korrespondenz an sich zu nehmen. Wehmütig schrieb Mary dem treuen Fahrer der Familie Juan Pastor: *Eingesperrt in die brütende Hitze New Yorks, vermisse ich die kühlen Schatten der Palmen und das schöne Leben, das wir da draußen hatten.* Pastor konnte die politische Veränderung auf der Insel nicht verkraften. Er brachte sich um. Mit Ausbruch der Kubakrise 1962 war es aus mit der Ruhe auf dem Landgut. Im Garten brachte das Militär Artillerie in Stellung. Hernach verwaiste das Anwesen aufs Neue."

„Wenn ich zurückschaue, die offene Terrassentüre sehe, könnte man meinen, jeden Moment tritt der Hausherr aus dem Salon. Breit grinsend, in Shorts, noch von der Arbeit schwitzend, aber gut gelaunt ruft er Mary zu: *Ich bin zufrieden, hab ein paar verdammt gute Sätze geschrieben, bin erschöpft, aber die Arbeit lief gut – lass uns was trinken!*"

Juan lacht und meint: „So differiert die Vorstellung von der Wirklichkeit. Für Kuba folgten das Embargo und viele schwere Jahre. Der Blockade schloss sich Castros *Sonderperiode* mit der monatlichen Zuteilung kleiner Rationen Fleisch, Fisch, Geflügel, Butter und vieles mehr an. Sogar das Trinkwasser wurde rationiert. Langsam keimte der Tourismus auf, damit erinnerte sich die Regierung ihres berühmten Literaten, für die Revolutionäre war er politisch unbelastet. Im Gegenteil: Als Diktator Batista per Hubschrauber die Flucht ergriff und Castro in Havanna einzog, weilte Hemingway in Idaho. Was den Machtwechsel anging, war der Autor erst *hoch erfreut*, dann *hoffnungsvoll*. Nachreden, er hätte Bastista einen Pokal geschenkt, dementierte er entschieden als *eine Verleumdung. Ich bin dem Kerl nie begegnet.* Und schob nach: *Da geht der Hurensohn!* – Die Finca durfte besichtigt werden. Sie wurde sogar renoviert, bis ein attraktives Museum daraus entstand, welches internationale Reisegesellschaften als Besichtigungsziel in ihren Programmen anbieten. Ein Grund hier zu sein, um in eine von Papas wichtigsten Wirkungsstätten einzutauchen."

Juan zieht noch einige Male an seiner Zigarre, schaut auf die Uhr, dann schlägt er sich auf den Schenkel. „Auf geht's! Antonio wird schon auf uns warten."

„Man braucht nicht erst zu sagen,
welche Gelegenheit sich uns da bietet,
Kampfhähne zu züchten, sie zu dressieren
und uns dann sonstwo an Kämpfen zu beteiligen,
wo immer es sei, denn es ist erlaubt.
Es ist eine Lebensgrundlage auf dieser Insel.
Vielleicht mögen Sie die Hahnenkämpfe nicht […]
(Ernest Hemingway,
aus The Great Blue River, Juni 1949)

Ein geheimer Ort

Isabella, Antonio und ich, wir sind uns in den letzten Tagen näher gekommen. Durch gemeinsame Unternehmungen hat sich Freundschaft entwickelt. Abends sitzen wir bei Cuba Libre auf dem Balkon, hören Rumba, Cha-Cha-Cha, Son – wäre der Balkon größer, würden wir tanzen.

„Der Son spiegelt unsere kubanische Seele wider“, sagt Antonio, „auf Kuba ist Musik ein Lebensmittel, auch wenn Butter und Brot knapp sind.“

„Son Cubano, heißt der nicht bei uns Salsa?“, frage ich.

„Ein Jammer, was dieser Musik passierte! Salsa heißt Soße und dazu wurden die Rhythmen verrührt. Die Würze ist dem Son entwichen“, meint Isabella.

Auf einmal vernehme ich Klänge zum Refrain Guantanamera. Sie laden zum Träumen ein:

„Ich bin ein einfacher Mann
von dort, wo die Palmen wachsen,
bevor ich sterbe, möchte meine Seele
das besingen, was sie quält.
Mein Lied ist von hellem Grün,
aber auch blutrot wie die Flamme.
Mein Leben ist wie ein verwundeter Hirsch,

der Schutz sucht in den Bergen.
Guantanamera ... Guantanamera ..."

„Weißt du, was wir Guajira nennen?", fragt Isabella.

„Ist das nicht eine bestimmte Liedform?"

„Kann man so sagen. Sie vereinigt Verse oder Strophen unter einem Refrain. Verse zu verschiedenen Themen wie Liebesschwüre, Eifersucht, Klatsch, Politik, Missstände. Josenito Fernández, ein Mulatte aus ärmlichen Verhältnissen, stieg vom Zeitungsverkäufer und Straßenmusikant auf zum *König der Melodien*. Er schrieb die Musik zu Guantanamera. Und improvisierte zu seiner Guajira in Rundfunksendern. Dem Hit folgten Plattenaufnahmen, bald eine begeisterte Zuhörerschaft. Pete Seeger, ein amerikanischer Musiker, hörte eine Fassung und verkaufte sie als sein Werk. Der Millionenerfolg in den USA machte ihn reich, der Künstler Fernández ging leer aus."

Antonio ergänzt: „Pete soll zur Beerdigung von Fernández nach Kuba gereist sein. Die Musikrechte wurden dem Staat überschrieben. Damit wurde wenigstens den Hinterbliebenen des Künstlers eine Entschädigung gezahlt."

Ich weiß nicht, ist es die Klangwelt oder der Cubra Libre, der uns melancholisch und redselig stimmt? Ich schildere mein Anliegen: Hemingway in Kuba und was ich von Professor Utiva über den Schriftsteller erfahren konnte. Die beiden berichten Intimes über ihre Vorfahren: Das Geschwisterpaar stammt aus einer Mischehe. Der Ahne des väterlichen Zweigs war ein Sklave aus Guinea, Westafrika, der auf Haitis Zuckerrohrplantagen rackerte. Als im Sklavenaufstand die Insel in Flammen aufging, flüchtete der Urgroßvater mit dem französischen Plantagenbesitzer und anderen Sklaven nach Kuba. Zuckerrohrbaron Jean Boulet hatte seine Leibeigenen, wie es hieß, fair behandelt. Ein neues Zuhause wurde in der Nähe von San José gefunden. Die Wurzeln der Mutter sind in Andalusien, Spanien, zu finden. Die Kaufmannsfamilie wanderte aus. In Kuba kam sie zu beträchtlichem Wohlstand, der nach der Revolution verstaatlicht wurde. Die Revolution, vor allem Castro, hat Rassenvorbehalte so gut wie begraben können. Rassismus ist verboten, wenngleich er latent existiert.

„Wenn ich an den Vorfahren meines Vaters denke, kommt mir Hatuey in den Sinn“, sagt Antonio.

„Der heldenhafte Indianerhäuptling?“, frage ich. Bartolomé de Las Casas, ein Dominikanermönch, war mit den ersten spanischen Eroberern auf Kuba gelandet und wurde Zeitzeuge des Völkermordes an den Ureinwohnern.

„Es ist merkwürdig, der Indianer erinnert mich an unsere Flucht aus Haiti. Allerdings 300 Jahre früher floh Hatuey nach Kuba mit einem Korb voll Gold, um das Volk der Nachbarinsel mit den Worten zu warnen: Seht her, dies ist der Gott, den die Spanier anbeten. Für dies Metall hier kämpfen und töten sie euch. Diese Tyrannen müssen wir zurück ins Meer werfen. Sie sprechen von einem friedlichen Gott, der aber ist mörderisch. Und weil sie Feiglinge sind, stecken ihre Körper in Eisen. Um 1512 wurde der Aufwiegler im Osten Kubas geschnappt und auf einem Scheiterhaufen gefesselt. Während Soldaten Feuer legten, bot ein spanischer Priester dem ‚Wilden‘ die Chance zu konvertieren, um nach dem Feuertod wenigstens in den Himmel zu kommen. Hatuey fragte: Und wenn ich kein Christ werden will? Dann drohen dir die Hölle, das Fegefeuer und die Verdammnis, antwortete der Priester. Hatuey: Wohin gelangen die toten Spanier? Der Priester: Es sind gute Christen. Die kommen in den Himmel! Der Häuptling: Ich will lieber in der Hölle sein, um diese grausamen Menschen nie mehr sehen zu müssen!“

„Ist das nicht eine tolle Heldensage?“, meint Isabella. „Wahr oder erfunden, die spanischen Konquistadoren waren grausam und gierig – ohne Frage. Doch nicht nur die. König Philipp II. ließ sich berichten, kassierte die Schätze. Die Gräueltaten duldete er.“

Ungemein gut informiert lässt sich Isabelle über die kubanische Geschichte aus. Die Heimsuchung der Küstenorte durch Piraten im 16. Jahrhundert. Der Widerstand der Chimarrón, entlaufene Sklaven. Details zum zehnjährigen

Befreiungskampf gegen die spanische Krone 1868 bis 1878. Die Rolle des Dichters José Martí, der aus Verbitterung über die nicht erlangte Freiheit nach New York ins Exil ging. Dann jedoch zurückkehrte, die Inselbevölkerung mobilisierte und im Unabhängigkeitskrieg ums Leben kam.

Am 24. Januar 1898 lief das amerikanische Kriegsschiff *Maine* in Havanna ein, um die Verbundenheit der USA mit dem kubanischen Freiheitskampf zu demonstrieren. Kaum einen Monat später explodierte die *Maine.* Es gab viele Tote zu beklagen.

Man sprach von 266 Seeleuten und Zivilisten. Eine Staubexplosion im Kohlebunker tief im Inneren des Schiffes? Hatte die CIA die Hand im Spiel? Die Vereinigten Staaten intervenierten. Kuba wurde eine Republik, musste jedoch einen Knebelvertrag, das *Platt Amendment*, unterschreiben. Es folgten US-nahestehende Diktatoren. Der letzte, Batista, wurde von Castro 1959 gestürzt …

Isabella wartet mit einem imposanten Detailwissen auf. Als ich sie darauf anspreche, ist zu erfahren, dass Kuba die niedrigste Analphabetenrate in ganz Amerika verzeichnet. Dank einer umfassenden Alphabetisierungskampagne nach der Revolution. Seitdem bleibt kein Kind ohne Schulbildung. Auf den achtundvierzig Universitäten im Land studieren rund 500.000 Studenten.

In kaum einem Land Lateinamerikas wird so viel gelesen wie in Kuba. Erlaubte Literatur, versteht sich.

„Nur was nützt die gute Bildung, wenn ich keinen Job bekomme? Mit mancher Frau, die sich aus Mangel prostituiert, kannst du trefflich technische Probleme erörtern oder philosophische Themen diskutieren – ist das sinnvoll? Hilft uns das, die Probleme zu lösen?“, resigniert Antonio und Isabella ergänzt: „Was sind die größten Erfolge der Revolution? Bildung, Gesundheit, Sport. Und die größten Misserfolge: Frühstück, Mittagessen, Abendessen, Freiheit, Verdienst.

Es ist schon so, seit Kolumbus seinen Fuß auf unsere Insel setzte, floss viel Blut. Alle Kämpfe hatten am Ende ein gemeinsames Ziel: ein auskömmliches Leben in Freiheit und Unabhängigkeit. Ob dieses Ziel je zu erreichen ist?“

Gut gelaunt erscheint Antonio zum Mittagessen. Erzählt von einer lukrativen Stadtrundfahrt, die kanadische Touristen bei ihm buchten, sich dann mit einem spendablen Trinkgeld verabschiedeten. Isabella tritt aus der Küche mit einer Schüssel *moros y cristianos*, das ist Reis mit schwarzen Bohnen, Zwiebeln und Speck. Ein dampfendes Mahl, würzig, duftend – scharf wie Paprika.

Wir schwelgen. Gelöscht wird mit *rón*, dem Nationalgetränk der Kategorie *carta blanca*, wasserhell, leicht, trocken, gut für die Verdauung.

„Heute ist ein guter Tag, den mach ich zum Glückstag!“, frohlockt Antonio. „Ich spiel nachher ’ne Runde Domino. Kommst du mit?“, wendet er sich an mich.

„Klar, warum nicht.“

Isabella verdreht die Augen und meint: „Das ist kein Spiel, das ist ein Kampf!“ Eine ernst gemeinte Warnung?

Forschen Schrittes begeben wir uns auf den Plaza Vieja. Der Alte Platz wurde 1559 angelegt. Gebäude kubanischen Barocks reihen sich übergangslos an den Jugendstil à la Gaudí. Ursprünglich ein Exerzierplatz des Militärs, ist er jetzt ein Marktplatz unter freiem Himmel, mit Bars, Cafés und Restaurants. Sogar eine Brauerei, die Factoria Plaza Vieja, befindet sich dort. An runden Tischen hocken Männer auf Granithockern. Sie palavern lauthals und knallen Steine auf die Tischplatte. Gerade ist so ein Tisch frei geworden. Antonio besetzt ihn flugs.

„Nimm Platz. Mitspieler finden sich gleich“, sagt er. Wie recht er hat. Zwei Männer um die fünfunddreißig, offenes Hemd, Jeans, dunkelbraune Hautfarbe, gesellen sich zu uns. Dario und Lucas, beides Habaneros, bieten sich als Mitspieler an. Lucas fingert rechteckige, weiße Spielsteine aus Kunststoff mit schwarzen Punkten versehen aus einem Beutel. Dominosteine, und das Spiel ist eine Art Volkssport in Kuba.

Antonio lehnt sich über den Spieltisch und erklärt: „Wir spielen Domino Doppel 6 mit achtundzwanzig Steinen, die in zwei Felder geteilt sind. Auf den Feldern befinden sich Augen von null bis sechs in allen möglichen Kombinationen …"

„… Verstehe, kein Problem. Das Spiel ist mir bekannt", bemerke ich.

„Na, prima. Ist ja auch ganz einfach. Du brauchst nur einen Spielstein mit gleicher Augenzahl an das offene Ende der Steinreihe auf den Tisch zu legen. Das Spiel ist beendet, wenn ein Spieler alle Steine ausgespielt hat oder keiner in der Lage ist, einen Stein anzulegen. Gewonnen hat, wer als erster hundert Punkte erreicht. Der mit den wenigsten Punkten hat verloren. Wir spielen um zehn Dollar – alles klar?"

„In Ordnung. Es kann losgehen", sage ich.

Die beiden Habaneros grinsen sich eins. Lucas legt die Steine verdeckt auf den Tisch und mischt. Jeder erhält fünf Steine und baut sie, für den Gegner unsichtbar, vor sich auf. Die restlichen Steine bleiben verdeckt auf dem Tisch liegen. Sie können während des Spiels gezogen werden. Antonio hat den höchsten Doppelstein. Er beginnt das Spiel. Nun wird rasend schnell im Uhrzeigersinn angelegt. Steine klacken auf die Tischplatte. In den Spielverlauf hinein wird gerufen, diskutiert, gebrüllt, gesetzt. Ich kann nicht anlegen, muss einen Stein ziehen. Lucas platziert einen Doppelstein, gibt somit zwei Richtungen vor. Dario hat alle Steine untergebracht. Die erste Runde für sich entschieden. Punkteauswertung: Jeder Spieler addiert die Augen seiner verbliebenen Steine. Dario mit der niedrigsten Gesamtaugenzahl gewinnt die Partie. Bekommt nun von uns die Augenzahl abzüglich seiner eigenen Punkte gutgeschrieben. Er landet bei acht Augen und bekommt noch unsere Punkte, gewinnt im ersten Spiel mit vierzehn Punkten.

Auf in die nächste Runde. Lucas gewinnt. Die Runden nehmen Fahrt auf und werden hitziger. Die beiden Typen sind echte Profis. Schnell merke ich, dass es nicht nur auf

„gute“ Steine ankommt, sondern, wie beim Skat, auf ein gutes Gedächtnis, Taktik, Spielfinesse und die richtige Strategie. Auf diese Weise habe ich Domino noch nie gespielt. Dario erreicht als erster hundert Punkte. Ich bin zehn Dollar los. So geht es Runde um Runde. Nach fünf verlorenen Runden steige ich aus.

Unter Goldsuchern in Alaska hab ich mal ’ne ordentliche Summe verspielt. Das muss sich in Kuba nicht wiederholen. Antonio hat auch die Nase voll, konnte nichts gewinnen. Lucas und Dario, die Profizocker, schleichen sich an einen anderen Tisch, an dem seit geraumer Zeit Steine klacken und ordentlich krakeelt wird.

„Wir Kubaner sind leidenschaftliche Spieler. Warum auch nicht, wenn uns der Staat nichts verdienen lässt?“, meint Antonio. Wir marschieren zurück. An seinem Taxi, dem alten, roten Dodge Cabrio, verweilt er. Denkt nach.

„Ich muss es noch mal versuchen!“

„Was willst du versuchen?“

„Na, mein Glück! Heute ist mein Glückstag. Ich fühl es in den Fingern kribbeln. – Lass uns rüber nach Regla fahren.“

„Was gibt’s da?“

Er schaut verschämt auf den Boden und meint: „Eine berühmte Kirche – und noch was, lass dich überraschen.“

Die Fahrt bringt uns durch heruntergekommenes Industriegelände an Hafenbecken vorbei, in ein geheimnisvolles Viertel mit rußgeschwärzten Siedlungshäusern.

„Dies ist das Zentrum der afrokubanischen Religion und der Santería mit der Geheimgesellschaft Abakuá. Einem Bund, der nur Männern vorbehalten ist. Deren Mitglieder sind auf geheime Riten eingeschworen. Lange vor der Revolution war Regla die *Sierra Chiquita,* das Kleine Gebirge und für den aufrührerischen Geist berüchtigt“, erzählt Antonio. Er hält jetzt vor einem Bootsanlegesteg, neben einer winzigen Kirche.

„Das ist die Iglesia de Nuestra Señora de Regla. Ich liebe diese Kirche. Dort werden meine Gebete erhört.“

Wir treten ein. Der Kubaner flüstert mir zu: „Auf dem Hauptaltar steht La Santisima Virgen de Regla. Eine sehr verehrte schwarze Madonna. Im Santería-Glauben heißt sie Yemayá, Gottheit des Meeres. Sie ist die Schutzpatronin der Seefahrer. Jedes Jahr im September pilgern Tausende nach Regla, um den Tag Yemayás zu zelebrieren. In einer langen Prozession wird das Bildnis der Madonna durch Reglas Straßen getragen.“

Antonio schreitet vor den Altar, bekreuzigt sich, zündet eine Kerze an, kniet nieder. Ich vernehme inbrünstiges Gemurmel. Nachdem er sich erhoben und wieder einige Male bekreuzigt hat, strebt er wie befreit und erleichtert zum Ausgang. Wendet sich nach links, in ein noch verwunscheneres Viertel. Neugierig folge ich ihm. Nach einer Viertelstunde frage ich: „Antonio, wo willst du hin?“

Er bleibt stehen und raunt: „An einen geheimen Ort. Vorher musst du versprechen zu schweigen. Kein Wort gegenüber Isabella! Versprochen? Sie mag nicht, dass ich hierhergehe.“

„Herrje, Antonio! Wie kann ich dir etwas versprechen, wenn ich nicht weiß, was du vorhast?“

„Wetten auf Kampfhähne. Nicht weit von hier gibt’s eine Arena.“

„Hahnenkämpfe sind verboten. Ich will nichts damit zu tun haben!“

„Das sind sie zwar, finden aber statt. An vielen versteckten Orten. Hahnenkämpfe gehören zum karibischen Raum, vor allem zu Kuba, wie Stierkämpfe nach Spanien. Bei dem Verbot geht’s weniger um das Leben der Hähne, viel mehr ums Wetten. Sie sind der Ruin für manchen Kubaner. Da wird schon mal Hab und Gut aufs Spiel gesetzt.“

„Und das soll ich mir ansehen?“

„Du tauchst in Hemingways Leben ein. Er war ein Aficionado, was Hahnen- und Stierkämpfe angeht. Wie Fidel Castro übrigens auch. Schau dich auf der einstigen Farm seiner Eltern in Birán um.

Da stehen neben dem Geburtshaus Käfige mit Kampfhähnen und eine Arena. Also, dann musst du auch erleben, wie es bei einem solchen Kampf zugeht. Oder bist du feige im Ertragen, was sich hinter unserer Fassade abspielt?"

Widerwillig trotte ich mit und lamentiere: „Die Kämpfe wurden doch der Grausamkeit wegen verboten!"

„Alles Quatsch!"

Zwischen verfallenem Gemäuer erschließt sich ein Platz. In dessen Mitte steht eine kleine, aus Holzlatten vernagelte Arena, die ich auf eine Fläche von vier Quadratmetern schätze. Am Rand des Platzes stehen oder liegen Fahrräder und Mopeds herum. Um die Arena, die mehr an einen Zwinger erinnert, stehen Menschen im Staub, Hähne im Arm. Sie sind aus der Umgebung eingetroffen, um ihre Hähne kämpfen zu lassen, um zuzuschauen, um zu wetten, einfach um anzufeuern, dabei zu sein, oder sich am Spektakel zu begeistern.

Antonio: „Ein Hahnenkampf dauert kaum länger als zwei Minuten. Ist der Kampf beendet, verstreicht geraume Zeit, bis die Zuschauer den nächsten zu sehen bekommen. Zwei neue Partner mit etwa gleich starken Hähnen müssen sich finden. Hähne werden erst einmal begutachtet, ausgetauscht, zum Kauf angeboten."

Es geht alles sehr fachmännisch, sehr besonnen zu. Mit Gesten, die ich nicht deuten kann. Der Gockel wird taxiert, kurzes Gemurmel der Ablehnung. Das Federvieh wird weitergereicht. Die Tiere sind erstaunlich ruhig. Kaum eines kräht oder scheint Stress zu haben. Sie verhalten sich wie routinierte Gladiatoren. Noch werden Kontrahenten, neue Gegner für den nächsten Kampf gesucht.

Ich stelle mir Ernest vor, der mit Boxen und Hähnen aus seiner Zucht eintrifft. Er wird erkannt. Die Menge ruft: Papa, Papa zeig deine Kämpfer! Er sagt: Macht mal Platz, Jungs. Ihr werdet staunen. Dann preist er seine Gockel zum Verkauf an. Andere schickt er in die Arena, um eine hohe Summe auf den Sieg seiner Hähne zu setzen. Gerade werden kleine Köcher mit rasiermesserscharfen Klingen geöffnet. Vorsichtig entnimmt der Besitzer eine Klinge, wickelt und verknotet sie mit einem roten Faden an das linke Hahnenbein. Die vier Zentimeter langen Rasiermesser stehen im rechten Winkel zum Körper. Ein Mordinstrument an den Fußgelenken der Hähne!

Plötzlich entsteht in einer Ecke des Platzes Unruhe. Es kommt Bewegung, Lärm, Gedränge in die Menschenmenge. Ein neuer Kampf steht bevor. Kontrahenten haben sich gefunden. Es bildet sich eine Passage zur Arena. Zwei Männer, mit ihren Kampfmaschinen im Arm, treten an den Verschlag. Noch haben sie ihre Hähne fest im Griff, wiegen sie herausfordernd aufeinander zu. Das soll sie reizen. Und den Kampfgeist der Tiere demonstrieren. Die Namen der Hähne werden genannt. Sie fliegen von Ohr zu Ohr: Toro kämpft gegen Serpiente. Wetten werden abgeschlossen. Geldbündel, Scheine aus Taschen, Hemden, Hosen gekramt. Moneten wechseln in Windeseile den Besitzer. Behände flitzen junge Männer hin und her, kassieren und notieren. Da werden mal eben ein, zwei Monatsgehälter eingesetzt. Sieg oder Niederlage entscheidet über Wohl und Wehe des Spielers, samt seiner Sippe. Antonio wirft einem Kassierer Scheine zu. Nennt den Hahnnamen.

„Toro, der rechte mit dem zernarbten Gesicht, den schwarzen Federn, der macht's. Ein kampferprobter Veteran, auf den wette ich. Der Bunte ist zu jung."

„Chac, chac, chac!", ist der Schlachtruf der Zuschauer. Die Spannung gleicht einem Pulverfass vor der Explosion. Es wird gedrängt, geschubst und gestoßen. Jeder kämpft um die beste Sicht. „Aufgepasst, es geht los!" Die Hähne werden in die Arena gesetzt. Noch winden sie sich in den Händen der Besitzer. Scharren mit den Krallen im Sand. Wollen kämpfen.

Rien ne va plus. Die Hähne werden losgelassen. Sie schießen aufeinander zu. Das Gemetzel beginnt. Sie setzen Schnäbel, Krallen und die Klingen ein. Flattern auf, hacken im Flug, stürzen nieder. Schlagen mit den Flügeln.

Der schwarze Hahn, Toro, tobt über dem Bunten. Wild kugelt das Federknäuel. Das Auge kann der Szene kaum folgen. Blut spritzt. Kleine, rote, widerlich-gierige Knopfaugen starren auf den Gegner, wollen seinen Tod. Das Publikum verharrt in dumpfer Erregung. Auf Toro haben die meisten gesetzt und der will die Entscheidung. Sein linker Fuß wischt über den Kopf des Bunten. Der Kamm wird abrasiert. Zuckt im Sand. Ohne Kopfputz, aber mit dem Mut der Verzweiflung rennt er gegen den Schwarzen an. Serpiente trachtet ihm den Schädel mit einem Hieb zu spalten. Der Menge stockt der Atem. Antonio beißt sich in die Hand. Das darf nicht wahr sein! Man fürchtet um sein Geld. Unerträgliche Qual … Der Hieb des Bunten geht ins Leere. Antonio entspannt: „Gleich siegt Toro – drei, vier Sekunden noch. Er muss siegen!“

Die Gunst der Sekunde erkannt, fliegt der Schwarze an den Hals der Gegners, macht eine kaum erkennbare Drehung. Wie vom Blitz getroffen sackt der bunte Hahn auf seinen Brustkasten, dann zur Seite, wo er noch ein paar Mal im eigenen Blut zuckt. Der offene Schnabel beweist, er ist tot. Die Klinge hat ihm fast den Kopf vom Rumpf getrennt. Geld gewonnen, Geld verloren. Antonio ist erleichtert. Streicht den Wettgewinn ein und bekreuzigt sich.

„In der letzten Woche habe ich 800 CUP verloren. Isabella war sehr, sehr böse.“

„Das kann ich mir denken. Sag mal, vorhin in der Kirche, hast du da für deinen Sieg beim Hahnenkampf gebetet?“

„Natürlich! Und mein Gebet wurde erhört.“

Ich kann nur den Kopf schütteln.

Die Besitzer haben ihre Hähne an sich genommen. Der Sieger wird auf Verletzungen untersucht, schließlich in seinen Transportkäfig aus Reisig gesperrt. An diesem Abend kämpft er nicht mehr. Dem Verlierer wird ein Bein abgehackt. Ein überliefertes Ritual. Der Gockel landet auf dem Haufen ruhmloser, toter Kameraden. An diesem Abend sollen noch acht Kämpfe ausgetragen werden.

Ein brutales Hühnerschlachten, unausrottbar wie der Stierkampf. Antonio will noch dreimal wetten. Also muss ich mir noch drei Kämpfe ansehen. Ohne Begleitung komme ich aus diesem finsteren Winkel Reglas nicht heraus. Ich bin der einzige Europäer unter der Truppe Kubaner. Frauen wohnen den Kämpfen nicht bei.

„Rituelle Hahnenkampf-Veranstaltungen können zwei volle Tage in Anspruch nehmen, werden allerdings nur noch selten abgehalten“, erklärt Antonio.

Er sieht meine Camara am Hosenbund und meint: „Mach um Gottes Willen keine Fotos! Hier wetten auch Polizisten, die lassen sich bei diesen Veranstaltungen nicht ablichten. Sie können höchst unangenehm werden.“

Der nächste Kampf ist von kurzer Dauer. Antonio hat 500 CUP verloren und sagt:

„Hör zu, ich will jetzt 1000 CUP setzen. Leih mir fünfzig Dollar. Die bekommst du morgen zurück.“

„Nichts zu machen. Zu Hause kann ich dir fünfzig Dollar schenken. Für dieses Schlachten gibt’s nichts!“

„*Maldito caramba!* Wozu hab ich dich mitgenommen?“, knurrt Antonio. Er ist stocksauer und setzt 300 CUP auf einen Hahn namens Águila. Bei diesem Kampf sacken beide Hähne plötzlich verletzt zusammen. Ein Unentschieden ist nicht vorgesehen. Die Besitzer ergreifen ihre Hähne, pusten mit dem Mund Luft durch die Schnäbel in die Lungen. Das hilft tatsächlich. Die Gockel kommen auf die Beine, gehen aufs Neue zum Angriff über. Nach zehn Sekunden erwischt es den weißen Kampfhahn endgültig. Für Águila, den Überlebenden, kassiert Antonio, küsst das Geld und bekreuzigt sich.

Beim dritten Kampf fällt ein schlanker, schöner Hahn nur einen Augenaufschlag später als sein Gegner. Das schlanke Federvieh ist Sieger. Nicht wer länger atmet hat gewonnen, sondern wer sich am längsten auf den Beinen hält. Antonio verliert. Sein Gockel lebt zwar noch, der schlanke, schöne, fällt kaum eine Sekunde später tot um.

Welch eine makabre Tierquälerei! Oder bin ich für diese Art des Kräftemessens zu sensibel?

Was meinte Hemingway, wenn er schrieb: *Die unbarmherzigsten Wesen sind immer die sentimentalen.*

Schweigend treten wir den Weg zum Wagen an. Ich fühle seine schlechte Laune und wie enttäuscht Antonio von mir ist. Im Dodge wirft er mir kurz angebunden zu:

„Halte dich wenigstens an unsere Abmachung!“

Si puedes caminar, también puedes bailar.
Wer gehen kann, der kann auch tanzen.
(Kubanisches Sprichwort)

Ring frei für harte und zarte Frauen

„Vergiss die Wasserflaschen, Handtücher und die Handwickel nicht“, ruft mir Isabella zu, „ich muss ’ne Runde Lauftraining machen.“ Schon hüpft sie in weißem Tanktop und schwarzen Leggins energiegeladen die Treppe hinab. Wird federnd weiter zum Malecón joggen, wo ihr von links Gischt des Golfstroms die Wangen kühlt. An den Kanonen des Castillo de San Salvador de la Punta wird sie sich südlich wenden und hinter der Kirche der San Francisco de Paula ihr Ziel, die *Karibische Ananas*, das Gimnasio de Boxeo Rafael Trejo, in der Calle Cuba 815 erreichen. Ich kenne ihre Trimm-dich-Strecke, bin einmal mitgejoggt. Traf abgeschlagen Minuten später ein.

Ich werde gleich gemütlich hinterher spazieren. Isabella hat mich für zwei Trainings- und Unterrichtsstunden angemeldet. Früher, doch das ist schon lange her, habe ich neben Judo auch etwas Boxen gelernt. Um mich auf Reisen sicherer zu fühlen. Und – weil mein „Held“ geboxt hat, der gerade in Kuba so manchen Kritiker schmerzhaft seine Rechte spüren ließ, sei es auf seiner Finca Vigía oder im *Floridita*, ist es ganz interessant, etwas über Kubas Boxszene zu erfahren. Isabella erzählte mir, Boxen sei ihr Hobby. Es halte sie fit und mache sie wehrhaft. Seit sich Kuba etwas geöffnet habe, fühle sie wachsende Aggressivität auf den Straßen ihres Viertels.

An der Rezeption wird meine Anmeldung gecheckt. Für die Trainingseinheit zahle ich fünfzig CUC. In einer Hofecke trainiert Isabella bereits mit anderen Mädchen und Frauen eine spezielle Gymnastik, die Schnelligkeit und Beweglichkeit vermittelt. „Treffen, ohne getroffen zu werden“, heißt die Losung. Ich werde einer Gruppe Männern zugeteilt, die bei gedämpfter Salsa-Musik schattenboxt. Boxcoach Alcalo korrigiert die Bewegungen. Übt mit uns neue Techniken für den Schlagabtausch. Trainiert werden Konzentration, Technik und Kraft. Hintergrundklänge fördern das tänzerische Element des kubanischen Boxsports. Wir lehren eine Mischung aus Disziplin und Spaß, wird mir verkündet.

Hartes Training ist in tropischer Hitze extrem schweißtreibend, für den Kreislauf eine Herausforderung. Wer nichts trinkt, fällt – ohne Treffer – von ganz alleine um. Die Wasserflasche steht ständig in Reichweite. Alcalo stellt neue Gruppen zusammen. Ich trainiere jetzt zwischen dem Hochring und der maroden Holztribüne. Das Areal der staatlichen Boxschule ist bis auf etwas Eternitabdeckung eine Open-Air-Anlage. Für unsere Augen befindet sich schrottreifes Gerät in einer genialen Unordnung: In einem Winkel liegen abgewetzte Boxhandschuhe herum. An verrosteten Galgen baumeln Sandsäcke, an Brettern hängen Punchingballs, das sind Boxbirnen. Graue Wandflächen haben Putzlöcher und als Einzäunung dient ausgebeulter Maschendraht. Alles kein Problem, es macht Spaß, die Stimmung ist bestens. Und das Erstaunliche, diesem bescheidenen Ort entstammen großartige Karrieren. Zum Beispiel die des Boxmeisters Félix Savón oder die eines Teófilo Stevenson. Der dreifache Olympiasieger und Weltmeister im Halbschwergewicht Stevenson wurde von dem deutschen Trainer Kurt Rosentritt entdeckt und gefördert. Kurt war 1960 in der kubanischen Boxszene aktiv. Attraktive Angebote von Promotern schlug Stevenson aus. Vielleicht hätte er gegen Champions wie Ali, Frazier oder Forman antreten können. Sein Argument: „Was sind eine Million Dollar gegen acht Millionen Kubaner, die mich lieben?“ Stevenson, der Patriot. Wille und Freude am Sport benötigen nicht modernstes und teuerstes Gerät. Fußarbeit möchte der Trainer sehen. Dann Beinarbeit: Kniebeugen, bis die Knochen knacken. Tänzeln auf der Stelle. Seilspringen, vorwärts und rückwärts … rinnen soll der Schweiß. Und immer tänzeln und lächeln, weil es doch Spaß macht, weil Boxen Kunst ist.

Das Resultat ist der einzigartige Boxstil des Landes. Beim Gewichtstemmen vergeht mir das Lächeln. Am Sandsack ist aus dem Tänzeln müdes Tapsen mit Schlägen geworden, die keiner Fliege schaden. Während Enzo, allerdings vierzig Jahre jünger, tanzend auf den Sack drischt, dass die Gefahr besteht, der löst sich gleich vom Galgen.

Ein Pfiff bringt die Erlösung. Pause. Wir lassen uns auf einer Bank nieder. Mit Wasser füllen wir die verlorene Flüssigkeit auf. Boxer verstehen sich untereinander sofort. Im Club Rafael Trejo geht es zu wie in einer großen Familie. Da werden private Freundschaften geschlossen. Man trifft sich zu Partys, Ausflügen oder dem gemeinsamen Abhängen am Malecón. Alcalo ist ein Typ, der seine Gruppe nicht nur begeistert, er schweißt sie zusammen. Gern geht man mit ihm durch Dick und Dünn. Er sitzt in unserer Mitte. Thema sind die legendären Box-Heroen: der tänzelnde Cassius Clay, Muhammad Ali mit seinem unvergessenen Kampf gegen George Foreman, *Rumble in the Jungle*, damals in Kinshasa. Oder Saúl Álvarez, der Mexikaner, der mit seinen gewaltigen Uppercuts, das sind Aufwärtshaken, seine Gegner auf die Bretter nagelte. Dann Iron Mike, Mike Tyson, der höchst unfair Evander Holyfield ins Ohr biss. Selbst Max Schmeling ist nicht vergessen, mit seinem K.o.-Sieg gegen Joe Louis.

Allgemein wird bedauert, dass professionelles Boxen in Kuba, bis auf Ausnahmen, verboten ist. Sport hat hier Amateurstatus. Das gilt für Männer und Frauen. Obendrein war der Faustkampf für Frauen lange Zeit tabu. Er sei, laut Fidel Castro, für die weibliche Brust zu gefährlich, erläutert Alcalo. Das ärgert viele talentierte Amazonen, weil der Brustschutz garantiert vor dem härtesten Punch schützt. Allen Reglements zum Trotz gilt Boxen auf der Insel neben Baseball als Volkssport Nummer eins.

„Wir sind ein box-verrücktes Volk“, meint Alcalo, „und unsere Matadore sind die Lieblinge der Nation. Dabei haben die Leidenschaft Yankees, Touristen aus den USA während der Diktatur Batistas, ins Land gebracht und so richtig entfachen können. Seit der Revolution gibt es praktisch nur den Amateursport, der jedoch wird umso ehrgeiziger betrieben. Kein Land hat für den Sport mehr getan als Kuba. Bei Olympiaden konnten wir die Erfolge anhand der beim Boxen errungenen Medaillen nachweisen. Für mich ist der Faustkampf, sauber, fair, elegant vorgetragen, eine Kunst.“

„Bei uns wird Boxen von vielen, besonders von Frauen, rigoros abgelehnt. Zu brutal, zu gefährlich, zu blutig“, entgegne ich.

„Für manchen Berufsfaustkampf mag das zutreffen. Unsere Kämpfe unterliegen strengen Regeln. Wir bilden Filigrantechniker aus, die vor dem Angreifer tänzelnd weichen, ihn ins Leere schlagen lassen. Stick-and-Move heißt das. Es wird auf schnelle Schlagkombination gesetzt, die durch die gegnerische Deckung kommt, doch so, dass sie nicht verletzt. Das Besondere ist, bei unserem Boxen werden Geist und Körper mit Schwerpunkt auf Ästhetik trainiert. Also alles andere als eine wüste Prügelei. Wir sagen: unten tanzen, oben schon mal zuschlagen.“ Alcalo schmunzelt bei seinen Ausführungen.

„Nun ist Fidel Castro seit ein paar Jahren tot. Hat sich im Sport nichts geändert?“

„Doch, schon. Seit fünf unserer besten Boxer abhauten, Kuba weniger Medaillen errang, hat Raúl Castro Spitzenathleten gestattet, dass sie vom Amateur- in den Halbprofibereich wechseln können. Für die Boxelite wurde eine Kaderschmiede, die *Finca*, außerhalb Havannas eingerichtet. Mit härterem und mehr Training. Wer da erfolgreich ist, genießt Privilegien: Autos, freies Wohnen, gute, kostenlose Verpflegung, finanzielle Zuschüsse. Wie es eben im Kapitalismus zugeht. So verbissen sind wir Amateure nicht. Unser *Gimnasio de Boxeo* freut sich, bei den alljährlichen Wettkämpfen der vielen Boxschulen des Landes dabei zu sein, um den einen oder anderen Sieger zu feiern. Wir bleiben frei und unabhängig. Das sind wir unserem Namen schuldig."

„Wie ist das zu verstehen?"

„Rafael Trejo heißt unsere Boxschule, nach dem Jurastudenten, der 1930 bei Protesten in Havanna gegen die Machado-Präsidentschaft ermordet wurde. Rafael Trejo Gonzales war ein Revolutionär, der die schreckliche Diktatur General Gerardo Machados vorausgesehen hatte und bekämpfte."

Drüben, auf der unteren Tribünenreihe, werden Isabella die Boxhandschuhe über die Handbandagen gezogen und verschnürt. Sie hebt eines der Ringseile und springt geschmeidig auf die Bretter. Mit Schattenboxen deutet sie Schlagkombinationen an. Aus der Trillerpfeife ertönt ein Pfiff. Nardo Mestre steigt in den Ring, ihr Sparringstrainer. Ein älterer Mann, kahl rasierter Schädel, athletische Figur, lässiger Auftritt, in langer weißer Hose und braunem T-Shirt. Einst war er Champion seiner Gewichtsklasse. Mit dem Handschuh fängt er die Punchs ab, die ihm Isabella trommelfeuerartig serviert. Nebenher korrigiert er ihre Beinarbeit und die Deckung. „Den linken Fuß besser vorstellen! Rechte Faust näher vors Gesicht ziehen! … Sehr gut – weiter so!"

„Isabella hat Talent. Sie ist tough und wirklich gut", meint Alcalo, „eine echte Druckkämpferin. Schau dir ihren Rechtsausleger an. Und dann der Jap. Die abrupt gefeuerte Gerade. Das nennt man einen exzellenten Japper! Verdammt, jetzt die Uppercuts und Overcuts, dann der Cross. Alles vorgetragen mit der Leichtigkeit einer Ballerina. Ihre Punchs kommen wie Streicheleinheiten. An Nardos Abwehrhand kannst du den Mumm ermessen. Enorm, was Isabella da austeilt!"

Ich muss zugeben, es macht Spaß, ihrem Boxstil zuzuschauen: elegant, anmutig sogar. Mit ihr möchte man keinen Streit vom Zaun brechen. Sie würde dich lächelnd mit einem Haken ins Land der Träume schicken. Wer möchte von einer Fliegengewichtlerin k.o. gehen? Da fällt mir der Satz von Carol Oates, einer amerikanischen Schriftstellerin, ein:

„Boxen, das ist eine fanatische Unterwerfung der eigenen Persönlichkeit unter ein selbst gewähltes Schicksal." Für Isabella trifft das nicht zu. Fanatiker sind verbissen, humorlos, werden von ihrem Ehrgeiz und der Idee zerfressen. Sie jedoch frönt Boxen mit freudigem Enthusiasmus, der ihrem Körper und Geist mit einer Portion Nonchalance gut tut.

Oben wird weiter im Sparring gearbeitet. Alcalo wird nicht müde, Isabellas Boxkunst zu kommentieren. In einer Ecke zwei Schattenboxerinnen. Rasche Kombinationen fliegen durch die Luft. Ein Mädchen, vielleicht sechzehn Jahre, katzenhaft, auf der Schulter rote Tattoos, die wie Flammen an ihrer schwarzen Mähne züngeln. Mit wachen Augen fixiert sie ein imaginäres Ziel. Ihre Beine stehen unter Strom, zucken wie beim aggressiven Salsa. Andere, etwas ältere Mädchen mit dichten Afro-Locken, Gewichtsklasse Bantam, präsentieren eine Doublette, eine rasche Schlagabfolge mit demselben Arm.

„Alles ungeschliffene Diamanten", meint Lucia, die Leiterin von Rafael Trejo, „wir veredeln die harten Mädchen mit Geschick und Biss. Sofia, erst fünfzehn Jahre, da hinten, ist so ein Talent. Über sie wurde schon ein Film gedreht, den *The New Yorker* ins Netz gestellt hat. Training und Disziplin werden sie mal ganz nach oben bringen. Ich zähle auf sie."

Da ertönt der Pfiff, der uns von den Bänken scheucht. Seilspringen, Sandsack-, Schattenboxen, Gewichtstemmen … in einer von Hitze und Schweiß getränkten Luft. Ausgelaugt, mit weichen Knien erwarte ich den Schlusspfiff. Boxtraining in den Tropen macht Spaß, ist aber eher was für jüngere Semester.

„Na, wie war's?", ruft Isabella herüber, während sie sich mit dem Handtuch abtrocknet. Ohne eine Antwort abzuwarten, stopft sie ihre Utensilien in einen Beutel und joggt davon.

Zu Hause herrscht wieder gutes Einvernehmen zwischen Antonio und mir. Er hatte seiner Schwester vom Ausflug zu den Hahnenkämpfen berichtet und feststellen können, dass ich davon kein Wort erwähnt hatte. Die Gastfreundschaft der beiden beschämt mich. Zwar bezahle ich dreißig CUC pro Nacht, werde obendrein aber noch verpflegt. Mahlzeiten, die ich auf keinen Fall bezahlen darf. Wenngleich ich mitbekomme, dass Isabella in staatlichen Läden Rationen an Reis, Bohnen, Zucker, Salz, Speiseöl in Empfang nimmt, die natürlich für den Lebensunterhalt nicht auskömmlich sind. Eine Hühnerkeule pro Person und Monat gibt's vom Staat obendrein. Lachhaft, wie sollen davon mehrere Personen satt werden?

Was der Magen noch so braucht, um nicht ständig zu knurren, muss teuer gekauft werden.

Manuel lässt sich von Zeit zu Zeit blicken. Er ist Bauer mit etwas Landwirtschaft in El Cano, südlich von Havanna. Auf Isabella hat er ein Auge geworfen. Er kommt nie mit leeren Händen. Meistens hat Manuel etwas Obst und Gemüse dabei. Ich schmuggele auch schon mal Eier, Brot oder Fleisch in die Speisekammer.

Heute frage ich die Geschwister nach einem Wunsch. Antonio druckst herum. Isabella spontan: „Einmal ins Tropicana. Das wär herrlich!“ Und beißt sich gleich verlegen auf die Unterlippe, hält das Anliegen wohl für unverschämt.

„Das ist doch Touristenrummel!“, entgegne ich.

„Nein, nein, das ist ganz großes Revuetheater. Das tollste Kubas, vielleicht sogar der Welt. Leider für uns viel zu teuer, deshalb nur etwas für Touristen. Unter Fidel Castro wurden kostenlose Eintritte Personen als Anerkennung für besondere Leistungen im Sinne der Revolutionsregierung geschenkt. Ab 2008 hat Raúl die Parteiauszeichnung wegen schlechter Finanzlage eingestellt.“

Natürlich ist mir der Tropicana Club dem Namen nach bekannt. Doch mein Interesse an Shows dieser Art hält sich in Grenzen. Erstaunlich ist der Wunsch der Kubaner, das Spektakel an Tanz, Musik, Kabarett erleben zu wollen. Es steht im Raum, wie ein nicht zu erlebender Sehnsuchtsort, von dem man viel weiß, ihn aber nie erleben kann.

Nun gut, ich habe keine Ahnung, stelle mir eine Bühne mit halbnackten Frauen vor, die Beine schmeißend herumhüpfen. Wie im Moulin Rouge oder Folies Bergère von Paris. Das Tropicana nennt sich ja auch Nachtclub.

Ich lasse mir das Drumherum erst einmal erzählen. Professor Utiva erwähnte mal nebenher, dass Papa H. alleine, mit Frau Mary oder Freunden Gast im Theater war und sich dort mit anderen Größen wie Edith Piaf, Marlon Brando, Perez Prado … köstlich amüsiert haben soll. Und die Weltstars Nat King Cole, Josephine Baker, allen voran die kubanische Legende Omara Portuondo sind dort regelmäßig aufgetreten. Am 30. Dezember 1931 wurde das Tropicana auf einer Fläche von 24.000 Quadratmetern im Stadtteil Marianao als Freiluft-Revuetheater mit einem Fanfarenstoß eröffnet. Geschwind machte es sich als *Paradies unter Sternen*, dem ein Casino angeschlossen war, für Vergnügungssüchtige mit Geld einen Namen. In farbenprächtigen Kostümen tanzten Ensembles Conga bis Salsa unter der Leitung des Choreografen Roderico Neyra. Anfangs wurde das Gelände von Victor de Corra gepachtet. Als Martin Fox 1950 das Areal mit der Villa Mina kaufte, wurde Corra im Streit aus dem Geschäft gedrängt. Fox hatte Großes vor: Er engagierte den berühmten Architekten Max Borges, der die Freilichtbühne zweistöckig, mit kühnen parabolischen Betonbögen entwarf und mit einer Glaskonstruktion überspannen ließ. Im Innen- und Außenbereich wurden 1700 Sitzplätze geschaffen. Gäste können an langen Tischen sogar verköstigt werden. Das Etablissement ist tatsächlich der größte Nachtclub der Welt.

Nach der Revolution 1954 wurde der Showtempel verstaatlicht. Besitzer Martin Fox floh nach Miami, wo er 1959 starb. Im Jahr 2002 erhielt das Tropicana den Status eines nationalen Kulturdenkmals, in dem Touristen dringend benötigte Devisen gegen gesalzene Eintrittspreise tauschen durften.

„Lasst uns einen Abend dort verbringen“, schlage ich vor, „und erzählt mir noch etwas von Omara Portuondo, die ist oft in Europa und zwei-, dreimal in Deutschland aufgetreten.“

„Sehr gerne“, sagt Isabella. In ihrer Stimme schwingt Vorfreude.

Omara, die große alte Dame Kubas, ist schon über neunzig Jahre alt und immer noch für die Musik aktiv. Ihr Credo: „Wir fühlen uns ewig jung, weil uns unsere Musik jung hält!“ Ihre Mutter entstammte einer sehr wohlhabenden spanischen Familie. Sie verliebte sich in einen schwarzen Baseball-Profi, brannte mit ihm durch, um ihn zu heiraten. In jener Zeit waren Mischehen ein Skandal. In der afrokubanischen Familie wurde viel gesungen und musiziert. Ihre ältere Schwester Haydee tanzte bereits im Tropicana. Als dort eine Tänzerin ausfiel, bekam Omara eine Chance und begann mit ihrem Partner Rolando Espinosa als Revuegirl. Eine Solokarriere als Sängerin startete sie 1967. Dem Tropicana blieb sie mit sporadischen Auftritten bis 1997 treu. Und schon bald repräsentierte sie Kuba auf internationalen Festivals überall in der Welt. Zu Hause war die Interpretin konkurrenzlos die Größte. Ihre Stimme, zugleich gefühlvoll und mächtig, verursachte Gänsehaut. Der Evergreen *Besame mucho* entfachte Wogen der Begeisterung. Für ihr Album *Gracias* erhielt sie 2009 als erste und einzige Kubanerin den *Latin Grammy*. Mit den Künstlern Herbie Hancock, Nat King Cole und vielen anderen stand sie auf der Bühne und gilt als berühmteste Repräsentantin des *Filin*, eine vom Jazz beeinflusste Bolero-Art. Nach der Revolution – vom Westen abgeschnitten – machte sie anfangs harte Jahre durch. Künstler wurden als Erntehelfer auf Zuckerrohrplantagen eingesetzt. Omara sang auf den Feldern für die Landarbeiter. In den siebziger Jahren ging's aufwärts, verbunden mit Auftritten in Europa und Asien. Weltweit bekannt wurde Omara mit ihrem herzerweichenden Song *Silencio* auf der von Ry Cooder produzierten Platte *Buena Vista Social Club*. Kurz danach kam der gleichnamige Film von Wim Wenders heraus, der die Herzen von Jung und Alt öffnete. Große Ehre wurde ihr 2004 zuteil, als sie in Montreux zur Botschafterin des Internationalen Roten Kreuzes ernannt wurde.

Nicht allen gefiel eines ihrer letzten Interviews in Mexiko, in dem sie die Castro-Herrschaft in ihrem Land verteidigte.

Isabella meint: „Omara Portuondos Leben ist eines für die Musik, nicht für die Politik. Das möge man ihr nachsehen. Der Kommunismus in Kuba gestattet ihr ein schönes Leben. Soll sie dafür undankbar sein?“

Für den Abend hat Antonio seinen roten Dodge eigens gewaschen und poliert. Mit einem verdreckten Wagen würde er beim Tropicana nie vorfahren. Isabella ist in ihr schönstes Kleid geschlüpft, hat sich etwas geschminkt und sieht hinreißend aus. Die beiden sind bester Laune und in gespannter Erwartung. So wie auch ich, der ihnen mal eine Freude bereiten kann.

Wir fahren eine breite, von Bäumen gesäumte Allee hinunter, in Richtung Miramar. Havannas elegantes Viertel mit stattlichen, zum Teil schmuck renovierten Villen erfreut das Auge. Die Avenida 5 wird verlassen. Antonio biegt nach einer Weile in die Calle 72 y Línea de Ferrocarril. Fluoreszierende Lichtbänder überspannen die Straße und zeigen an, wir haben es erreicht, das Tropicana, den angesagten Nachtclub. Dass der sich ausgerechnet im kommunistischen Kuba befindet, ist schon erstaunlich. Der in Farben des Regenbogens beleuchtete *Brunnen der Musen*, das Symbol des Clubs, wird umfahren. Es ist 21 Uhr 30. Die Show beginnt in einer halben Stunde. Buskarawanen haben ihre Passagiere ausgespuckt. Und die bilden vor dem Eingang eine Schlange. Gut organisiert und reibungslos ist die Abfertigung. Eine freundliche Dame führt uns an die Plätze in der dritten Reihe. Isabella staunt über die tolle Reservierung an einem gedeckten Tisch, unter von Bodenstrahlern beleuchteten Palmen. Ein angenehmer Luftzug erzeugt sanftes Rascheln der Palmwedel. Vollmond schiebt sich aus einem Wolkenband und taucht die Kulisse in eine märchenhafte Stimmung. Das Open-Air-Theater füllt sich bis auf den letzten der 1700 Plätze. Gespannt harrt das Publikum in dem von Lichtorgeln illuminierten Blätterwald.

Bei Eintrittspreisen von hundert Dollar pro Person und einem täglichen Programm kann sich die Regierung auf satte Einnahmen freuen.

Zur Einstimmung spielt eine Band kubanische Weisen. Flinke Kellnerinnen servieren ein Glas Sekt, Snacks in Form von Sandwichriegeln, Dips und Nüsse. Dazu wird ein Fläschchen Rum kredenzt. 22 Uhr, ein Conférencier springt auf die monumentale Bühne, die augenblicklich wie im Megablitz aufleuchtet. Mehrsprachig rattert er seine Begrüßung herunter. Die Show ist eröffnet. Über uns wird ein Klangteppich aus Salsa über Bolero, Rumba, afrokubanische Musik … alles, was die Karibik und darüber hinaus zu bieten hat, gestülpt. Ich fühle mich wie in einem Sog von Kompositionen, die erbarmungslos mitreißen. Beine, Arme, der ganze Körper zuckt im Rhythmus. Isabella kann sich nur mit Mühe auf dem Stuhl halten.

Guillermo Cabrera Infante, der kubanisch-britische Schriftsteller und spätere Kritiker des Castro-Regimes, nannte es ein *Cabaret im Dschungel.* Auf Freitreppen und Laufstegen, in schwindelnder Höhe, zwischen tropischen Baumriesen agieren Tänzerinnen und Tänzer. Mir dröhnt der Schädel, das Zwerchfell zittert. Vor den Augen zucken grelle Lichter. Bis ins Mark dringen Fanfaren-, Trompeten-, Trommelwirbel … Und dann fluten sie auf die untere Bühne, die längsten Beine der Welt. Ein Feuerwerk der Sinnlichkeit. On stage ein Heer Mulatten, kitschig-grell überladen in Strapsen, Glitzerbikinis, Strass, Lamé, Pailletten, Pelzimitaten, Federkränzen, stöckelt synchron von links nach rechts. Schütteln Po und Busen, als durchfahre sie ein Stromstoß. Durch die Gänge und Tischreihen eilen weitere Akteure auf die Bühne. Federboas wischen im Gedränge über Wangen. Hübsche Gesichter, maskenhaft geschminkt, lächeln natürlich, andere gequält. Akrobatische Verrenkungen, wirbelndes Hüftkreisen, aus dem Stand Spagat – mein Gott, das ist anstrengend, verlangt höchste Konzentration. Zarte, schlanke, durchtrainierte Mädchen und Frauen durchlaufen eisenharten Ballett- und Tanzunterricht, bevor sie der Maestro auf die Bühne lässt. Die Kunst ist es, zart und elfengleich zu wirken, doch zu sein wie eine Stahlfeder. Das Kaleidoskop der Tänze des karibischen Raums wird verarbeitet in einem Cocktail amerikanischen Revuetheaters. Stringtangas und knappe Büstenhalter der Tanzdamen mag mancher Puritaner als Po- und Busenshow abtun. So zeigt die Revue doch spektakuläre Bühnenbilder und mitreißende Elemente: Folklore wechselt von Ballett, Artistik, Federboa-Bolero mit gewagtem Kopfputz zu afrikanischem Stocktanz im Löwenfell mit Fußrasseln und Fasstrommel-Wirbeln. Ohrenbetäubender Salsa verstummt jäh zu säuselndem Trompetensolo, der die Weiblichkeit schmachten lässt … und weiter geht die Show. Das Tropicana duldet keine Besinnung!

Schon dröhnen die Felle der Pahustrommeln. Aus vier Ecken trippeln je acht Tänzerinnen ins Zentrum, wo sie sich vereinen. Arme und Hände kreisen über ihren Häuptern. Körper wiegen in alle Richtungen. Es wallen blutrote Gewänder neben Baströckchen auf bebenden Gesäßen. Malerischer Kopfputz ziert wie eine monumentale Krone. Federketten zieren schlanke Hälse. Klänge werden fordernder. Mädchen reißen die Arme himmelwärts. Heiser klingt ein vielstimmiger Chor. Eine Lichtorgel jagt Laserstrahlen durch die Bühne und ins Publikum. Wie aus den Wolken herab fällt eine beleuchtete Treppe. Von dieser treten mit Bedacht, zeitlupengleich, schwarze Gestalten. Muskulöse Männer, ihre Blöße bedeckt ein Feigenblatt. Es entsteht eine Stimmung der besonderen Intensität. Die Akteure bewegen sich katzenartig aufeinander zu. Nackte Füße nähern sich High Heels. Die Geschlechter treffen sich, verschmelzen zu einer Fruchtbarkeitswoge in ästhetischer Harmonie. Wellenkräuseln, Brandungsrauschen werden vollendet in Tanz umgesetzt.

Zornig schwillt die „See“ an. Beschwörend klingen neue Stimmen aus dem Hintergrund, wie aus dem Empyreum des Universums. Trommeln mischen sich mit Fanfaren zu einem Klangorkan. Die Körper trennen sich, wirbeln strahlenförmig voneinander. Alles bewegt sich absolut synchron, beseelt von einem Lächeln natürlichen Charmes. Und plötzlich streben die Paare erneut aufeinander zu. Sie lässt die Hüften kreisen. Er reißt die Knie auseinander, presst sie zusammen. In Doppelreihen toben und vibrieren die Körper voreinander. Dabei heben und senken sich die Arme. Augen rollen, schließen sich, werden aufgerissen. Busen wippen wie Schulranzen. Schweiß rinnt über Gesichter und Rücken. Körper beschwören die Natur, es ist, als gerate der Kosmos in Wallung. In unheimlicher Heftigkeit wird der Tanz priapeisch und steigert sich zu einem kollektiven Orgasmus … Frenetischer Beifall bricht los. Zuschauer sind begeistert, geraten in Verzückung. Isabella springt auf: „Bravo! – Excelente! – Fantástico!“

Wie ein Wirbelwind tanzen die Paare hinter die Bühne. Klänge verstummen. Nach Sekunden der Stille entlädt sich das Brüllen der Enthusiasten abermals … Die nächste Tanzgruppe … und die übernächste stürmt auf die Bühne und reißt das Publikum mit, in immer andere Karibikwelten. Eine Gruppe in silberlackierten Stulpenstiefeln stampft in die Arena, verfolgt vom gesamten Ensemble, weit über 200 Akteure. Halbnackte Schönheiten schweben ein. Auf den Häuptern Kandelaber mit leuchtenden Glühbirnen, drehen sich im Lüstertanz … meine Kapazität ist erschöpft. Benommen lasse ich den Schlussakkord an mir vorbei rauschen. Mitternacht. Geschafft. Die Supershow hat sich ausgetobt. Welch Ironie revolutionärer Inselgeschichte: Den allermeisten Kubanern bleibt ihr weltberühmtes Cabaret versperrt!

Noch in der Nacht, wir befinden uns auf dem Heimweg, erhalte ich einen Anruf von weit her, auf den ich schon seit Tagen warte. Die Mitteilung freut mich sehr. Sie wird der Kubareise einen anderen Verlauf geben.

Überraschungsbesuch

Aeropuerto Internacional José Martí: Ich stehe im Gedränge mit anderen Abholern in der Ankunftshalle. Die Luft ist stickig. Der Flieger ist schon vor einer Stunde gelandet. Bisher ist kein Passagier aus Europa erschienen. Schikanen bei der Einreise? Es geht auf 22 Uhr. Wir Wartenden werden unruhig.

Na – endlich! Moritz erscheint gleich mit dem ersten Schwung. Wir umarmen uns, klopfen auf die Schultern. Moritz ist mein jüngerer Sohn, er lebt zurzeit in Berlin, studierte einige Semester in Buenos Aires Jura und lateinamerikanische Geschichte. Er wusste, dass ich in Florida unterwegs war. Als er von meinem Abstecher nach Kuba erfuhr, stellte er in Aussicht Urlaub zu nehmen, um mich auf der Insel zu besuchen.

Kuba hatte er bereits bereist. Zuletzt 1998. Gern wollte er mal wiederkommen, erleben, was sich an Veränderungen getan hat. Und ich freue mich, wenigstens einen Teil der Reise mit ihm zu unternehmen. Er spricht fließend Spanisch und kennt sich aus. Das Auskennen würde in dieser Nacht auf die Probe gestellt werden.

„Toll, dass du's einrichten konntest!"

„Ist doch klar – und prima, mit dir in meinem geliebten Kuba unterwegs zu sein. Hab übrigens über Driveboo Partners bei Alamo einen Renault Sandro geleast. Schauen wir mal, wo der zu holen ist."

Im Flughafen suchen wir nach dem entsprechenden Büro. Die meisten Car Rentals haben bereits geschlossen. Den offenen hält Moritz den Voucher unter die Nase und erntet Kopfschütteln. Wir hetzen von Pontius zu Pilatus, haben Bedenken, dass gleich die letzten Büros schließen. Mittlerweile sind wir nach Hinweisen außerhalb des Airports auf Spurensuche. Es ist zum Auswachsen! Jetzt heften sich Taxifahrer, die leer ausgegangen sind, an unsere Fersen. Alles beflissene Helfer.

Der eine zeigt nach links, der andere nach rechts. Der dritte bietet sich als Führer an. Es geht auf Mitternacht zu. Gemeinsam betreten wir ein dubioses Office, in dem noch Licht brennt. Wir wecken eine Señorita, missmutig studiert sie unsere Wagenreservierung, als sei sie in Japanisch verfasst, wendet sie einige Male und sagt:

„Sie müssen zum nationalen Flughafen, Terminal eins."

„Genau, wunderbar. Danke", freut sich der Taxifahrer auf eine lukrative Spazierfahrt durch die Nacht.

Moritz argwöhnt: „Was sollen wir denn da, um diese Zeit?"

„Na, den Wagen in Empfang nehmen – falls er da steht", sagt das Mädchen und legt den Kopf auf die Arme, um weiterzuschlafen.

Ich werde langsam ungehalten, stelle mir vor, irgendwo in der Einöde die Nacht verbringen zu müssen. Das war mir bisweilen in Afghanistan und Schwarzafrika passiert. Moritz bleibt cool und meint:

„Er soll uns zum nationalen Terminal fahren, hier haben wir alles versucht." Ab geht's auf unbeleuchteten Straßen ins Nirgendwo. Wenn mich nicht alles täuscht, chauffiert uns Hugo fröhlich pfeifend in östliche Richtung. Nach einer halben Stunde hält er vor einer Baracke, in der sogar noch Licht brennt. Keine Ahnung, ob es sich da um ein Flughafen- oder sonstiges Gebäude handelt. Wir marschieren hinein. Moritz legt seine Reservierung vor.

„Na – endlich!", sagt der Angestellte. „Dachte schon, Sie holen den Wagen nicht mehr ab." Uns bleibt die Spucke weg. Nach kurzen Formalitäten übernehmen wir den Renault. Hugos Fahrt bezahlen wir mit Nachtzuschlag. Der Knabe von Alamo hält die Hand auf, verlangt zwanzig Dollar Überstundenzuschlag. Als wir im Wagen sitzen, sagt Moritz:

„Nachtzuschlag, Überstundenzuschlag – das hat es früher nicht gegeben!“

Nun gilt es, die zweite Herausforderung zu meistern: aus der stockdunklen Umgebung Havannas die Calle Lealtad am Rand der Altstadt zu finden. Es gibt kaum verlässliche Hinweisschilder oder Straßennamen. Im Morgengrauen klopfen wir an die Eingangstür, zwei, drei Mal. Im Nachthemd erscheint Isabella und öffnet. Ohne Umstände werfe ich mich aufs Bett mit dem Baldachin. Moritz zieht das Kanapee vor.

Beim Frühstück, das Isabelle heute besonders lecker mit Ananas, Mango, Käse und Spiegeleiern angerichtet hat, entwerfen wir den Reiseverlauf. Natürlich hat Moritz beim Erleben der Insel andere Interessen als ich. Seine Schwerpunkte sind Politik und Geschichte. Ihn zieht es nach Santa Clara, Birán, Santiago de Cuba, Guantanamo, in die Schweinebucht. Ich muss Hemingways Spuren weiter verfolgen, um das Bild des Literaten für mein Verständnis abzurunden. Aber ich möchte auch etwas von Kubas Wildnis erleben, wissen, was aus der sagenhaften Pirateninsel Isla de Pinos geworden ist … Locations, die einen spannenden Trip kreuz und quer durch Kuba versprechen. Wir freuen uns auf einen gemeinsamen Weg, auf dem Vater und Sohn in einem Land im Wandel versuchen werden, ihre Neugierde zu stillen, in der Hoffnung, neue Erkenntnisse zu gewinnen. Jeder für sich aus einem anderen Blickwinkel. Der eine betagt, schon geraume Zeit reisend und schreibend unterwegs. Seine Zeit als Geschäftsmann ist lange Vergangenheit. Moritz, der Manager, beruflich eigentlich extrem eingespannt, gönnt sich einmal Urlaub von Frau und Kindern und dem geschäftlichen Hamsterrad. Mal sehen, ob das gut geht?

„Hat dir der Professor Hemingway eigentlich näherbringen können?“, fragt Isabella.

„Und ob. Er hat mich mit Informationen eingedeckt und vieles erklärt. Noch ist das Bild aber nicht vollständig. Manches fehlt. Papa H. ist mir noch nicht vertraut genug, um ein Urteil zu bilden.“

Moritz weiß, dass mich der Schriftsteller nach Kuba lockte. Er meint: „Du musst die Perspektive wechseln. Lass ihn erzählen, handeln, schlüpfe in seine Rolle, als würdest du ihn zum Leben erwecken.“

„Genau!“, meint Isabella. „Die Spurensuche musst du intensivieren, mit Ernest unterwegs sein, in seine Zeit eintauchen. – Begebt euch nach Cojimar, zu den Fischern und hinaus auf den Golfstrom.“

Die Tür geht auf. Antonio erscheint mit Manuel. Ich sehe Isabellas Freund zum ersten Mal. Ein sympathisch wirkender Mann Ende dreißig. Sein wettergegerbtes Gesicht mit dunkelbraunen Augen, umrahmt von tiefen Lachfalten, lassen ahnen: Manuel ist ein Mensch vom Lande. Zur Freude meiner Wirtsleute hat er Feldfrüchte mitgebracht. Er klagt über die miserable Ersatzteilversorgung. Sein Trecker steht herum, weil die Lichtmaschine defekt ist. Den Pflug müssen wieder Ochsen ziehen. Ochsen, die als Leihgabe von einem Kleinbauern zum nächsten gereicht werden. Selbst größere Zuckerrohrfelder oder Kolchosen können ihre Ernten nicht einfahren. Die Maschinen- und Geräteparks seien total verrottet.

„Man stelle sich das mal vor: Die Zuckerrohrinsel Kuba muss Zucker aus dem Ausland einführen. Das Rohr kann nicht verarbeitet werden. Schande! Zuckerrohr hat uns einst reich gemacht“, lamentiert Manuel und ergänzt: „Es ist zum Heulen. Orestes Estévez, ein Freund, verkauft seinen selbst hergestellten Wein in Havanna. Aus Mangel an modernen Gärverschlüssen setzt er Kondome ein. Orestes besitzt als Winzer ein kleines Weingut und produziert im Jahr um die 8000 Flaschen Wein. Bei der Herstellung übernimmt das Verhütungsgummi die Aufgabe des Gäraufsatzes, der die Fermentation überwacht. Das hat er mir so erklärt: Man sticht ein kleines Loch ins Kondom. Nach einer gewissen Zeit richtet es sich auf und bleibt stehen. Wenn die Gärung abgeschlossen ist, geht die Luft raus und das Verhüterli fällt in sich zusammen. Der Wein, der mit Kondomen reift.

Daran seht ihr doch, wie es um unsere Wirtschaft steht. Wir müssen mit den unmöglichsten Dingen improvisieren."

Isabella verkneift sich ein verschämtes Grinsen. Als sich Manuel über die Missstände ereifert hat, lassen wir uns den Weg nach Cojima erklären. Das Fischerörtchen liegt nur zehn Kilometer östlich von Havanna. Moritz und ich brechen auf. Nach der gemeinsamen Zeit mit den Torres in La Habana ist mir tatsächlich etwas traurig ums Herz.

„Muchas gracias, todo lo mejor – adiós!", rufen wir ihnen zu. Damit verlassen wir die gastliche, die romantische Stätte in der Calle Lealtad. Aber nicht für immer. Auf sonderbare Weise soll ich ihr wieder einmal begegnen.

„Man kann vernichtet werden,
aber man darf nicht aufgeben!“
(Ernest Hemingway,
Resümee seiner Philosophie)

Cojimar

Um die Mittagszeit erreichen wir den einstigen Fischerort Cojimar. Eigentlich ein ziemlich tristes Örtchen am Gestade des Golfstroms. Wäre da nicht die besondere Geschichte. Aus tropischem Bewuchs schlängelt sich der Rio Cojimar durch den Naturhafen ins offene Meer. Hemingway hatte sich den verwunschenen Platz als Heimathafen für seine Jacht *Pilar* auserkoren. Von hier aus stach er in See, um auf den Törns den Kampf mit den großen Fischen zu suchen. Wir wenden uns nach links, gehen den Malecón, das ist die ungepflegte Uferpromenade, entlang, wo exponiert, ins Wasser gebaut, eine Bastion wacht.

„Das ist die Festung Torreón, heute ein Stützpunkt der Küstenwache“, sagt Moritz, „das eher kleine Fort ist 1649 von Giovanni Bautista Antonelli, einem bekannten Festungsarchitekten, erbaut worden. Es war 1762 die erste Bastion, die die Engländer einnahmen, um auf dem Landweg über die Anhöhe von San Francisco de Paula Havanna in nur vierundvierzig Tagen zu erobern.“

„Auf der besagten Anhöhe befindet sich die Finca Vigía“, ergänze ich.

Dem Fort gegenüber steht ein Pavillon im neoklassizistischen Baustil. Im Zentrum von sechs Säulen, die einen Steinring tragen, befindet sich eine Büste von Ernest Hemingway, die ihn aufs Meer blicken lässt. Das Denkmal wurde 1962, ein Jahr nach seinem Tod, eingeweiht. Auf der Gedenktafel ist zu lesen: *In liebevoller Erinnerung vom Volk von Cojimar an den unsterblichen Autor des alten Mannes und des Meeres.*

„El Papá, so nannten die Fischer Ernest. Sie waren dankbar, dass er ihr hartes Dasein – den Kampf auf dem Meer – für die Welt so eindrucksvoll beschrieben hatte. Die Bronzebüste sei von den eigentlich armen Fischern gespendet worden, indem sie Angelhaken, Ketten und andere Materialien aus Bronze sammelten und die Büste von einem örtlichen Bootsausrüster gießen ließen“, erläutere ich mein angelesenes Wissen.

„Und wenn mich nicht alles täuscht, ist diese Büste hier die gleiche, die im *Floridita* an der Wand auf dem Sockel steht.“

Wir betrachten den Pavillon von allen Seiten. Die Inschrift erwähnt ein falsches Geburtsjahr. Ernest kam ein Jahr früher zur Welt. Unmittelbar daneben erinnert ein kleiner Park an den amerikanischen Literaten.

„Was ist das Besondere, das Bezeichnende an diesem Ort?“, fragt Moritz.

„Das möchte ich herausfinden. Ich weiß nur, dass Ernest in einer Schaffenskrise von seiner Freundin Adriana angeregt wurde, etwas über die Fischer und ihre Arbeit zu schreiben. Er siedelte die Novelle in Cojimar an, nannte sie *Der alte Mann und das Meer*. Das Umschlagbild der ersten Auflage gestaltete übrigens Adriana Ivancich, eine Hobbymalerin. Als inhaltliche Vorlage galten Ernest der Kapitän und Smutje seiner Jacht, Gregorio Fuentes, in der Rolle des glücklosen Fischers Santiago und ein Weißer Hai, den 1945 sechs Fischer erlegt hatten. Der Hai, mit über sechs Metern Länge, war der mächtigste, der je aus dem Golfstrom gefischt wurde. Doch die Umgebung soll, im Zusammenhang mit El Papá, noch spannende und geheimnisvolle Storys bergen. Wir müssen sie erkunden.“

Vor dem Pavillon baut sich gerade eine Band aus drei alten Herren auf und versucht mit brüchigen Stimmen *Guantanamera* in die Stille zu schmettern.

Wir verharren und lauschen. In der Pause erhalten sie einen Obolus. Ich befrage den ältesten nach El Papá.

„Aber natürlich kenne ich ihn!“, entfährt es dem zahnlosen Mund. „Alle etwas älteren Männer hier, die mit der See und dem Fischen zu tun haben, kennen ihn. Er trank mit uns Rum, spielte Karten, schweigend hörte er sich unsere Geschichten von der Arbeit an. Und manchmal sagte er: *Das Meer ist so reich, aber der Fischer ist arm!* Oft gingen wir dann alle Mann rüber ins *La Terraza*, auch sein Skipper Gregorio Fuentes war dabei. Dort feierten wir seinen Fang. Und tranken, sangen und lachten, machten Scherze bis in die Morgenstunden.“

Der andere Musikant, vielleicht auch um die siebzig Jahre, mischt sich ein. Seine wässrig-müden Augen beginnen zu glänzen: „El Papá, ja, das war ein feiner Kerl, der gab immer einen aus. Er war sehr spendabel. Cheminguey, der Yankee Schriftsteller, oh, er war sehr beliebt. Er war unser Freund!“

Der Dritte der Band, ein Gitarrist, gerät ganz aus dem Häuschen: „Als ich ihn erlebte, sah er aus wie ein Weihnachtsmann mit Sonnenbrille, der sich mit einem hageren Mann am Hafen unterhielt und diesen nach einer Weile lang und fest umarmte. Der Hagere muss Gregorio gewesen sein. Und der bärtige, grauhaarige, etwas schmuddelige Alte, mit großen Händen und Füßen, überquerte irgendwann müden Schrittes den Malecón. Er kam mir traurig vor. El Papá ging ganz nah an mir vorbei. Er roch nach Tang, Meer, Fisch und Dieselöl. Er schlurfte seinem Chrysler zu, stieg ein, dann winkte er in Richtung Festung und darüber hinaus dem Meer zu. Ganz lang und intensiv. Als wollte er Abschied nehmen. Ich antwortete seinem Gruß, winkte zurück und rief: ‚Cheminguey – adiós, amigo!‘ Ich glaube, er hatte sich damals nicht nur von uns, von Cojimar, dem Golf verabschiedet. In jenem Moment sagte er den wichtigsten Dingen seines Lebens adiós!“

Wir werfen den Straßenmusikanten noch etwas in den Hut. Bitten sie, *Besame mucho* zu spielen. Den Wunsch erfüllen sie uns gern und mit Inbrunst. Wir schlendern weiter, stolpern schließlich über ein Feld mit Geröll und abgestorbenen Korallenbänken bis ans Wasser. Cojimar hat westlich des Ortes keinen einladenden Strand.

Moritz meint: „Erstaunlich, wie präsent Hemingway in dem Ort noch ist. Garantiert haben die Musiker den Schriftsteller nie gesehen, geschweige denn erlebt. Allein durch die vielen Berichte, Anekdoten, Erzählungen ist er den Fischern so gegenwärtig. Da besteht eine imaginäre Vertrautheit."

„Jeder glaubt, Papa H. getroffen zu haben. Das verhält sich wie bei einem längst verstorbenen Verwandten über den die Familien so lebhaft berichten, dass er sich allmählich bei dir als erlebte Person ins Gedächtnis gräbt."

Aus Havanna sind Busse eingetroffen. Die Band wird jetzt von Touristen umlagert. Ich schlage vor uns zu sputen, um im *La Terraza* einen Platz zu ergattern. Auf dem Weg dorthin berichtet Moritz, dass Cojimar 21.000 Einwohner hat und der Ort zweimal von Hurrikans verwüstet wurde. 1878 sei von hier aus das erste Telegrafenkabel Kubas nach Florida verlegt worden. Wir haben die Martí Real erreicht und huschen ins Stammlokal des Dichters. Hinter der langen Bar trocknet ein Kellner Gläser ab, die er in den Regalen akkurat ausrichtet. Im Lokal weht ein Hauch von Hemingway, der vielen Fotos und Bilder wegen.

„Hola! Welches war der Stammplatz von El Papá?", fragt Moritz.

„Der da vorn in der Ecke, wo das Ehepaar gerade speist."

„Prima, den möchten wir reservieren. – Und was trinkt man bei Ihnen so als Appetizer?"

Der Kellner denkt nicht lange nach: „Ich empfehle Ihnen den *Don Gregorio Cocktail*. Das Getränk des Hauses. Eine Kreation aus Maraschino, etwas Rum und blauem Curaçao, wird auf Crushed Ice serviert."

„Den nehmen wir zweimal. – Wir kommen aus Deutschland und würden gern etwas über Ihr schönes Lokal erfahren."

Während der Kellner den Drink mixt, stellt er sich mit Eusebio vor und weiß allerhand zu berichten: „Das *La Terraza* hieß einst *Las Arecas*. Eröffnet wurden die Räume 1925 als Bar. Mit Hemingway und seinen Freunden kam Leben in die Bude. Wenn seine Truppe von einer Fangfahrt zurückkam, war High Life – das kann ich Ihnen sagen! Darüber redet man noch heute in den höchsten Tönen. Die Umbenennung kam 1940. Nach Papas Tod ging's erst einmal bergab. Das Restaurant war in einem beklagenswerten Zustand, als Fidel Castro mal vorbeikam. Aus Respekt vor seinem geschätzten Autor ließ der Máximo Líder das Lokal zu einem, besonders für Touristen, beliebten Fischrestaurant renovieren."

„Wir würden auch gern etwas über Hemingway und seine Aktivitäten in dieser Gegend erfahren", erkundigt sich Moritz.

„Darüber weiß ich nicht allzu viel. Vielleicht interessiert Sie, dass der Autor, als er 1954 den Literatur-Nobelpreis für seine Seegeschichte erhielt, im Dorf mit den Fischern feiern wollte. Doch dann lud ihn die hiesige Brauerei zu einem Festbankett ein. Ernest sagte zu, ließ seine Freunde aber nicht im Stich, schleppte einfach alle mit. Als er dann seine Urkunde aus Stockholm in den Händen hielt, sprach er bewegende Worte: *This is a prize that belongs to Cuba, because my work was both thought up and written in Cuba, with my people from Cojimar where I'm a citizen.* Damit übergab er seinen Nobelpreis allen Kubanern. Das Original hängt in der Basilica El Cobe in Santiago de Cuba. Zur Erinnerung an den Freund des Landes ließ die Regierung Münzen mit seinem Konterfei und einem Motiv aus der Story *Der alte Mann und das Meer* prägen. Sein Skipper auf der *Pilar*, der alte Gregorio, saß nach Ernests Tod oft bei uns im Lokal oder vor seinem Haus, hatte immer ein dickes Fotoalbum bei sich. Erinnerungen aus der Zeit mit seinem Chef. Für zehn Dollar pro Sitzung ließ er sich über die gute alte Zeit gern ausfragen. Er sei die Figur Santiago, behauptete er bis 2002, dem Jahr, in dem er im Alter von 104 an Krebs starb.

Dass Hemingway seinen Sohn aus zweiter Ehe Gregory nannte, ist kein Zufall! Aus Dankbarkeit für treue Dienste schenkte Ernest dem Skipper die *Pilar*. Der konnte sie aus Kostengründen nicht erhalten. Mary Welsh war drauf und dran, das Schiff zu versenken. Die Regierung übernahm es. Gregorio bekam ein kleineres, mit dem er noch 'ne ganze Zeit zum Fischen rausfuhr."

„Hemingway wollte doch mal deutsche U-Boote versenken. Wissen Sie etwas darüber?", frage ich.

„Stimmt, man redete darüber. Aber ich weiß nichts Näheres."

„Gibt es im Ort Leute, die Informationen hätten?"

„Kann mich mal umhören. – Ihr Tisch wird frei und hier die Speisekarte."

Unter einer Hemingway-Büste, eingerahmt von Fotos und Aquarellen von ihm und Gregorio und imposanten Seefischen und einem herrlichen Blick über die Bucht mit dem Golfstrom, studieren wir die Karte.

„Wie fürsorglich die Regierung an ihre Bevölkerung denkt", sagt Moritz, „das günstigste Gericht kostet das Monatsgehalt eines Bürgers im Arbeiter- und Bauernstaat." Mit schlechtem Gewissen verfuttern wir einschließlich Getränken das Jahresgehalt einer kubanischen Familie. Eusebio bringt uns zum Abschluss einen Espresso und die Rechnung. Mir schiebt er einen Zettel mit einer Telefonnummer zu.

„Taxifahrer und Kneipiers sind die besten Informanten", bemerke ich.

„Vergiss die Friseure nicht."

Ich wähle die Nummer. Erhalte Verbindung mit einer Carlota Hermandez, der ich sage, vom wem ich ihre Telefonnummer habe. Ihr Mann, Enzo, sei auf See und käme vor der nächsten Woche nicht zurück. Ich lasse mir die Adresse geben und verabrede einen Besuch nach der Rückkehr ihres Mannes.

Draußen, auf morschem Holzsteg, erfahren wir von Anglern: Das kommerzielle Fischen sei verboten, nicht jedoch

Fischfang für den Eigenbedarf. Das gelte auch für die Hochseefischerei in diesem Golfabschnitt. Der Bestand an Marlin, Schwertfisch, Thunfisch sei dramatisch geschwunden. Erst neulich seien John und Patrick, Enkel von El Papá, in Cojimar gewesen und hätten für den Schutz der Seefische geworben. Ein Angler zieht gerade einen Wurm auf den Haken und meint:

„Schon komisch, Opa holte mit seiner Gang die prächtigen Tiere heraus, manchmal vierzig bis sechzig Fische auf einer Tour, und die Enkel wollen sie wieder ansiedeln. Doch es gibt keine Verständigung zwischen uns und den Yankees, solange das Embargo besteht, ist der Artenschutz illusorisch.“

Moritz schaut übers Meer und fragt: „Von hier aus machten sich um 1990 doch tausende Flüchtlinge auf, um Florida zu erreichen. Ist das noch so?“

Einer der Angler schaut skeptisch, weiß nicht recht, was er antworten soll. Dann gibt er sich einen Ruck: „Okay, ihr seid Ausländer, da kann man mal die Wahrheit loswerden. Heute sind die Grenzen offener und es flüchten mehr Menschen als früher. Wer weg will, besorgt sich ein Ticket über Mexico City oder Caracas und setzt sich nach Florida ab. Da leben mittlerweile über zwei Millionen Exil-Kubaner. Flugscheine kosten viel Geld. Deshalb legen Familien zusammen in der Hoffnung, später mit ein paar Dollar aus den Staaten versorgt zu werden. Früher mussten die Menschen bei Nacht und Nebel flüchten. Die meisten Asylanten stachen auf Lkw-Schläuchen, Flößen aus Benzinkanistern oder auf verfaulten Booten in See. Natürlich gab's auch Schlepperbanden. Die konnten sich nur wenige leisten. Am Ende waren die Schleuser auch nicht sicherer, weil die armen Schweine von drei Seiten gejagt wurden: von den Küstenwachen Kubas und der USA und von den Haien. Aus meiner Familie sind acht Verwandte geflüchtet, alle von dieser Bucht aus. Fünf kamen durch, meinen Bruder und zwei Schwager hat der Golf mit seinen Haien geholt. *Todo esto es una mierda!* (Alles eine verdammte Scheiße!)“

LA HABANA
(HAVANNA)
MARIANAO
Pinar del Río
Guane
Cabo San Antonio
Isla de la Juventud
Golfo de Batabanó
Archip. de los Canarreos
Güines
Matanzas
Cárdenas
Colón
Cienfuegos
STA. CLARA
Trinidad
Sancti Spíritus
Placetas
Morón
Caibarién
Ciego de Avila
CAMAGÜEY
Victoria de las Tunas
Manzanillo
Holguín
Banes
Nicaro
Palma Soriano
SANTIAGO DE CUBA
GUANTÁNAMO
Cabo Cruz
Golfo de Guacanayabo
Jardines de la Reina
Cayman Brac
Gd. Cayman
Key West
Florida Bay
Florida Keys
Everglades National Park
C. Sable
Straits of Florida
Santaren Chan.
Andros I.
New Providence
Exuma Sound
Cat I.
Great Exuma I.
Long I.
Rum Cay
San Salvador
Crooked I.
Acklins I.
Gt. Inagua I.
Canal Viejo de Bahama
Archip. de Sabana
Cayo Camagüey
Cayo Romano
Sra. Maestra
Pico Turquino
Montego Bay
Port Antonio
Jérémie
Paso de los Vientos
Kuba
Bahamas
Atlantik
Karibik
Golf von Mexiko

Kuba

Mit Hemingway lassen sich in Sloppy Joe's Bar gute Geschäfte machen

Ernests Lieblingsbar in Key West:Sloppy Joe's

Claire posiert für die Bodybuilding Championship in Miami

Ernests Schreibstube im Hemingway-Museum, Key West

Key West: Verwüstung durch Hurrikan Dorian

Schoner »Spirit of the Sea« mit Kurs auf Havanna

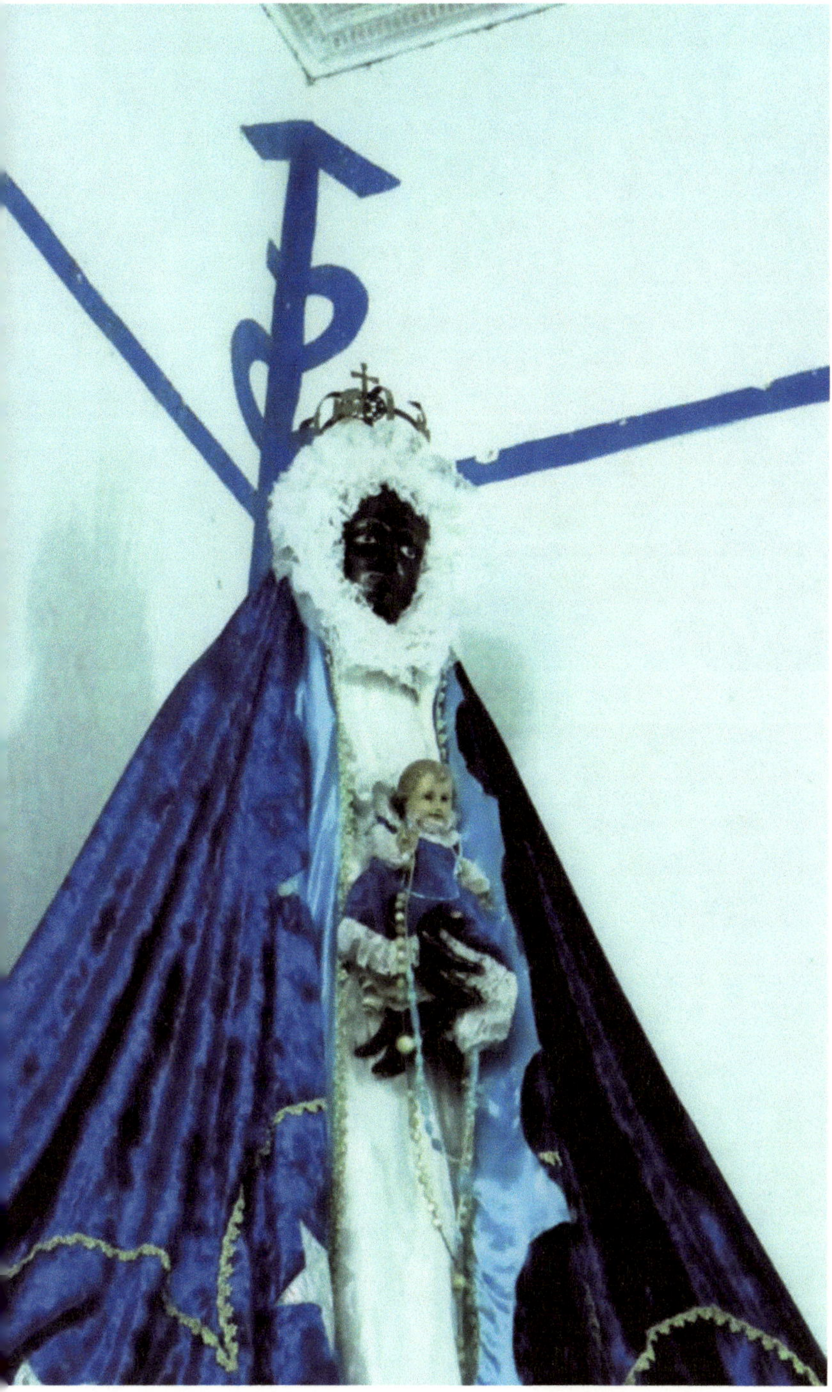

Im Santeria-Kult spielt die Schwarze Madonna eine wichtige Rolle

Unterwegs mit Antonio und seinem Oldtimer Dodge

Das »Romantik-Hotel« neben einer Ruine in Havanna

Die Wirtin Isabella

Für die Mutti eine Cohiba

Der Straßenmusikant singt: Guantanamera … Guantanamera …

Im Foyer des Ambos Mundos mit Fotos zu Hemingway

Havanna: Fassaden sind mit Revolutionsführern verziert. Hier: Camilo Cienfuegos

Raúl Castro vor dem Modell der Jacht »Granma«

Hemingways Stammkneipe Floridita

San Francisco de Paula, dort steht die Finca Vigía

Ernests Wohnzimmer in der Finca Vigía

Die Motorjacht »Pilar« im Garten der Finca

Dominospieler

Moritz am Monumento Che Guevara in Santa Clara

Die Festung Torreón in Cojimar

Hemingways Lieblingsplatz im La Terraza, Cojimar

Taíno-Nachfahre im Museumsdorf Aldéa Taína

Das rekonstruierte Geburtshaus von Fidel Castro

Hier drückte der Knabe Fidel die Schulbank

Der Ford-Oldtimer der Castros

Fidel Castros Grabstein auf dem Friedhof Santa Ifigenia in Santiago de Cuba

Die Seekuh in der Karibik vor der Schweinebucht

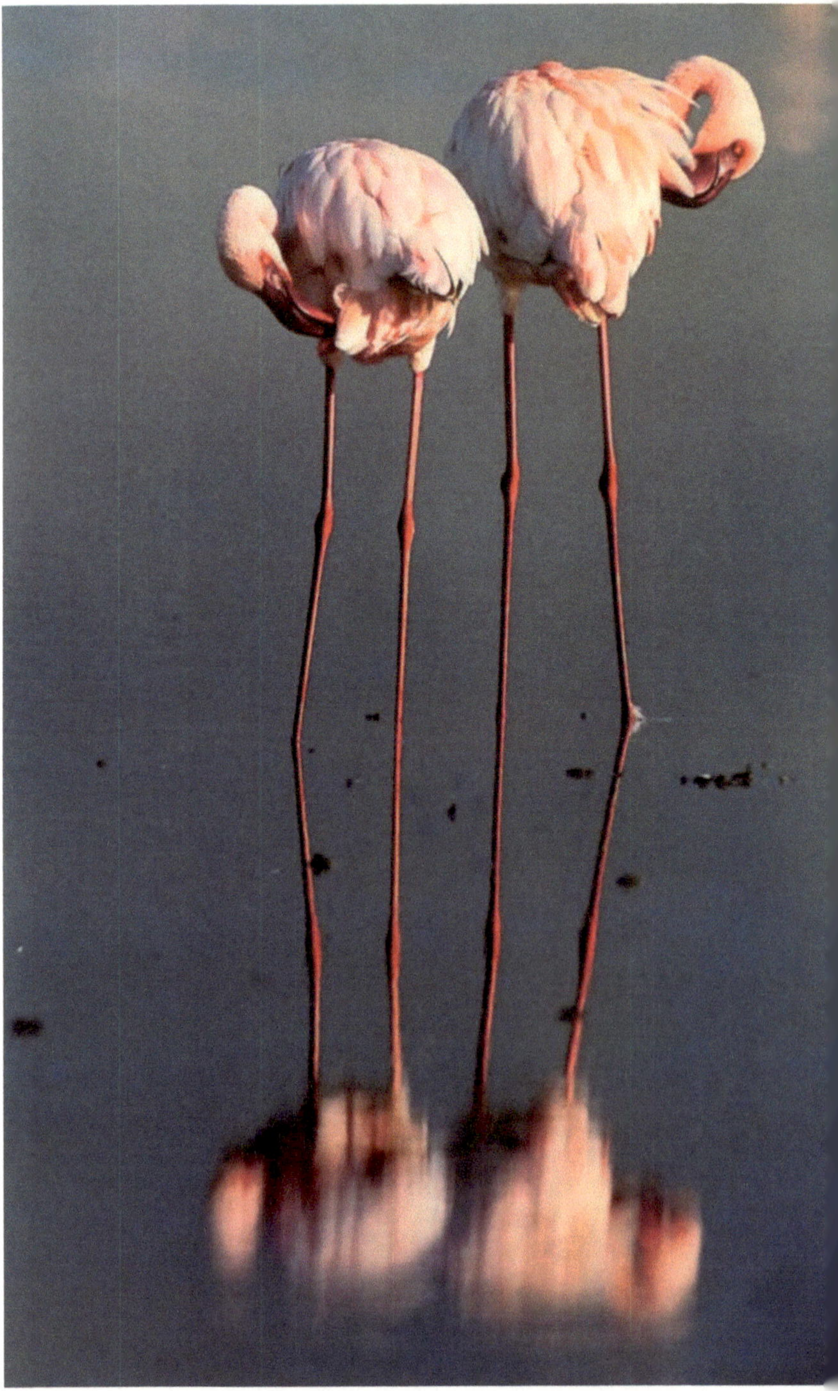

Ein Flamingo-Pärchen in Ufernähe der Insel Borracho

Guide Alvaro zeigt uns ein »Schnappi«

Ein Gemälde mit Hemingway, Gregorio Fuentes und der Jacht Pilar im La Terraza, Cojim

Cayo Guillermo: ideal für Törns mit dem Segel-Katamaran

„Man trägt die Revolution nicht auf den Lippen,
um von ihr zu reden, sondern im Herzen,
um für sie zu sterben."
(Che Guevara)

„Helfern" ausgeliefert

Eigentlich ist mein Bedarf an Stadtbesichtigungen gedeckt. Ich möchte raus in die Natur, durch die Sierra Maestra streifen. Moritz ist anderer Meinung, sein Ziel ist erst einmal Santa Clara. Die Stadt des Revolutionshelden Che Guevara. Okay, die Richtung Südosten stimmt. Warum auf der Strecke nicht kurz in Santa Clara Station machen? Auf der wenig befahrenen Schnellstraße eins brausen wir durch eine grüne, eintönige Landschaft. Einst war der größte Teil Kubas schwer passierbarer Dschungel. Exzessive Land- und Holzwirtschaft führten rasch zum Totalkahlschlag bis auf einige wenige Schutzgebiete im Westen und Südosten der 1250 Kilometer langen Insel. Der Zuckerrohranbau, für das Land und mehr noch für die schwerreichen Zuckerbarone einst das weiße Gold, fraß den größten Teil des Baumbestands.

Seit einigen Kilometern wird die Fahrbahn tückisch. Hindernisse tauchen auf, die reaktionsschnell zu umfahren sind. „Papa, Achtung!", ruft Moritz plötzlich. Die Nachmittagshitze macht unaufmerksam. Beinahe wären wir in einem veritablen Schlagloch mitten auf der Straße gestrandet. Kühnes Ausweichen schleudert uns auf den Seitenstreifen und auf die Straße zurück.

„Noch mal gut gegangen, Alter!", meint der Sohn.

Kaum fünf Minuten später prescht von hinten ein schwarzer Lada heran. Überholt und zwingt uns durch kurzes Aufheulen eines Horns, Blaulicht und dem Winken mit einem Leuchtstab zu stoppen. Polizeikontrolle. Keine Panik, rede ich mir ein. Meist wird Touristen nach kurzem Check höflich gute Fahrt gewünscht. Zwei Herren der *patrulla de policiá*, in blau verwaschenen Hemden, nähern sich forschen Schrittes. Düstere Mienen. Sie nehmen sich oberwichtig. Von Verbindlichkeit ist wenig zu spüren.

„Papiere: Reisepass, Führerschein – von beiden!“, verlangt der Ältere grußlos, während der Jüngere neugierig um unser Fahrzeug streicht. Dabei spielt er mit dem Leuchtstab, der wohl auch als Schlagstock Einsatz finden kann.

„Sie haben Alkohol getrunken?“, blafft der Ältere mich an.

„Natürlich nicht! Wie kommen Sie darauf?“

„Sie sind in Schlangenlinien gefahren, hätten fast einen Unfall verursacht. – Wo wollen Sie hinfahren?“

„Ich musste Schlaglöchern ausweichen. Ihre schöne Autobahn hat einige Unebenheiten. Wir wollen nach Santa Clara – Stadtbesichtigung.“

Der Polizist klopft mit unseren Ausweisen auf seine Handfläche. Der Junge beäugt unterdessen Lizenz und die Hinweise auf der Windschutzscheibe. Dass es sich um einen Leihwagen handelt, hat er sicher längst wahrgenommen.

„Aussteigen!“, blökt der Alte. Dabei leckt er mit der Zunge über die Lippen. Ich gehorche und bemerke, dass der Alte einen pfundigen Bauchansatz hat. Er tritt so nah heran, dass ich befürchte, er könne mich mit seinen Knöpfen beschießen. Beide scheinen eine Alkoholfahne erschnüffeln zu wollen.

„Wir gehen davon aus, dass Sie Alkohol im Blut haben. Ihr Fahrzeug bleibt hier. Sie kommen beide mit. Auf der Wache wird ein Test gemacht. Außerdem ist dies kein internationaler Führerschein“, dabei wedelt der Dicke mit meinem roten Dokument. Langsam werden wir sauer, kommen uns vor wie im Kreuzverhör.

„Das da ist meine Driving Licence. Steht doch drauf, in neun Sprachen, gültig für Pkws, Lkws und Motorräder. Mit diesem Führerschein bin ich in der ganzen Welt unterwegs. Ohne Probleme. Warum ist das in Kuba nicht möglich?“, erkläre ich.

„Weil eine andere Licence bei uns Gesetz ist!“, sagt der Junge.

Augenscheinlich über meine Nüchternheit enttäuscht, blättert der Dicke in den Reisepässen, untersucht sie wie einen Dreikaräter. Stößt auf die Seite mit dem Visum, dann auf noch etwas. Die beiden tauschen Blicke aus. Der Junge blättert den Pass von Moritz durch. Sie nicken sich zu. Mit der Geschicklichkeit von Taschendieben gleiten die Scheine in die Hände der Polizisten. Die Ausweise werden mit den Worten zurückgegeben: „Einen schönen Aufenthalt in Kuba – und künftig langsamer fahren, die Straße hat weiter vorn mehrere schlechte Abschnitte.“ Ich gebe Gas. Für den Hinweis müssten wir den Cops eigentlich dankbar sein.

Am *Monumento Che Guevara* kommt man sich vor wie ein Liliputaner. Das ist Heldenverehrung aus der ehemaligen UdSSR nach Kuba verpflanzt. Gigantismus in dieser armen Gemeinde Santa Clara. Da steht er auf einem Riesensockel, die Kalaschnikow in der rechten Faust, auf der ebenfalls kolossalen *Plaza de la Revolución*. Dabei klebt an den Händen des Comandante, Revolutionärs, Mitstreiters von Fidel Castro ’ne Menge Blut.

Was von seinen Verehrern nicht zu hören ist. Unter dem übergroßen Che prangt die Revolutionsparole: *Hasta la victoria siempre* (bis zum immerwährenden Sieg). Jedes Jahr am 8. Oktober zieht es die Massen an dieses Monument, um dem Comandante die Ehre zu erweisen. Das ober- und unterirdische Mausoleum soll dem Betrachter Ehrfurcht vor der Kraft einer Idee einflößen. Das bewirkt es tatsächlich. Mit Humanismus hat es allerdings nichts zu tun.

Moritz: „Als Studenten waren wir dem Mythos Che verfallen. Er stand für einen besseren Menschen in einer besseren Zeit.“

„Er stand für eine Utopie, die gewaltsam verwirklicht werden sollte“, entgegne ich.

„Muss nicht jeder Fortschritt, jede Veränderung zu mehr Freiheit erkämpft werden?“

„Nicht grundsätzlich. Kommunismus ist wider menschliches Streben, wie wir erleben können. In der Welt ist er überall zusammengebrochen. Hier steht er vor dem Kollaps. In China hat sich die sogenannte kommunistische Partei längst in ein kapitalistisches Wirtschaftssystem gerettet. Übrig geblieben ist eine Einparteiendiktatur."

„Bei Che war das anders", meint Moritz. „Der Idealist ist für seine Überzeugung im Kampf gegen den Imperialismus ermordet worden."

„Imperialismus ist von Übel, ohne Frage. Doch den Menschen als Individuum mit seinen unterschiedlichen Fähigkeiten zu negieren, ist falsch und muss scheitern. Was bewirkt denn der Kommunismus? Er führt den Menschen aus der einen Unfreiheit in eine andere."

„Dennoch, ich bewundere Menschen, die für Ideale ihr Leben einsetzen. Wer kann das schon?"

„Ideale können auch teuflisch sein, wie die Geschichte lehrt. Es kommt immer auf die Absicht an", gebe ich zu bedenken.

Wir setzen uns auf eine Stufe des Monuments. Mit dem Blick auf den Guerillero fasst Moritz sein Leben kurz zusammen: Als Ernesto Guevara de la Serna wurde er 1928 als Sohn eines Architekten in Argentinien geboren. Das Kind war asthmaleidend. Mit sportlichen Leistungen bewies er seine Willenskraft. In Buenos Aires studierte er Medizin und wurde 1953 promoviert. Mit dem Motorrad reiste er durch mehrere Staaten Südamerikas, war schockiert über die Armut und die politische Ungerechtigkeit. In Guatemala beschäftigte er sich mit Werken von Karl Marx. In ihm keimte eine tiefe Abneigung gegen die USA. Wegen politischer Aktivitäten in Guatemala wurde er nach Mexiko ausgewiesen. Dort kontaktierte er eine Gruppe Kubaner um Raúl und Fidel Castro. Guevara erhielt wegen seines argentinischen Akzents den Kosenamen Che.

1956 entschloss er sich, an der Befreiung Kubas mitzuwirken. Das dilettantisch organisierte Unternehmen kostete bei der Anlandung mit der Jacht *Granma* in Las Coloradas das Leben der meisten Freischärler. Che überlebte mit den Castros und versteckte sich in den Bergen der Sierra Maestra. Im Rebellennest wurden Unzufriedene rekrutiert und Che avancierte, dank seines Einsatzes und militärischen Geschicks, zum Kommandeur und Vertrauten Fidels. Schwarzer Zauselbart, schwarze Baskenmütze mit fünfzackigem Stern und immer ein strahlendes Lächeln im Gesicht wurden fortan sein Markenzeichen. Nach dem Fall des Batista-Regimes 1958 machten ihn die Attribute zum Mythos und weltberühmt. Kurz zuvor hatte er im *Handstreich von Santa Clara* den entscheidenden Sieg gegen die Regierungstruppen erringen können. Es folgten seine kubanische Staatsbürgerschaft und das Bekleiden wichtiger Ämter in der Verwaltung der neuen Regierung: Präsident der Nationalbank, dann Minister für Industrie. Sein persönlicher und unermüdlicher Einsatz stilisierte ihn zum Vorbild der kubanischen Jugend. *Seamos como el Che*, machen wir es wie Che, riefen die Dörfler begeistert. Anfangs war die arme Bevölkerung von seiner Idee vom „neuen Menschen", die eine gerechte Gesellschaft schaffen wollte, fasziniert. In jener Zeit reiste Che viel, auch in die DDR. Nach Bolivien versuchte er die Revolution nach kubanischem Vorbild zu tragen. Indes schwand sein Einfluss in Havanna. Seine Wirtschaftspolitik war gescheitert. Mit Fidel Castro ergaben sich ideologische Differenzen. Von Gerüchten und Entmachtung begleitet verschwand Che 1965 von Kubas politischer Bühne. In Angola und dem Kongo mischte er sich erfolglos in deren Bürgerkriege ein. Hernach versuchte er, eine Revolution in ganz Südamerika mit dem Ziel „zwei, drei, viele Vietnams in Amerika" zu entfachen. Als Anführer einer Gruppe Guerilleros reiste er unerkannt in Bolivien ein, kämpfte sich dort durch den Urwald. Musste allerdings feststellen, dass er bei der Bevölkerung keine Unterstützung fand.

Durch Verrat geriet er mit seinen Männern und seiner Freundin Tanja Bunke, einer Deutsch-Argentinierin, in den

Hinterhalt. Seine Mitstreiter wurden erschossen. Guevara wurde am 8. Oktober 1967 verwundet, inhaftiert. Am nächsten Tag dann, im Beisein amerikanischer Berater, vermutlich CIA-Agenten, hingerichtet. Er war gerade einmal neununddreißig Jahre alt geworden. Sein Tod löste in Kuba eine dreißig Tage währende Staatstrauer aus. Erst dreißig Jahre später wurden Ches sterbliche Überreste in die Gruft unter dem Monument beigesetzt. Eine Viertelmillion Trauernde, an der Spitze Fidel Castro, defilierten am Sarg vorbei."

„Dreißig Jahre nach seinem Tod? Sind das überhaupt seine Gebeine, die hier liegen?"

„Seine Überreste sind Mitte Juli 1997 bei Ausgrabungen in Bolivien zufällig gefunden worden. Argentinische Gerichtsmediziner bestätigten nach eingehenden Untersuchungen, dass es tatsächlich Ches Knochen seien."

„Nun, dann lass uns weiterfahren", schlage ich vor.

„Nicht bevor wir einen Blick in die Gruft werfen."

Der Eingang in die Museumsgrabkammer wird bewacht wie Fort Knox. Jeder Besucher wird gescannt. Im klimatisierten „Heiligtum" darf nur geflüstert werden. Es werden hier die sterblichen Überreste Ches, seiner Gefährtin und Geliebten Tanja Bunke und von dreißig weiteren Rebellen aufbewahrt. Wir schreiten durch die Halle, verweilen vor dem einen oder anderen Exponat. Im flackernden Licht der ewigen Flamme scheinen sich die Reliefs der Revolutionäre zu bewegen – und wohl noch lange weiterzuleben. An den Wänden lesen wir markige Parolen wie: *Viva la Revolución! – Patria o muerte!*

„Ich habe eher den Eindruck, der Bevölkerung ist allmählich die Lust an Revolution samt Heldentum vergangen."

„In Argentinien hat sich Guevara tief in die Herzen der Jugend gegraben", sagt Moritz und zieht eine Übersetzung des Abschiedsbriefs an Fidel Castro aus seinen Unterlagen, der irgendwo auslag. Darin heißt es am Schluss: „Immer bis zum Sieg. Vaterland oder Tod! Es umarmt dich mit ganzer revolutionärer Hingabe, Che."

„Wie kann ein Mensch, der die Welt an allen Orten in Brand stecken wollte, von Vaterland sprechen“, frage ich mich, „der brutal und rücksichtslos die Menschheit, so er gekonnt hätte, in einen dritten Weltkrieg gestürzt hätte? Einer, der eigenhändig Menschen erschoss, waren sie nicht seiner Meinung – so jemand zeichnet sich aus als äußerst gefährlicher Fanatiker …“

„… All das verblasst vor seinem Tod, bereit zu sein, für seine Sache zu kämpfen und zu sterben. Seine Vision war ein anderer, ein neuer Mensch, ohne Eigennutz – seine Tragik: die Verweigerung der Gefolgschaft“, sagt Moritz.

„Gott sei Dank!“

„Nun noch rasch zum *Monumento a la Toma del Tren Blindado*“, sagt Moritz.

„Wohin?“

„Na, zum Güterwagen-Museum, wo Guevara zum Helden wurde.“

„Oh nee! Muss das auch noch sein? – Meinetwegen.“

Wir stellen unseren Wagen in einer Seitenstraße ab. Begeben uns auf einen Platz, auf dem, wie eigens drapiert, ein Bulldozer und gegenüber auf einem Gleis Waggons stehen.

Moritz: „Hier wurde am 29. Dezember 1958 Geschichte geschrieben. Che brachte mit achtzehn jungen Revolutionären, einem geliehenen Bagger und selbst gebastelten Molotow-Cocktails einen gepanzerten Zug zum Entgleisen. Nach einem Gefecht von neunzig Minuten war das Schicksal der Batista-Diktatur besiegelt. Genau an dieser Stelle, wo der Zug mit 350 Regierungssoldaten mit schweren Waffen und reichlich Munition gestoppt wurde, war der Vormarsch der Guerilleros nicht mehr aufzuhalten.“

Wir steigen in die Waggons. Können uns ein Bild machen, wie die dicht gedrängt transportierten Soldaten im Handstreich eliminiert wurden, bevor sie in der Lage waren, eine Gegenwehr zu entfalten.

„Gab es nicht drei gefeierte Revolutions-Berühmtheiten neben Castro?“, frage ich.

„Streng genommen nur zwei, weil Julio Antonio Mella nur kubanischer Studentenführer und Mitbegründer der kommunistischen Partei war. Diktator Gerardo Machodo ließ ihn verhaften, dann 1929 im mexikanischen Exil von seinen Agenten auf offener Straße erschießen. Julio gilt als der geistige Vater für eine seeseitige Invasion zur Befreiung Kubas. Sein Konterfei befindet sich neben denen von Che und Camilo Cienfuegos."

„Camilo, das ist doch der bärtige Strahlemann mit dem Cowboyhut an der Fassade des Informationsministeriums in Havanna?"

„Richtig. Er gehörte zur Gruppe auf der Jacht *Granma* und wurde wenig später auch zum Comandante befördert. Er befehligte die 700-köpfige, sogenannte Dritte Kolonne der Rebellenarmee. Seine siegreiche Schlacht von Yaguajay 1958 gilt als ein entscheidender Erfolg im Freiheitskampf und machte Camilo zur Berühmtheit. Diktator Batiste floh am 1. Januar 1959 mit dem Hubschrauber in die Dominikanische Republik. Che und Camilo rückten auf Havanna zu. Camilo traf als Erster ein und entwaffnete über 10.000 demoralisierte Soldaten in ihren Kasernen und Hauptquartieren. Neun Monate später kam Camilo Cienfuegos bei einem Flugzeugabsturz mit seiner Cessna ums Leben. Maschine und Leiche wurden nie gefunden. Da es kurz zuvor eine Auseinandersetzung zwischen ihm und Fidel Castro gab, ist nicht auszuschließen, dass Camilo aus dem Weg geräumt wurde. Heimlich, schließlich war er ähnlich populär wie Che."

„So ein Ärger! Nun hat uns deine verflixte Revolutionsgeschichte ein echtes Problem bereitet." Ich bin richtig sauer. Beide betrachten wir ungläubig den rechten hinteren Reifen, der fast auf der Felge steht.

„Cool down, Papa. Du hast doch wenigstens etwas zur jüngsten Landesgeschichte mitbekommen."

Ich untersuche den Mantel. Komisch. Keine äußeren Schäden. Der Reifen ist nicht richtig platt. Moritz öffnet den Kofferraum, lädt aus und bemerkt, dass der Ersatzreifen ein defektes Ventil hat. Nun haben wir ein richtiges Pannenproblem in Santa Clara!

Wie gerufen kommt ein Mopedfahrer um die Ecke geknattert, hält, befummelt ungefragt den Reifen und zaubert aus dessen hinterem Mantelrand einen Nagel mit flachem Kopf hervor.

„No hay problema! (Alles kein Problem!)“, meint der Kubaner, ein forscher Bursche um die zwanzig in Hawaiihemd, Jeans und ’ner spiegelnden Sonnenbrille auf der Nase. Wir sollen ihm langsam folgen, dafür sei noch genug Luft im Reifen. Er würde eine Werkstatt kennen, die würde den Reifen wechseln. Was bleibt uns übrig? Wir laden ein und folgen dem Helfer in der Not auf seinem Moped schleichend auf Schleichwegen Richtung Stadtmitte.

„Hier können Sie gut parken“, meint der Amigo nach einigen Kilometern. Wir bocken den Wagen auf. „Ich bringe den Reifen in eine Werkstatt.“

„Alles klar“, sagt Moritz und zu mir: „Die Hilfe können wir nicht abschlagen.“

Ich helfe bei der Demontage des Reifens. Der Instinkt sagt mir, die Hilfe könnte einen Haken haben. Als der Amigo abgelenkt ist, markiere ich Felge und Mantel mit einem durchgehenden Kulistrich. Der freundliche Helfer schnappt sich den Reifen, befestigt ihn auf seinem Moped und verschwindet.

Moritz besorgt: „Hat sich jetzt unser Problem verstärkt?“

„Keine Angst, der kommt wieder.“

Tatsächlich erscheint er nach einer halben Stunde und verkündet fröhlich: „Problem gelöst, alles neu.“ Der Reifen ist aufgepumpt und wird mit vereinten Kräften montiert. Die gewaschene Decke erscheint auf den ersten Blick neuwertig. Meine Markierung bleibt erkennbar. Der Renault ist fahrbereit. Wir bedanken uns herzlich und fragen, was er für die Hilfe bekomme.

„Neuer Mantel, neuer Schlauch, Transport, macht 500 Dollar. Renault sehr teuer in Kuba.“

Ich schlucke, bin aber freundlich und klopfe ihm auf die Schulter: „Amigo, wir danken dir, aber der Mantel ist der alte und ein Loch hat es nie gegeben. Du Schlingel hast vorher so viel Luft rausgelassen, dass wir dir gerade noch folgen konnten."

Er fühlt sich durchschaut und wird sofort aggressiv. „Ich will 500 Dollar für den Reifen! Sofort, oder es gibt ganz großen Trouble. Hier ist mein Revier!"

Zu Moritz, leise auf Deutsch: „Polizei holen ist zwecklos, die stecken alle unter einer Decke, wenn's um Gringos geht. – Komm in den Wagen, der Kerl ist gefährlich. – Wir müssen weg!"

Der Amigo erkennt unsere Fluchtabsicht, stellt sich an den Wagen, hält die Tür mit einer Hand fest. Mit der anderen hat er sein Handy am Ohr. Er brüllt: „Her mit 500 Dollar!" Ich lasse den Motor aufheulen. Für Sekunden lässt er die Tür los. Moritz schlägt sie zu. Der Renault braust mit Rasierstart davon. Erst geradeaus. Im Rückspiegel sehe ich den Amigo telefonieren. Wahrscheinlich trommelt er seine Gang für eine Straßensperre zusammen. Nun reiße ich den Wagen nach links, an der nächsten Ecke rechtsrum. Dann brausen wir verkehrt durch eine Einbahnstraße. Moritz hält sich die Hände vor die Augen und stöhnt:

„Gleich haben wir Polizei und Straßengang an den Fersen. Oder du baust 'nen Mordsunfall!"

„Deine ewige Revolution, Moritz! Die hat uns das eingebrockt! Santa Clara ist ein heißes Pflaster." Also jagen wir noch eine Weile kreuz und quer durch die Stadt, entdecken einen Hinweis zur Nationalstraße eins, halten darauf zu. Ab geht's in Richtung Camaguey. Entkommen? Oder hat man sich die Fahrzeugnummer notiert und verfolgt uns? Stoppt uns irgendwann, irgendwo? Erst einmal den Schweiß von der Stirn wischen … Gemächlich entschwinden wir in der Dunkelheit des scheidenden Tages. Wir sind so aufgedreht, dass wir uns zumuten, durch die Nacht bis zum nächsten Ziel, Birán, zu fahren.

Noch in der Nacht setzt Moritz eine SMS-Nachricht an unsere Familien ab:

Hallo, ihr Lieben, gerade ist Papa wie Schumacher auf dem Nürburgring durch Santa Clara gebraust. Haben Bekanntschaft mit netten Polizisten gemacht. In Cojimar, am Golf von Mexiko, in Hemingways Stammlokal gegessen. In Havanna konnte ich Papas romantische Unterkunft bestaunen. Wir fahren durch die Nacht und werden morgen, wenn uns keiner aufhält, in Birán sein. Wir hoffen, bei euch ist alles okay. Bis bald und herzliche Grüße, euer Papa und euer Opi.

Aus der Caverna de Panaderos ins Dorf der Taíno

Von Nachtfahrten ist in Kuba abzuraten. Tückisch ist der plötzliche Wechsel von guter Fahrbahn auf Bereiche wahrer Reifenkiller. Mit anderen Worten, wir müssen das Tempo merklich reduzieren. In Hólguin schlage ich vor, nach Norden, an die Küste zu fahren. Vielleicht lässt sich dort am Strand von Gibara ein Schlafplätzchen finden. Moritz, noch auf den Spuren der Revolution, möchte in Birán Castros Wurzeln erkunden.

„Wer die Vergangenheit nicht kennt, ist der Zukunft nicht würdig“, meint er.

„Ein wahrer Spruch, der für beide Locations gilt. Lass das Los entscheiden.“ Moritz wirft eine Münze. Mein Vorschlag gewinnt. Die Straße ist schlimmer als vermutet. Und dazu noch kehrenreich. Moritz ist amüsiert und sagt: „Du hast mehr Kurven als die Straße nach Bariay! Ist eine Bemerkung, die Kubanerinnen als Kompliment verstehen. Das lässt sich nachvollziehen.“ Wir stoßen nach Norden bis Gibara vor, an der Küste gelegen. An einem wildromantischen Buchtabschnitt parken wir geschützt unter Mandelbäumen und Palmen, gehen an den Strand. Meeresrauschen ist die Schlafmusik, bis uns die ersten Sonnenstrahlen wecken.

Das heutige Gibara taufte Kolumbus 1492 *Rio de Mares*. Es gab nicht mehr als eine Siedlung aus wenigen Hütten der Taíno-Indianer. Der Entdecker, der hier mit seiner Crew als erster Europäer seinen Fuß auf kubanischen Boden setzte, beschrieb die Taíno als „sanft und freundlich, ohne Kenntnis des Bösen“. Macht das nicht den entfesselten Genozid an dem Volk noch unbegreiflicher? Von etwa 100.000 Menschen des präkolumbischen Kuba wurden innerhalb von dreißig Jahren neunzig Prozent der Taíno ausgerottet.

Hurrikan Ike zerstörte den Ort 2008 nahezu komplett. Seiner einzigartigen Naturkulisse ist es zu verdanken, dass Gibara langsamen Wiederaufbau erfährt. Jiba, ein an der Küste sehr verbreiteter Strauch, ist der Namensgeber des Ortes, der einst durch die Zuckerindustrie und Fischerei seine Blütezeit erlebte. Um ihn vor Piraten zu schützen, wurden Kasernen und eine zwei Kilometer lange Stadtmauer gebaut. Mit der Verlagerung der wirtschaftlichen Aktivitäten geriet der Ort in einen Dornröschenschlaf. Schriftsteller Guillermo Cabrera Infante, sein berühmtester Sohn, einst glühender Anhänger, dann Gegner Fidel Castros, ging ins Exil nach London, wo er sich literarisch mit der Politik seiner Heimat auseinandersetzte.

Nach einem erfrischenden Bad in harmloser Atlantikbrandung, Wind und Wetter zeigen sich von der sanften Seite, suchen wir die Caverna de Panaderos, das ist das größte unterirdische Grottensystem der Insel. Es liegt versteckt unweit der Playa Caletónes. Wir lassen uns den Pfad dorthin erklären und marschieren los, mit 'ner Wasserflasche, Handtuch, wasserdichter Taschenlampe und Badehose. Es ist ratsam, einen Führer anzuheuern. Angeblich soll es sich um ein Labyrinth von neunundzwanzig Höhlenarmen handeln, davon können einige mit Wasser gefüllt sein. Im Zentrum befindet sich ein dreißig Meter tiefer, märchenhaft schöner See. Da gerade kein höhlenkundiger Guide zu finden ist, machen wir uns allein auf den Weg. Ich bin kein Höhlenforscher, doch im Durchklettern von Schlupflöchern dieser Art etwas bewandert. In der Ardèche, Südfrankreich, bin ich bäuchlings durch etliche Höhlen gekrochen.

Mich fasziniert diese geheimnisvolle, unterirdische Welt mit ihren Stollen, Domen, Kathedralen, Portalen, Schächten, Sälen, Katakomben, Säulen … Dieses subterrestrische Zauberreich in absoluter Stille und ebensolcher Dunkelheit, das allein durch das Licht einer Taschenlampe in eine Farborgie gehüllt wird. Höhlen sind mystisch mit der Vergangenheit der Menschheit verbunden. Unseren Vorfahren dienten sie als Unterkünfte, an deren Wänden sie prähistorische Geschichte in Form von Malereien hinterließen. Lebewesen wie Bären, Fledermäuse, Spinnenarten bieten sie einen sicheren Unterschlupf. Und im Inneren großer Höhlen überleben kleinste Organismen. Wann ist ein Loch in der Erde oder im Fels eine Höhle? Höhlenforscher, Speläologen, haben eine klare Definition: Es sind natürlich entstandene Hohlräume, die länger als fünf Meter sind und in denen sich der Mensch ungehindert bewegen kann. Wer sich in derartige Gebilde begibt, darf nicht an Klaustrophobie leiden. Mit Moritz sind wir durch die Kalksteinhöhle von Bad Segeberg gewandelt, als er noch ein Kind war. Die Geschlossenheit hatte ihm keine Angst gemacht. Ganz im Gegenteil, auch er war von dieser anderen Welt gebannt.

Der von Blattgrün umwucherte Pfad endet nach gut einem Kilometer vor einem Loch. Der Eingang in die Caverna de Panaderos.

„Das Höhlensystem soll recht verzweigt sein. An Gabelungen müssen wir uns Formationen merken, um den Ausgang wiederzufinden. Neunzehn Galerien können auf dem Rückmarsch verwirren“, bemerke ich.

„In Ermangelung eines Ariadnefadens, der Theseus aus dem Labyrinth rettete, mache ich Fotos an den Abzweigungen“, sagt Moritz.

Erwartungsvoll steigen wir ein. An den Wänden hängen Fledermäuse. Plötzlich fällt etwas Schwarzes von der Decke. Und hier und da noch so ein Klumpen. Einige Sekunden liegt er regungslos wie ein Stein herum … dann spreizt er Beine aus und huscht davon: schwarze große Spinnen. Noch dringen von draußen Sonnenstrahlen, gebündelt wie Scheinwerfer, in die Dunkelheit des Inneren. Hier haben wir es mit einer Horizontalhöhle zu tun, entstanden durch einen Jahrmillionen währenden geologischen Prozess. Eine schier endlose Spur mit Kreuzungen und Gabelungen führt ins Erdinnere.

„Wer mag der Baumeister dieser Unterwelt sein?“, fragt Moritz.

„Wasser, Wind, Wellen und die Witterung. Allgemein heißt es, Wasser löst nicht nur den Kalk an der Oberfläche, sondern frisst sich in der Tiefe weiter. So entstehen alle möglichen Formen von Höhlen, von kleinen bis hin zu mächtigen unterirdischen Hohlräumen, oder sich über viele Kilometer verzweigende Systeme. In diesem Fall mag das Salzwasser eine Rolle spielen. Oder auch saures Grundwasser, das die Räume ins Gestein gefressen hat. Die Entstehung dieses komplexen Systems ist, soweit ich weiß, noch nicht erforscht worden." In der Höhle herrscht angenehme Kühle. Ab und zu zwängt sich schon mal etwas Tageslicht durch eine Felsspalte. In einer domähnlichen Erweiterung hängen Tropfsteine, Stalaktiten, von der Decke. Kalksäulen, Stalagmiten, wachsen vom Boden.

„Schau mal hier, obgleich dies keine typische Tropfsteinhöhle ist, hat sich Stalagnat gebildet."

„Was nennst du Stalagnat?", fragt Moritz.

„Das sind die Säulen, Verbindungen der Tropfsteine oben mit dem Kalkwuchs unten. Je nach Kalkgehalt im Tropfwasser wachsen Stalagmiten in hundert Jahren rund einen Zentimeter."

„Sind dir die großen Höhlen bekannt?"

„Also, die Mammut-Höhle in Kentucky, USA, ist mit 663 Kilometern die längste, die bisher entdeckt wurde. Dann gibt's in Yucatán, Mexiko, mit 371 Kilometern die längste Unterwasserhöhle. Und die Krubera-Höhle in Georgien ist mit 2191 Metern die tiefste."

Der Höhlengang wird glitschig und matschig, wie nasser Lehm. Jetzt müssen wir durch einen Schlund robben. Etwas mulmig ist uns schon. Doch es heißt, dahinter verberge sich, wie am Boden einer Kathedrale, der besagte See. Von Lehm und Mergel verschmiert, geraten wir in eine riesige Halle mit bizarren Steinformationen, die mit etwas Fantasie Gestalten aus der Fabelwelt erkennen lassen. Und den Grund der Halle bedeckt Wasser eines kristallklaren Sees, der aus irgendeiner Richtung diffuses Licht erhält.

Welch eine orphische Atmosphäre! Da fehlt wirklich nur der Fährmann, der dich zum Hades bringt. Das Wasser ist kalt, aber nicht eisig. Wir legen alles ab und hüpfen in den See. Während wir in dem herrlichen Wasser so genüsslich schwimmen und tauchen, sage ich:

„Du, ich habe von Höhlengewässern gehört, die entwickeln urplötzlich Strudel, die reißen dich in die Tiefe. Wie Mahlsand in Wüsten."

Moritz schwimmt mit kräftigen Zügen an den Rand und versucht sich an der glitschigen Uferkante aus dem Wasser zu stemmen. Was misslingt. Ich schiebe nach. So gelangt er nach oben und kann mich aus dem Wasser ziehen. Die Vorstellung, die Höhle könnte eine Falle werden, lässt uns den Rückweg antreten. Nach einer zweiten Gabelung sagt Moritz: „Hier entlang."

Meine Erinnerung ist: „Nein, an dieser Felsnase geht's auf dem rechten Pfad weiter!"

Wir folgen meinem Vorschlag und stehen nach vielleicht 300 Metern vor einer Wand. Also zurück. Wieder an einer Gabelung, ruft Moritz: „Hallo, ist da jemand?" Ein merkwürdiges Echo wird zurückgeworfen. Aber keine Antwort. Wir sind doch nicht etwa die einzigen in der Caverna de Panaderos? Oder doch? Ich folge der Erinnerung von Moritz und den markanten Orientierungsfotos auf dem Smartphone. Schließlich lacht Sonnenlicht nach dem eindrucksvollen Höhlenerlebnis mit etwas Speläologie.

Dreißig Kilometer westlich von Gibara liegt Guardalavaca, übersetzt „Pass auf das Schiff auf". Die geschützten Naturhäfen der Umgebung boten treffliche Verstecke für Piraten, die an zahlreichen Küsten Kubas ihr Unwesen trieben. Uns interessiert nicht der touristische Hotspot aus malerischen Buchten mit All-inclusive-Hotels, wir werfen einen Blick auf das archäologische Zentrum des Inselstaates.

Damit auf Funde aus der Taíno-Epoche, eine Zeit von 800 bis zum 16. Jahrhundert. Das Taíno-Volk war die dritte Einwanderungswelle, geschickte Landwirte, Fischer, Weber,

Bootsbauer und Töpfer. Ihre Gesellschaftsstruktur bestand aus für die Zeit erstaunlich mündigen Bürgern, die sich unter der Leitung eines lokalen *caciques*, Kaziken oder Häuptlings, organisierten. Einwandernde Taíno brachten rund sechzig Prozent der Feldfrüchte mit, die in Kuba noch heute angebaut werden. Dazu gehört auch Baumwolle für Fischernetze, Taschen, Gurte und Hängematten.

Voller Neugierde durchstreifen wir das rekonstruierte Dorf *Aldéa Taína*, nahe einer aufschlussreichen Grabungsstätte, wo Skelette mit merkwürdigen Schädeldeformationen gefunden wurden. Dr. Dario Lopez, seines Zeichens Historiker und Ethnologe, bietet sich als Informant an. Ohne besondere Aufforderung beginnt er seine „Vorlesung“ in einer der musealen Hütten:

„Die Taíno sind eine zu den Arawak gehörende indigene Volksgruppe, die um 800 nach Christus die Großen Antillen bevölkert hat. Ihr Ursprungsland ist Venezuela. Mit dem Meer war das Fischer- und Bauernvolk gut vertraut, was ihre Kanubaukunst erklärt. Sie zimmerten kleine Boote und solche, die achtzig Personen Platz boten …“

„… Was fischten sie?“, fragt Moritz dazwischen.

„Kleine Fische wie Schnapper, Kaiserfisch, Barsch, Makrele, aber auch Marlin, Schwertfisch, Barrakuda, Thunfisch, und sie jagten Manati, das sind Seekühe. Harpunen, Pfeil- oder Speerspitzen bestanden aus Knochen, Steinen, und sie bearbeiteten Schildkrötenpanzer. Da sich ihre Metallverarbeitung auf die Gewinnung von Gold beschränkte, befand sich ihre Waffen- und Jagdausrüstung im rudimentären Zustand. Sie konzentrierten sich auf die Landwirtschaft.“

„Goldgewinnung und -verarbeitung war wohl auch der Untergang des Volkes. Hatten die Konquistadoren doch hauptsächlich Goldraub im Sinn“, sage ich.

„In Kuba war nicht viel Gold zu erbeuten. Das Wenige an gelbem Metall wurde zu Schmuck verarbeitet. Nur den Kaziken war das Tragen von Goldschmuck als Zeichen ihrer Würde erlaubt. Nein, die Ausrottung verursachten brutale

Sklavenarbeit, die Einführung europäischer Krankheiten und religiös motivierter Mord. Im November 1494 ließ Kolumbus auf Hispaniola einen Taíno enthaupten. Der Vorfall ist als erste Tötung eines Indianers durch Spanier dokumentiert worden. Ab diesem Datum nahm das Morden in der Karibik und Lateinamerika seinen Lauf."

Nachdenklich schweift der Blick über kultiviertes Land.

„Wir waren bei der Landwirtschaft der Taíno", sagt Dario Lopez. „Die war trotz primitiver Geräte sehr effektiv. Es wurden Yuca, Mais, Süßkartoffeln, Erdnüsse, Ananas, Bohnen, Tabak und manches mehr angebaut. Von bestimmten Hüttenformen, den Speichern, wissen wir, dass sie für ihre Produkte auch Vorratslagerung betrieben. Außerdem war ihre Keramik hochentwickelt. In großen Ton- oder Terrakottagefäßen lagerten und transportierten sie beispielsweise Güter, die für den Tauschhandel bestimmt waren. Wir befinden uns hier in einem *Bohio*, einer Wohnhütte. Charakteristisch ist das tiefgezogene Satteldach mit der Konstruktion aus Palmwedeln, die auf dem Dach und an den Wänden mit Holzbalken fixiert wurden. Wände der Versammlungsgebäude wurden zusätzlich mit Lehm verfestigt."

„Fast wie Vorläufer eines europäischen Fachwerkhauses", meint Moritz.

„Die Bevölkerung lebte, klimabedingt, spärlich bis unbekleidet. Knüpften jedoch Decken, Ziergürtel oder Hängematten aus Baumwolle. Zu besonderen Anlässen bemalten sie sich mit schwarzen Säften der Jugua-Pflanze und dem roten Extrakt des Bija-Krauts. Federschmuck war übrigens bei ihnen sehr beliebt."

„Gab es religiöse Feste, bei denen Priester oder Opferdienste eine Rolle spielten, wie bei den Maya?", frage ich.

Dr. Lopez hält das Replikat einer kleinen Figur hoch und erklärt: „Dies war eine ihrer Gottheiten, *Cemis,* genannt. Ähnliche Kultobjekte repräsentierten den Sozialstatus, politischen Rang oder Fruchtbarkeit. Eines, der *Ídolo del Oro,* ein seltenes Fruchtbarkeitssymbol aus Gold, datiert auf das

12. Jahrhundert, es befindet sich im Museum von Benares. Von spektakulären Opferdiensten ist nichts bekannt. Die wichtigste Zeremonie war das Ritual des *Cojoba.* Dabei wurde der Rauch von Tabak und anderen berauschenden Pflanzen inhaliert, die den Kaziken und den Dorfmedizinmann, den Behiken, in Trance versetzten. Der Schamane, Medizinmann, kommunizierte mit den Göttern, der Kazike mit den Ahnen. Symbole des spirituellen Lebens beschränkten sich auf Miniaturgottheiten und Gummibälle für rituelle Ballspiele. Tempelanlagen oder dergleichen sind nicht gefunden worden. Die Gemeinschaft organisierte sich in Dörfler, den Häuptling, dem der Ältestenrat zur Seite stand, und den Schamanen, zuständig für das Seelenheil und den Kontakt zu Göttern, Geistern und Dämonen."

Moritz: „Ich habe gehört, dass die Taíno eine eigentümliche Schädelform gehabt haben."

„Ja, das stimmt. Bei ihnen galt eine hohe Stirn bei abgeflachtem Hinterkopf als Schönheitsideal. Um dies zu erreichen, banden die Eltern den Babys ein spezielles Stirnband um den weichen Schädel. – Interessant ist auch, dass in unserer Sprache eine Menge Taíno-Worte eingeflossen sind: Hängematte ist nicht nur eine Erfindung der Indianer, sie heißt auch *la hamaca*, oder *huracán* ist der Hurrikan, *papaya*, *maiz*, *yuca*, *ananas*, dann *canoa* für Kanu und viele Ausdrücke mehr."

Nach dem Ausflug in die Lebensweise eines untergegangenen Volkes geht's auf, in einen anderen Teil kubanischer Historie …

*„Wir brauchen keine
Geschenke vom Imperialismus!“
(Fidel Castro)*

Der Überlebenskünstler

„Während meines letzten Kubabesuchs war ich zufällig am Revolutionsfeiertag in Santiago de Cuba“, erzählt Moritz. „Es war Juli und brütend heiß. Fidel Castro feierte seinen Überfall auf die Moncada-Kaserne 1933. In einer Blitzaktion sollten seine 118 Revoluzzer die Kaserne einnehmen, Waffen und Munition erbeuten. Das Ganze war ein Desaster! Miserabel vorbereitet und dilettantisch umgesetzt worden. Dennoch schaffte es der Demagoge, den Fehlschlag als großartiges Ereignis und den Beginn der Kubanischen Revolution darzustellen.“

„Was hat er denn so zum Besten gegeben?“

„Im Hof der ehemaligen Kaserne, die inzwischen eine Schule ist, wurde ein Rednerpult aufgebaut. Der Mann redete in praller Sonne. Stunde um Stunde ergoss er Hasstiraden über die USA und lobte die Errungenschaften, Erfolge, Fortschritte der Revolution. Zählte detailversessen die ausgebildeten Ärzte, die neu installierten Generatoren, die Planerfüllung in der Landwirtschaft und vieles mehr auf. Mittlerweile drei Stunden peitschte er sein Volk ohne Unterlass verbal auf. Wenn der Máximo Líder Reden schwang, gab's kein Entkommen. Im fröhlichen, ausgelassenen Santiago de Cuba herrschte feierliche Stille. Keine Musik, keine Unterhaltung – auf allen Kanälen, Programmen, in allen Lautsprechern nur die kämpferische Stimme Fidels.“

„Seine langen Reden waren legendär. Sein Markenzeichen“, pflichte ich bei. „Hält er nicht den Rekord für die längste, je vor der UNO gehaltene Ansprache? Vier Stunden und neunundzwanzig Minuten. Obgleich er zuvor versprochen hatte, sich kurzzufassen?"

„Zu Hause, auf dem Kongress der Kommunistischen Partei, redete er schon mal über sieben Stunden vor erschöpften oder eingeschlafenen Parteimitgliedern. Bei aller Kritik, seine Rhetorik zeigte schon früh Wirkung."

„Wie meinst du das?"

„Nach dem missglückten Coup auf die Kaserne wurden die meisten seiner Mitstreiter gefoltert und umgebracht. Er benutzte das Gericht als Bühne, hielt eine flammende Rede, in der er angstfrei die Regierung des Diktators Batista für illegal erklärte, obendrein die Missstände in Kuba anprangerte. Der damals sechsundzwanzigjährige Castro musste damit rechnen, als Staatsfeind hingerichtet zu werden, als er trotzig sein Plädoyer mit den Worten schloss: *Verurteilt mich, das hat nichts zu bedeuten, denn die Geschichte wird mich freisprechen!* – Schon damals war er ein Überlebenskünstler. Er wanderte ins Gefängnis, wurde schon nach zwei Jahren amnestiert und verschwand als Exilant nach Mexiko. Im Laufe seines späteren Lebens überlebte er sage und schreibe 638 Attentatsversuche, so sein Geheimdienstchef Fabián Escalante."

Ich widersprach: „Wohl eine Fantasiezahl. Es sollen nur um die 120 gewesen sein. Davon reklamierte die CIA immerhin acht für sich. Und musste sich damit als Dilettantenstadel outen. Das Liquidierungsprogramm der USA verschlang jährlich fünfzig Millionen Dollar für Agenten, Auftragskiller, Giftspritzen, tödliche Pillen, explodierende Zigarren, Sprengstoff unter Rednerpulten, Verführungsversuche durch attraktive Frauen."

„Apropos Honigfalle. Da gab es Marita Lorenz, eine Deutsche, die sich von der CIA anwerben ließ. Sie war einst die Geliebte von Fidel. Mit Giftpillen im Gepäck wurde sie auf den Máximo Líder angesetzt, doch der durchschaute das Spiel bei einer Verabredung. Er soll gefragt haben: ‚Bist du gekommen, um mich zu töten?' – Marita: ‚Ja, aber auch, um dich zu sehen.‘ Fidel übergab ihr daraufhin seinen geladenen Revolver mit den Worten: ‚Hier, bitte. Du kannst mich nicht töten. Niemand kann mich töten.‘ Marita legte die Waffe zur Seite. Fidel hatte recht. Sie konnte ihn nicht erschießen.“

Unsere Diskussion beenden wir in einem idyllischen Gasthaus im Weiler Birán mit *Tamales*, einem leichten Essen aus Gemüse in gebackenen Maismehltaschen und einem starken Espresso.

Es heißt, um zu erleben, woher Castro kommt und was aus ihm wurde, musst du zwei Orte besuchen: sein Geburtshaus und seine Kommandantur in der Sierra Maestra. Die erste Voraussetzung befindet sich in unmittelbarer Nähe. Das Geburtshaus liegt in einer weiten, fruchtbaren Ebene fernab vom Leben lauter Städte, in gesunder, unverdorbener Natur. Die Finca der Castros ist eindrucksvoll. Sie besteht aus zwei Herrenhäusern mit mehreren Nebengebäuden. Über Jahre hinaus war der gesamte Farmbereich militärisches Sperrgebiet. Die Regierung ließ die Gebäude restaurieren und öffnete sie als Besichtigungsstätte gegen Eintritt, um sich touristische Neugierde bezahlen zu lassen. Geld hat auch für Kommunisten eine erotische Ausstrahlung.

An blühenden Büschen, Mangobäumen und schlanken Königspalmen vorbei folgen wir einem Pfad durch saftige Wiesen, auf denen Kühe, Schafe und Pferde weiden. Eine Tafel weist auf das Betreten eines geschichtsträchtigen Areals hin. Ein Landgut, genauer, ein dorfähnliches Anwesen aus sechsundzwanzig Gebäuden. Und schon haben uns staatliche oder selbsternannte Fremdenführer erspäht. Ohne Begleitung sei es nicht erlaubt, die Finca Las Manacas zu erkunden, so der Chor. Kein Problem, wenn die Informationen gut und nützlich sind. Alonso, ein agiler Lehrer, scheint im Bilde zu sein. Erst einmal werden wir an Hütten der ehemaligen Landarbeiter vorbeigeführt. Einst beherbergten sie Sklaven aus Haiti. Das ursprüngliche Geburtshaus von Fidel und Raúl ist 1954 vollständig niedergebrannt, aber originalgetreu wieder aufgebaut und eingerichtet worden.

Ein zweites, schmuckes Gebäude hat die Partei in unmittelbarer Nähe errichtet. Es heißt *Casa Natal del Comandante en Jefe Fidel Castro Ruz*, wurde vom Comandante jedoch nie bewohnt.

In dem ersten, zweistöckigen Herrenhaus, mit rotem Dach und einer umlaufenden Veranda, wurde Fidel mit zwei Brüdern, vier Schwestern und drei Halbgeschwistern als Fidel Alejandro Castro Ruz am 13. August 1926 geboren. Sein Vater, ein spanischer Einwanderer aus Galizien, wird als mürrischer, harter und disziplinierter Arbeiter geschildert. Er lernte Kuba als spanischer Soldat im Unabhängigkeitskrieg kennen. Nach der Dienstzeit erwarb und pachtete er ansehnliche Flächen Land. Allein auf 10.000 Hektar ließ er Zuckerrohr anbauen und Rinder züchten. Neben der Farm gehörten ihm eine Telegrafenstation, ein Hotel, eine Metzgerei, eine Bäckerei, mehrere Handwerksbetriebe und eine Grundschule, die noch auf seinem Gelände steht. Mit anderen Worten, seine Kinder wuchsen in wohlhabenden Verhältnissen auf. Fidel, Raúl und Martín zeugte der verheiratete, umtriebige Agrarier mit seinem Hausmädchen Lina, die er später heiratete. Bruder Martín wollte von Revolten nichts wissen. Er liebte das Landleben. Nach der Revolution fristete er ein Leben im Zimmer eines Plattenbaus sowjetischer Bauart.

Das Geburtshaus ist keine pompöse Villa, doch großzügig angelegt, gemütlich und lichtdurchflutet. Wohn-, Schlaf-, Speise- und Gästezimmer, Billard-Raum, Küche und ein Arbeitszimmer mit Rattan-Sitzgruppe sind zu besichtigen. Familienfotos und allerlei Andenken, die aus dem ursprünglichen Haus gerettet wurden, erinnern an die Zeit von Fidels Kindheit.

Etwas abseits befinden sich weitere Gebäude, teils auf Betonpfählen erstellt, mit Unterständen für Gerätschaft oder Vieh. In einem Rundbau befindet sich die Hahnenkampfarena mit mehreren Ställen, in denen Kampfhähne krähen. Auf die Frage, ob heimlich Kämpfe stattfinden, bekommen wir keine Antwort. In einem Carport steht ein Automobil von 1918.

„Mit dem Ford-Oldtimer Pick-up fuhr Frau Castro am liebsten umher“, erklärt Alonso. Etwas versteckt befindet sich das Familiengrab. Eine mit roten Rosen geschmückte Grabstätte: Ausladende Grabplatte, Amphore, dahinter wacht ein mannshoher Engel. Ein Ensemble aus weißem Marmor. Juanita, eine Schwester Fidels, flüchtete nach Florida, arbeitete für die CIA, rettete unter anderem verfolgte Kubaner vor dem Regime ihres Bruders. Neben ihren Eltern fand sie bisher noch keine Ruhestätte.

„Fidel Castro liegt hier nicht. Er hat ein schlichtes Grab auf dem Ehrenfriedhof *Cementerio Santa Ifigenia* in Santiago de Cuba“, werden wir informiert. Kein Wunder, von der katholischen Kirche hatte er sich früh distanziert. Der Klerus versammelte für ihn Priester, die einen freudlosen, scheinheiligen Glauben missionierten. Dennoch war er tolerant genug, um Andersgläubige nicht zu verfolgen. Nun erreichen wir die Baracke *Escuela Rural Mixto N'15 Birán* und betreten ein hellgrau gestrichenes Klassenzimmer mit fünfundzwanzig Bänken. Am Kopf ein Tisch mit einem Stuhl für den Lehrer. Es ist die Grundschule, in der Fidel und Raúl Lesen und Schreiben lernten.

„Hier in der Mitte der ersten Reihe saß Fidel. Er war ein sehr guter Schüler. Anfangs war Raúl der wildere. Er jagte Enten und anderes Getier, wurde rasch ungeduldig und zornig. Fidel hatte ein nachsichtiges Gemüt, er las viel und diskutierte gern.

Später änderten sich die Charakterzüge. Doch stets blieben die Brüder ein unzertrennliches Team. Raúl bewunderte und erkannte Charisma und Redegewandtheit seines älteren Bruders an. Auch in heiklen Situationen gab es nie Neid oder Missgunst“, wird berichtet.

„Wie ging es mit Fidel nach der Grundschule weiter?“, fragt Moritz.

„Wenngleich das Vater-Sohn-Verhältnis von Spannungen bestimmt war …“

„… inwiefern gab es Differenzen?“, frage ich.

„Nun, Fidel organisierte schon früh einen Streik der Landarbeiter, weil er meinte, der Vater würde sie schlecht bezahlen. Trotz allem liebte der seinen Sohn und wollte ihm die bestmögliche Ausbildung verschaffen. Also finanzierte er ihm das Jesuitenkolleg *Dolores* in Havanna, ein Eliteinternat nur für Weiße. Dort beschäftigte sich Fidel nicht nur mit den Pflichtfächern, vielmehr vertiefte er sich in die Schriften des Dichters und Patrioten José Martí, mit dem er sich identifizierte. Im Anschluss studierte er Jura. An der Universität entwickelten sich sein Organisationstalent und seine Eloquenz. Er eckte häufig an, war renitent, bekam Uni-Verweise. Dank der Hilfe seines Vaters konnte er das Studium schließlich doch noch beenden, wurde sogar summa cum laude promoviert. Der stolze Vater schenkte ihm für den guten Abschluss ein Ford Cabriolet. Mit zwei Partnern gründete Fidel eine Anwaltskanzlei für Bedürftige, in der er praktisch nichts verdiente. Damit war er auf die finanzielle Hilfe seines Vaters angewiesen. Zwischendurch kehrte er auf die Farm zurück. Merkte aber rasch: Das ist nicht seine Welt. Er hatte Ideale. Raus aus der Diktatur. Kuba aus dem Joch des US-Imperialismus befreien. Wenn die Diktatur eine Tatsache ist, ist die Revolution eine Pflicht!“, erklärt unser Begleiter.

Wir schlendern in Richtung Finca-Ausgang. Alonso erzählt weiter: „Fidel trennte sich von seiner ersten Frau, deren Familie Batista nahestand, kam im März 1953 noch einmal zu Besuch auf die Farm, um sich von seinen Eltern zu verabschieden. Von seinen revolutionären Plänen verriet er nichts. Wenig später überfiel er die Moncada-Kaserne. Nach einem erstaunlich kurzen Gefängnisaufenthalt floh er nach Mexiko, wo Raúl bereits auf ihn wartete, um den Sturz der Diktatur zu planen. Vater Ángel starb, bevor die Söhne zurückkehrten, um den Guerillakrieg in den Bergen zu entfachen. Ihr Sieg ließ sie, kaum vierundzwanzig Monate später, im Triumph in Havanna einmarschieren. Fluchtartig verließen Zuckerbarone mit anderen Kapitalisten und US-Konzernen, allen voran die United Fruit Company, das Land. Die erste Farm, die Castro enteignete, war die seiner Eltern. Klar, dass seine Mutter Lina ihm das nie verzieh."

Noch ein letzter Blick über das Anwesen, die Koppeln, den Bestand himmelhoher Königspalmen und wuchtiger Carogbäume. Die Farm liegt da in der Senke der Landschaft, so friedlich, fast wunderbar, wie aus der Zeit gefallen …

Wir müssen weiter, Papa. Der zweite Ort für das Verständnis des Castro-Phänomens ruft", erinnert Moritz.

„Du hast ja recht. Auf in den Urwald, in die Berge der Sierra Maestra!"

„Ich will nicht wie ein Verräter
im Dunkeln sterben,
sondern mit dem Gesicht in der Sonne."
(José Martí, 1853-1895)

Von Santa Ifigenia nach Guantánamo

Abschied von der Zivilisation nehmen wir in Santiago de Cuba. Eine Stadt am Karibischen Meer. Sie ist heißer, lebendiger, vor allem lauter. In ihren Straßen wurde Salsa und Son populär. Maracasrasseln sind unüberhörbar, ja ohrenbetäubend in der Casa de la Trova, Kubas angesagtester Musikkneipe. Von der Bretterwand über der Plaza de la Revolución prangt eines der seltenen Plakate von Fidel, wie er mit erhobenem Gewehr den Sieg der Revolution verkündet. Seine Omnipräsenz ist phänomenal. Er ist zwar selten zu sehen und doch stets gegenwärtig, besonders in Santiago de Cuba. Er hasste den Personenkult, wollte nicht, dass Straßen, Plätze nach ihm benannt oder Skulpturen von ihm erstellt werden. Und doch ist die Stadt mit ihm aufs Innigste verbunden. Warum, mag man sich fragen? Er nutzte sie, um seine nationale Revolution hier mit der Attacke auf die Moncada-Kaserne zu beginnen, nach Havanna zu tragen und dann neunzigjährig, bei der Rückführung von Trauernden begleitet, in Santiago seine ewige Ruhe zu finden.

Durch diese Stadt zu schlendern hat etwas Besonderes: In der Casa del Caribe treffen wir auf Statuen der Santería, Gottheiten jener mysteriösen afroamerikanischen Religion, von der Santiago durchdrungen ist. Von jeher Anlaufstelle für Einwanderer aus Jamaika und Haiti gewesen, ist der Anteil der schwarzen Bevölkerung hier höher als in den anderen Städten Kubas. Was uns das ausgesprochen karibisch-afrikanische Flair vermittelt.

„Santiago ist aufregend“, sagt Moritz, „du musst die Augen überall haben. Die Leute sind ärmer als anderswo in Kuba, Händler, *jeneteros*, die Schlepper, aufdringlicher und Taschendiebe gewitzter.“ Mein Sohn kennt sich aus in Santiago und informiert: Die zweitgrößte Stadt wurde einst 1514 gegründet. Es wurde nach Gold gesucht, doch nur Kupfer gefunden.

Bis 1559 war Santiago Zentrum und Hauptstadt des Sklavenhandels und geraume Zeit waren Rum- und Tabakschmuggel die wichtigsten Einnahmequellen. Etwa 30.000 französische Farmer flüchteten, teils mit ihren Sklaven, vor der „Schwarzen Revolution“ auf Haiti nach Santiago. Revolutionen wurden in Santiago geboren: eine gegen die spanische Krone, eine gegen die Sklaverei und die dritte gegen die Diktatur.

Über die Santiagueros heißt es: Selbst wenn sie sprechen, dann singen sie. Und wenn sie gehen, dann tanzen sie. Doch das gilt nur, solange sie mit den Lebensumständen im Einklang sind. Rasch kann aus dem Singen der Ruf nach Freiheit und aus dem Tanz Marschieren werden. Die Umrisse Kubas gleichen denen eines Krokodils. Wir befinden uns im Rachen des Reptils. Damit ist Santiago de Cuba trefflich beschrieben.

Auch hier hängen Stromkabel wie Girlanden von den Hauswänden. In der Altstadt: vom Zahn der Zeit zerfressene Fassaden. Dächer, aus denen Bäume und Sträucher wachsen. Wäscheleinen, die im Fall begriffene Balkone halten. Santiago polarisiert die Besucher. Die einen empfinden sie heiß, stinkend, voller Gauner – denken nur: weg. Die anderen lieben sie, den brodelnden Kulturkessel für Musik, Tanz, Literatur, Architektur – und wollen bleiben. Auch uns begeistert der kosmopolitische Mix der Kulturen, doch wir müssen weiter. Kubas Helden wollen besichtigt werden. Da ragen Eisenstangen wie das Skelett eines Schiffswracks in den Himmel. Davor ein Reiter auf einem sich aufbäumenden Ross: das Monument Maceo.

„Wer ist nun das?“, frage ich.

„Antonio Maceo. Der Mulatte, General und Guerilla-Führer wurde 1845 in Santiago geboren. Er kämpfte für die Unabhängigkeit gegen Spanien. Sein Spitzname: El Titán de Bronce. Da der erste Aufstand nur ein Teilerfolg war, flüchtete er nach Costa Rica ins Exil. Mit José Martí plante er die endgültige Befreiung der Insel und fiel 1896 im Kampf. Sein berühmt gewordener Schlachtruf lautete: „Nach Freiheit fragt man nicht, man erobert sie mit der Machete!“

Westlich Santiagos biegen wir in die Avenida Capitán Raúl Perozo. Schon aus der Ferne erkennen wir ein Areal mit hohen Königspalmen und weiß leuchtenden Mausoleen. Wir haben Kubas berühmtesten Friedhof *Cementerio Santa Ifigenia* erreicht. Moritz hat mich hierher gelotst, weil er meint, wenn du nach Kuba fährst und nicht zum Cementerio kommst, dann warst du auch nicht in Kuba. Hier haben sich die großen, unsterblichen Persönlichkeiten des Landes versammelt, in Gräbern, in Stein gemeißelt, oder in Mausoleen, wie die fast religiös wirkende Grabstätte des Nationalhelden José Martí. Der Gottesacker beherbergt über 8000 Gräber.

Mittagshitze treibt Schweiß aus den Poren. Glocken schlagen 12 Uhr. Passanten am Straßenrand verharren in Andacht. Aus dem mächtigen Eingangsgebäude des Friedhofs marschieren sechs Soldaten in brauner Uniform und weißen Handschuhen, Gewehre mit aufgepflanzten Bajonetten geschultert. Sie marschieren im Stechschritt erst geradeaus, dann schwenken sie nach rechts. Glockengeläut. Aus Lautsprechern erklingt Musik.

„Das ist die *Elegía a José Martí*, von Juan Almeida, einem Revolutionär, komponiert. Und die Soldaten bilden die Ablösung der Ehrenwache am Mausoleum von Martí. Es wird rund um die Uhr bewacht. Die pompöse Wachwechselzeremonie findet alle dreißig Minuten statt“, erläutert Moritz. Die Wache ist in der Gruft verschwunden. Herausspaziert kommen die abgelösten Soldaten.

Noch ist Musik zu vernehmen und Glockengeläut, bis die Wache in ihrer Unterkunft verschwindet. Erst jetzt dürfen wir den Friedhof betreten. Besucher strömen an die Attraktion: José Martís sechseckiges Grabmal. Es wurde so angelegt, dass Sonnenstrahlen auf Josés Holzsarg fallen, den die kubanische Flagge würdevoll umhüllt. Die Architekten entsprachen somit dem Wunsch des Nationalhelden.

Auf sauber gekiesten Wegen suchen wir noch einige Gräber von Persönlichkeiten, deren Namen bekannt sind: Tomás Estrada Palma (1835-1908), Kubas erster Präsident. Er fiel später in Ungnade, weil er den Platt-Änderungsvertrag zuließ, der die politische und wirtschaftliche Dominanz der USA über Kuba festschrieb. Dazu gehörte, dass Amerika das Gebiet um die Guantanamo Bay für immer als Marinestützpunkt und Kohlestation pachten kann. Dann stehen wir vor dem Grab von Emilio Bacardi y Moreau (1844-1922), Mitglied der berühmten Rumfabrikanten-Dynastie. Natürlich liegt Antonio Maceo hier und einunddreißig Generäle des Unabhängigkeitskampfes. Auch der beliebte Buena-Vista-Social-Club-Musiker Compay Segundo (1907-2003) wurde hier beigesetzt.

Obgleich Fidel Castros Grab nahe der Straße steht, verweilen wir dort zuletzt. Seine Urne befindet sich in einer kleinen Kammer eines monströsen, naturbelassenen Granitfelsens, den ich auf gut fünfundzwanzig Tonnen schätze. Das Urnenfach schließt eine schwarze Marmortafel ab, auf der „FIDEL“ in goldenen Buchstaben steht. Schlicht und doch wuchtig!

Vor dem Felsbrocken befindet sich eine Steinbank. Farnkraut umrahmt die Stätte. Neben mich schiebt sich ein hutzeliges Männlein tief gebeugt mit einem Stock als Gehhilfe. Er möchte direkt vor dem Grab verweilen. Er trägt einen grünen Kampfanzug.

An seiner Brust hängen vier Orden. Ein Revolutionsveteran? Ein Weggefährte des Comandante en Jefe? Der Alte interessiert mich.

„Ein besonderes Grab, nicht wahr?“, wende ich mich an ihn.

„Sí, sí, für einen besonderen Menschen ein besonderes Grab. Der Felsen stammt aus der Sierra Maestra, er hat ihn sich zu Lebzeiten ausgesucht.“

„So, Sie haben ihn gekannt?“

„Ich war ein junger Landarbeiter bei einem Konzern, habe die Rebellen im Wald mit Lebensmitteln versorgt. Heimlich in der Nacht.“

„Geht es Ihnen jetzt als Kommunist besser?“, frage ich rundheraus.

„Ach, wissen Sie, ich bin eigentlich kein Comunista, ich bin Fidelista. Wir Landarbeiter wurden ausgebeutet. Andere, die Yankees, wurden immer reicher. Armut lässt sich in Gesellschaft besser ertragen. Ich werde versorgt, kann satt werden. Was will ich mehr? Damals auf dem Marsch nach Havanna war ich dabei. Fidel hatte mich nicht vergessen.“ Er zeigt auf seine Orden. „Als er zurückkam, war ich auch da, stand an der Straße, als der Konvoi aus der Hauptstadt vorbeifuhr. Ein Militärjeep mit Anhänger, auf dem lag eine Kiste aus Zedernholz, darin die Urne mit seiner Asche. Vier Tage dauerte der Trauerzug bis Santiago. Zigtausend säumten die Straßen, um ihm das letzte Geleit zu geben. Wir riefen: *Viva Fidel!* Drei Tage später fand die Urnenbeisetzung statt. Raúl, von Soldaten einer Ehrenformation eskortiert, legte die Urne in das Fach im Felsen, setzte die Platte mit FIDEL davor, dann richtete er Worte an die geladene Trauergemeinschaft. Und ließ das Leben seines Bruders Revue passieren. Zum Schluss schwor er die Partei, Organisationen, Verbände, Komitees ein, das geistige Erbe Fidels auf ewig zu bewahren. Es war sehr bewegend. Viele weinten vor Rührung. Auch mir kamen die Tränen.“ Der Veteran wirft mir einen verstohlenen Blick zu und meint: „Was erzähle ich. Ihr Ausländer könnt das sowieso nicht verstehen!“

Ich schweige und denke, für Anhänger war er ein Held. Für Gegner ein brutaler Gewaltherrscher. Sicher ist, Fidel wird immer in Erinnerung bleiben. Sein geistiges Erbe dagegen ist mit ihm beerdigt worden. Die Jugend, die vor dem Grab steht, checkt ihre Smartphones, macht Fotos, lacht, knabbert Chips, küsst sich, betrachtet den geschichtsschweren Ort mit karibischer Leichtigkeit, um nicht zu sagen respektloser Nonchalance.

Im Süden das Meer, an seinem Ufer felsenreiche Buchten mit stacheligen Reisebegleitern, hohe, säulenartige Kakteen und grüne, ausgefranste Agavenkissen. Noch wildes, trockenes, brachliegendes Land. Und gegenüber, üppig, dampfender Dschungel mit Kubas höchsten Bergen. Wir befinden uns auf der Straße, die den Landschaftskontrast durchschneidet. Auf dieser so eindrucksvollen Strecke frage ich Moritz:

„Sag mal, was versprichst du dir eigentlich von Guantánamo?"

Er hat sich in die Parteizeitung *Granma Internacional* vertieft, schaut auf und sagt: „Ich verspreche mir nichts. Möchte einfach mal den Ort sehen, von dem jeder etwas gehört hat, doch kaum jemand weiß Näheres darüber. Der Streitapfel zwischen Kuba und den USA mit dem Internierungslager der Terroristen bewegt doch die Gemüter weltweit."

„Die *Guantanamo Bay Naval Base* ist hermetisch abgeriegelt. Ungesehen kommt da keine Wühlmaus rein."

„Abwarten, wir schauen uns das Camp mal aus der Ferne an."

Gegen Abend erreichen wir den afrikanisch geprägten Ort Guantánamo mit 23.000 Einwohnern. Sozialistische Plattenbauten markieren die Randgebiete. Beiderseits der Hauptstraße stehen verfallene Prachtbauten, Zeugen vom Ruhm längst vergangener Zeit. Aus der Taíno-Sprache übersetzt heißt der Ort „Land zwischen den Flüssen". Die anfangs abweisende, schachbrettartig angelegte Stadt hat bei näherer Betrachtung eine Seele. Sie zeigt sich in der Casa del Son mit einem eigenen Musikgenre, dem *changüí*, einem französisch-haitianischen Gesang. Ja, auch die wehmütigen Klänge von Guantanamera haben hier ihren Ursprung.

1903 besetzte die amerikanische Marine die südöstlich gelegene Bucht, seitdem gibt es Streit. Dem will sich mein

Sohn widmen. Um die notwendigen Vorkehrungen zu treffen und Permits zu erhalten, dient das Hotel Guantánamo als Anlaufstelle und Unterkunft. In die Nähe des Camps gelangt man nur mit einem Führer, und all das muss organisiert werden.

Mit unserem Renault fahren wir bis Caimanera. Der Ort liegt dem US-Stützpunkt am nächsten und nördlich des Checkpoints. Im Fischereidorf leben ehemalige Angestellte des Stützpunkts. Einst waren es Kubaner. Nach der Revolution stellten die Amerikaner nur noch Jamaikaner oder Philippinos als Hilfskräfte ein. Es gibt ältere Leute, die Renten in Dollar ausgezahlt bekommen und davon gut leben. Ansonsten bewegt sich der Ort wirtschaftlich am Abgrund. All das erfahren wir von Rafael, dem Mann, der uns mit Verbindungen und Wissen bis ans Sperrgebiet begleitet. Allein ist in dieser hochbrisanten Zone nichts zu unternehmen. Erst einmal folgen wir Wanderwegen durch ein Naturschutzgebiet mit allerlei endemischen Tierarten. Es ist eine eigentümliche Hügellandschaft, durchzogen von Felskuppen, die ewiger Wind blank gescheuert hat. Aus Sandinseln ragen galgengleich Kakteen in die Luft. Eine Landschaft, in der man vor Durst und Traurigkeit sterben möchte. Wäre da nicht etwas Leben zu spüren: das Trällern einer Lärche, das Gurren von Tauben. Hin und wieder huscht eine Maus über den Weg. Oder ein Chamäleon, im rotbraunen Kleid des Sandes, schiebt sich bedächtig zum nächsten Käfer, der gleich an der langen Zunge als Beute klebt. In dieses weltenferne Biotop passt so gar nicht, was Rafael zur Bahia de Guantánamo und U.S. Naval Base zu berichten hat:

Den Stein des Anstoßes zementiert das Platt-Amendment nach dem Spanisch-Amerikanischen Krieg, der Kuba Freiheit und Abhängigkeit zugleich bescherte. Frei von der Kolonialmacht Spanien, abhängig vom übermächtigen Nachbarn USA.

In dem Pachtvertrag auf unbestimmte Zeit erwarb Amerika ein Gebiet von 117 Quadratkilometern rechts und links der

Bucht als Stützpunkt. Damit sollte der östliche Wasserweg zum strategisch wichtigen Panamakanal gesichert werden. Die Jahrespacht von 4085 Dollar wurde vertragsgemäß bezahlt.

So weit, so gut, könnte man meinen. Kuba steht allerdings auf dem Standpunkt, der Vertrag sei rechtswidrig, da erpresst worden. Die Schecks wurden nie eingelöst. Besonders Fidel Castro wetterte gegen das Konstrukt.

„Verschärften sich die Differenzen nicht, als die USA die Nutzung der Base in ein Gefängnis änderte?“, fragt Moritz.

„Unbedingt, doch dazu komme ich noch“, meint Rafael und fährt fort: „Zum Stützpunkt gehören militärische Einrichtungen auf beiden Seiten der Bucht. Seit Fidel infolge der Kubakrise 1962 den Amis das Wasser und die Energie abdrehte, werden dort eine Meerwasserentsalzungsanlage und mehrere Generatoren betrieben. Versorgt werden kann das Camp nur auf dem Wasser- oder auf dem Luftweg. Lebensmittellieferungen per Lkws sind untersagt. Es gibt dort einen Flugplatz, Kaufhäuser, Geschäfte, Sportanlagen, einen Golfplatz, Wachtürme und viel Stacheldraht. Auf der Base, übrigens die älteste der USA, sind rund 3000 Militärs und 4000 Zivilisten aus den USA, Fernost und Jamaika stationiert. Als die Spannungen mit der Revolutionsregierung wuchsen, verbuddelten die Yankees 70.000 Tret- und Panzerminen, um ihr Pachtgebiet landwärts zu sichern. Guantanamo Bay wurde eines der größten Minenfelder der Erde. Präsident Clinton ordnete die Räumung der heimtückischen Waffen an und ließ das Areal durch Sensoren, Bewegungsmelder, Flutlicht und noch mehr Stacheldraht verbarrikadieren.“

Würziger Wind lässt die nahe See erahnen. Nun haben wir die letzten Hügel überschritten und blicken über eine Bucht, einen malerischen fjordähnlichen Einschnitt ins Land. Nicht umsonst wird Gitmo, wie die Marines zur Base sagen, die „Perle der Antillen“ genannt. An klaren Tagen ist die Küste der siebzig Kilometer entfernten Insel Haiti zu erkennen.

Ortswechsel: Ranchón La Gobernador.

„Früher war es möglich, von der Kuppe des Mirador de Malones einen Blick auf den Stützpunkt zu werfen", sagt Rafael. „Doch der Ausguck ist aus einem guten Grund gesperrt. Von diesem Aussichtsturm hat man noch einen Blick aufs Camp." Er reicht mir sein Fernglas und erklärt:

„Im Süden der diesseitigen Bucht befindet sich der harmlose Teil mit Parkplätzen, zivilen Einrichtungen, dem McDonalds-Restaurant, den Sportanlagen. Auf der anderen Seite der Bay, da spielt sich die eigentliche Schweinerei ab. Angefangen hat es 1994, als man für 32.000 kubanische Floßfahrer, die auf der Flucht nach Florida von der US-Küstenwache aufgegriffen wurden, ein Auffanglager schuf und das Camp erweiterte. Castro wetterte: Die Yankees haben eine Marinebasis, kein Konzentrationslager gepachtet! Seit 2002 werden Gefangene unter dem Verdacht festgehalten, mit Al-Qaida oder den Taliban in Verbindung zu stehen. Seit nunmehr siebzehn Jahren werden da Leute ohne Anklage eingesperrt, gefoltert, verhört. Mindestens vier von ihnen haben sich aus Verzweiflung umgebracht. Weitere vier Menschen wurden tot aufgefunden. Die Amis prangern Kuba als Unrechtsstaat an. Klar ist, was sich da drüben abspielt, hat nichts mit Demokratie zu tun. Da wird die Zivilisation mit Füßen getreten. Oder was sagt ihr zu Waterboarding?", ereifert sich Rafael. Moritz hat sich zum Thema Guantánamo informiert und berichtet:

Joe Biden gelobt, im Wahlkampf einen neuen Anlauf zu unternehmen, das Gefangenenlager aufzulösen. Obama versprach die Schließung, scheiterte jedoch am Kongress. Warum? Weil man die Insassen nicht loswird. Für die USA bleiben sie eine Gefahr. Herkunftsländer, an erster Stelle Afghanistan, wollen sie nicht aufnehmen. Sie könnten sich wieder radikalisieren. Hinzu kommt, dass die Beweislage dünn ist.

Infolge des 11. Septembers 2001 und des Afghanistan- und Irakkrieges inhaftierten die USA ohne Gerichtsbeschluss 780 vermeintliche Terroristen. Der Prominenteste unter ihnen ist

Khalid Scheich Mohammed, er gilt als Spiritus Rector der Flugzeugattacken von New York und Washington mit 3000 Toten.

Präsident George W. Bush bezeichnete die Inhaftierten nicht als Kriegsgefangene, die nach Statuten der Genfer Konventionen zu behandeln seien, sondern als terroristische Kombattanten. Damit waren sie Freiwild für CIA-Verhörmethoden: Schlafentzug, Waterboarding, psychischer Druck und andere Hässlichkeiten, die keine Spuren hinterlassen. Dem Geheimdienst geht es um den Erhalt größtmöglicher Informationsmengen, damit Al-Qaida, Taliban, der IS wirkungsvoll bekämpft werden können. Der Einsatz auch illegaler Mittel ist betriebliche Übung. WikiLeaks und andere investigative Journalisten brachten Bilder an die Öffentlichkeit, die die humane Welt aufhorchen – und Hilfsorganisationen wie Amnesty International oder Human Right Watch intervenieren ließen. Erfolglos. Immerhin, das brutalste Camp X-Ray wurde inzwischen aufgelöst. Da hausten die Gefangenen in Maschendrahtkäfigen, des Nachts im Scheinwerferlicht. Sie trugen orangefarbene Overalls mit Kapuzen, waren teils maskiert und gefesselt. Auf Schubkarren wurden sie ins Verhörcamp geschoben. Wahrscheinlich vor Hunger oder Folter geschwächt. Vor den Augen anderer Moslems wurde der Koran zerrissen, dabei mussten sie anschließend vor US-Soldaten niederknien. Solche Szenen sind gottlob Vergangenheit. Man hat im Camp Delta verschiedene Lager zusammengefasst und dort den unzugänglichen Hochsicherheitstrakt Camp VII für Scheich Mohammed mit vierzehn ausgesuchten Häftlingen eingerichtet. Auf vierzig Inhaftierte passen 1800 Soldaten der Joint Task Force Guantanamo unter einem Kommandanten auf. Über dem Eingang von Camp Delta steht „Honor Bound To Defend Freedom“. Aus den ursprünglich 780 mutmaßlichen Terroristen sind noch vierzig in Verwahrung. Mangels Beweisen wurden 540 Häftlinge bis 2009 entlassen. Darunter befand sich auch der Bremer Murat Kurnaz, er saß vier Jahre ein. Barack Obama reduzierte die

Zahl um weitere 200 durch Rückführung in ihre Heimatländer oder aufnahmewillige Drittstaaten. Eine Überführung der letzten Insassen in die Vereinigten Staaten, um sie dort vor ein normales Gericht zu stellen, ließ der Kongress nicht zu. Donald Trump war ohnehin stets gegen die Schließung des Schandflecks der Nation. Und der Schandfleck gestaltet sich mittlerweile als geradezu grotesk: Laut des US-Verteidigungsministeriums beträgt das Jahresbudget allein für die Bewachung der vierzig Gefangenen 160 Millionen Dollar, damit sind sie mit Abstand die teuersten Häftlinge Amerikas. Wo werden pro Knastbruder vier Millionen Dollar im Jahr ausgegeben? Der Stützpunkt kostet die USA 800 Millionen Dollar pro Jahr. Viel Geld für eine Bucht, die strategisch ihre Bedeutung längst verloren hat. Das scheint den Steuerzahler und die Republikaner nicht zu stören. Ihre Angst, die vermeintlichen Terroristen vor ein ordentliches Gericht zu bringen, sie womöglich freilassen zu müssen, ist größer.

Das Gros der Gefangenen ist unterdessen alt, krank oder psychisch schwer geschädigt. Kommandeur Konteradmiral John Ring ließ verlauten, dass millionenschwere Investitionen nötig seien, um die Häftlinge human bewachen zu können. Dabei hatte er besonders eine adäquate medizinische Versorgung im Sicherheitstrakt Camp VI im Auge. War die Fürsorge zu viel des Guten? Der Kommandeur wurde ruckzuck seines Amtes enthoben.

Wir steigen vom Aussichtsturm, begeben uns an die Bar des Ranchón La Gobernador und spendieren Rafael ein Bier für den Durst und einen Rum für die Seele. Nun rückt Moritz mit seinem Wunsch heraus:

„Lasst uns oben auf den Mirador fahren. Von dort kann man die Base besser überblicken."

Rafael verzieht sein Gesicht und jammert: „Unmöglich, das ist Sperrgebiet mit Wachen. Die Amis lassen uns da nicht mehr hin. Selbst früher war für die Höhe ein Visum erforderlich." Der Guide kennt Moritz nicht, wenn der sich etwas in den Kopf gesetzt hat, zieht er es durch, da kann ihn selbst der Papa nicht bremsen.

Weit vor der Kuppe des Mirador de Malones, sie soll 320 Meter hoch sein, steuert Moritz den Wagen in einen Feldweg. Wir steigen aus und folgen einem Höhenpfad. Rafael schlappt, verzweifelt gestikulierend, hinterdrein.

„Ich verliere meine Lizenz, die sperren uns ein!“, lamentiert er. Wir marschieren weiter, bis eine Wachunterkunft sichtbar wird. Davor steht ein Soldat im Kampfanzug. Er ist bewaffnet. Auf dem Kopf trägt er eine Schirmmütze in gleicher Tarnfarbe.

„Bleib mal hier, Rafael“, sagt Moritz. „Wir werden mit dem Herrn sprechen.“

Freundlich lächelnd gehen wir auf den Mann zu. Sein glattrasiertes Gesicht nimmt den Ausdruck von Erstaunen an. Ich meine ein Grinsen zu erkennen. Die Atmosphäre ist erstaunlich entspannt. Wir stellen uns als Deutsche vor, die gern mal einen Blick auf den Stützpunkt werfen möchten. Der Corporal, ich nenne ihn Jordan, auf seinem Brustschild steht ein anderer Name, stammt aus Anchorage, Alaska. Toll, die Stadt kenne ich gut. Ich zähle ihm ein paar Hotels, Straßennamen, Geschäfte auf, in denen ich mich für das Hinterland ausgerüstet hatte.

Dabei erfahren wir, dass seine Zeit hier in zwei Wochen auslaufe. Zum Glück! Die Base sei auch für die Army wie ein Gefängnis. Er sei schon überall gewesen. In Somalia, Afghanistan, Irak, Syrien, aber Gitmo, das sei absolute Monotonie. Moritz fragt Mr. Jordan, ob er Raucher sei. Als er es bejaht, schenkt er ihm eine Zigarre, Marke Monte Christo. Corporal Jordan amüsiert sich. Che Guevaras Marke, die rauche er mit Vergnügen.

Natürlich sind dem Corporal keine Internas zu entlocken. Immerhin reicht er uns zum Abschluss sein Fernglas, mit dem wir einen einmaligen Blick über die Base beiderseits der Bucht haben: Wachtürme, hohe Maschendrahtzäune, die mit doppelten Stacheldrahtrollen abschließen.

Mit Stacheldraht ist alles Mögliche umgeben. Große Zeltanlagen sind zu erkennen, eine Reihe fester Gebäude, einige zusätzlich mit Sandsäcken gesichert. Auch Kubas einziges McDonalds ist sichtbar und eine Filiale von KFC, die Brathähnchen-Kette. Gerade landet ein Versorgungsflugzeug auf der Rollbahn …

Moritz per SMS an unsere Familien:
Hallo, ihr Lieben, haben so einiges erlebt: Sind an der Küste durch eine Höhle gekrochen, haben im Dorf der Taíno-Indianer deren untergegangene Sitten und Gebräuche kennengelernt. Konnten die Schulbank Fidel Castros auf der ehemaligen Finca seines Vaters drücken. Das laute Santiago de Cuba mit seinen vielen Helden ertragen und einen Blick auf die Guantanamo Bay Naval Base werfen können. Bei euch alles roger? Bis zum nächsten Mal und viele Grüße, euer Papa + euer Opi

„Ideen brauchen keine Waffen, wenn sie die großen Massen überzeugen können. Ich glaube weiterhin fest daran, dass eine bessere Welt möglich ist.“
(Fidel Castro, 1926-2016)

Die Comandancia im Dschungel

Endlich Natur! Fast unberührte Natur. Richtige Wildnis gibt es in Kuba schon lange nicht mehr. Selbst die versteckten Winkel im Parque Nacional Alejandro de Humboldt sind reglementiert. Von Maguana führen nur einige Pfade in den Regenwald des Parks. Der größte Teil ist für die Öffentlichkeit gesperrt. Und das ist auch gut so. Kubas Naturparadiese sind bis auf geringe Flächen geschrumpft. Nur wenige wissen, dass die Insel mehr endemische Spezies und einmalige Tier- und Pflanzenarten beherbergt als Galapagos. Ein Grund, dass der Alexander-von-Humboldt-Nationalpark, mit deutscher Unterstützung entstanden, seit 2001 zum UNESCO-Naturerbe der Menschheit gehört. Er wird durch den Sagua-Baraco-Gebirgszug durchzogen und von unbekannten Tierarten bewohnt. Wie das erst 1996 entdeckte Monte-Iberia-Fröschchen. Gerade mal zehn Millimeter klein, hätte es auf einer Fingerkuppe Platz. Die Lurche gehört zu den Pfeilgiftfröschen. Das Weibchen legt nur ein Ei ab, welches – ganz ungewöhnlich für Frösche – sogar bewacht wird. Dann der als ausgestorben vermutete Schlitzrüssler, das Almiqui, eine Art Riesenspitzmaus. Auch diese Spezies ist erst kürzlich wieder entdeckt worden.

Für seltene Vogelarten bietet das Reservat einen wichtigen Raum, um zu überleben. Ich denke an den Zunzun, die Bienenelfe, eine Kolibriart. Sie misst vom langen Schnabel bis zum Schwanz keine fünf Zentimeter, bei 1,8 Gramm. Damit ist die Bienenelfe der kleinste Vogel der Welt. Im schummerigen Dschungel jagt die Schneckenweihe, ein dem Habicht ähnlicher Raubvogel. In Kieferkronen baut der Gundlach-Sperber, ein weiterer Greifvogel, seinen Horst. Der deutsche Zoologe Johannes Christopher Gundlach hat ihn 1844, wie auch die Bienenelfe, entdeckt. Unüberhörbar krächzt und käckert die Kuba-Amazone, eine Papageienart, in den Bäumen. Besondere Beachtung findet der Tocororo, auch Kubatrogon genannt. Es ist nämlich der Nationalvogel des Landes. Sein Gefieder leuchtet in den Farben Rot, Blau, Weiß, der kubanischen Flagge.

Wer Kubas Flora und Fauna wahrnehmen will, muss schon genauer hinschauen, sie gedeihen im Verborgenen. Vom Kubakrokodil einmal abgesehen, das zwar kleiner im Vergleich zum Nilkrokodil ausfällt, dafür besonders aggressiv in den Sümpfen der Zapata-Halbinsel auf der Lauer liegt. Biologen bescheinigen den Echsen Gefährlichkeit und Intelligenz. Sie sollen im Verband jagen, weit aus dem Wasser springen, sich an Ästen festbeißen können, um ihre Leibspeise, die Hutia-Ratten, aus den Bäumen zu schütteln.

Es gibt noch weitere Vertreter der Tier- und Pflanzenwelt, die eine besondere Größe erreichen: die bis zu vierzig Meter in die Höhe strebende Königspalme. Urzeitliche Baumfarne. Drachen- und Trompetenbäume. Wie gern würde ich einmal die seltenen Manati-Rundschwanzseekühe, die schwimmenden Elefanten, in ihrem natürlichen Habitat beobachten. In Lagunen von Zapata werde ich sie suchen, die Ungetüme der Karibik, bis 1500 Kilogramm schwer.

Giftschlangen oder Vogelspinnen sind auf der Insel unbekannt. Selbst die bis zu sechs Meter lange Kuba-Boa, eine Würgeschlange, hat ein sanftes Gemüt. Menschen hat sie noch nie in den Schwitzkasten genommen. Vieles über Geologie, Tiere und Pflanzen hat uns der Universalgelehrte Humboldt vermittelt. Er besuchte Kuba im Zuge seiner Südamerikareise in den Jahren 1800 bis 1804 und gilt als zweiter Entdecker der Insel. Von der Bevölkerung wird er noch heute hoch geschätzt. Mit dem Nationalparknamen hat man ihm ein würdiges Denkmal gesetzt.

Schweigend stapfen wir nun schon eine Stunde durch den Regenwald. Das gibt mir Zeit, meine Gedanken schweifen zu lassen. Und ich frage mich, wie entstand dieser faszinierende Natur- und Lebensraum? Nun, dafür gibt es zwei Gründe: das tropische Klima in Verbindung mit einer Jahrmillionen währenden östlichen Drift der Insel. Einst lag Kuba im pazifischen Ozean, wesentlich südlicher als heute. Vor rund hundert Millionen Jahren begann die Insel aus der Erdplatte zu brechen und schob sich aus dem Pazifik, isoliert geblieben, in die Karibik. Das erklärt die ganz eigene Entwicklung mit seiner Dichte an endemischer Artenvielfalt. Ist es nicht erstaunlich, dass es 3000 Pflanzenarten gibt, die nur auf Kuba existieren? Und bei Amphibien und Reptilien liegt der Anteil an endemischen Lebewesen bei achtzig Prozent. Einmalig im weltweiten Inselspektrum!

Der kühle, schattige Blätterwald der Sierra Maestra, in der wir unterwegs sind, und der Humboldt-Park sind Restbestände, Überbleibsel des endlosen Dschungels, der einst ganz Kuba bedeckte. Der Dominikanermönch Bartolomé de Las Casas weilte im 16. Jahrhundert auf Kuba und verewigte: Es ist möglich, die Insel von einem Ende zum anderen zu durchwandern, ohne den Schatten der Bäume zu verlassen. Davon übrig geblieben sind nur noch vierzehn Prozent Waldfläche. Anzunehmen, dass die restlichen Bäume längst abgeholzt worden wären, wenn Castro und sein Regime US-Landwirtschaftskonzerne, wie United Fruit Company, hätten weiter agieren lassen. Die rigorose Enteignung stoppte deren Gefräßigkeit.

Pedro, unser Begleiter, macht auf eine Anolis-Echse aufmerksam, die gerade balzt und dabei ihre rot leuchtende Kehlfahne bläht. Das Weibchen hält sich im toten Laub versteckt.

„Das hier ist eine Buntschnecke, Polymita picta. Sie ist nur in Kubas Osten zu finden. Ihr Schneckenhaus schimmert je nach Lichteinfall in den Farben des Regenbogens. Den Indianern diente sie als Zahlungsmittel“, informiert der Kubaner und ergänzt: „Man könnte euch verbotenerweise Polymita-Ketten zum Kauf anbieten. Lasst bloß die Finger davon!“

„Diese verfluchten Mücken!“, schimpft Moritz, wedelt mit den Armen und klatscht sich an die Stirn. „Wann sind wir endlich da?“

„Kann sich nur noch um Stunden handeln“, antworte ich und foppe, „schließlich wolltest du dem Pfad der Revolution folgen!“

Moritz nähert sich, so dass ich sein von Stichen verquollenes Gesicht vor mir habe.

„Schon richtig. Doch auf dem Weg dorthin will ich nicht ausgesaugt werden!“

Unser Führer Pedro – in Kuba wirst du überallhin begleitet – dreht sich amüsiert um und tröstet:

„Hinter der nächsten Biegung haben wir’s geschafft.“

Bis zur nächsten Biegung geht’s auf matschigem Pfad noch mächtig bergauf. Dann stehen wir mit hochroten Köpfen und klopfendem Puls auf der Höhe des Bergkamms, der von einem dichten Lorbeerwald umschlossen ist.

Ein Campversteck, ganz nach der Vorstellung Fidel Castros.

Pedro erklärt: „Wir sind auf der Comandancia de la Plata. Kaum war die überladene Freizeitjacht *Granma* mit zweiundachtzig Mann an der Südküste gestrandet, wurde sie von Batistas Soldaten vom Land und aus der Luft unter Feuer genommen. Einige Rebellen flohen, die meisten wurden getötet oder gefangen genommen. Castro entkam. Er versteckte sich mit Überlebenden in einem Zuckerrohrfeld. Vier Tage krochen sie dort herum, bis die Armee die Freischärler für tot erachtete und abzog. Fidel schlug sich in Richtung Nordosten durch, in die nahe gelegene Sierra Maestra. Zerlumpt, halbverhungert, total erschöpft tauchten Bruder Raúl, Che Guevara, Camilo Cienfuegos mit noch einigen Versprengten auf. Am Ende zählte die Rebellentruppe fünfzehn Personen, die vier Gewehre „retten“ konnten. Bis auf einen waren die Männer niedergeschlagen, am Boden zerstört, hoffnungslos. Fidel rief ihnen kraftvoll zu: Der Kampf hat gerade erst begonnen. Wir können diesen Krieg gewinnen!“

„Wenn Worte Berge versetzen“, bemerkt Moritz.

Hinter uns liegen rund zehn Kilometer Regenwaldmarsch. Gestartet waren wir in Santo Domingo. Fünf Kilometer weiter, in Alto del Naranjo, stieß Pedro zu uns. Die nächste Etappe auf steilem, schlammigem Pfad hierher war für verweichlichte Stadtonkel eine Herausforderung. Wir hocken auf dem Waldboden und halten Siesta mit Wasser und Stullen aus unseren Rucksäcken. Die Besichtigung der ehemaligen Dschungel-Kommandantur muss etwas warten. Ich lehne mich an den Stamm eines Lorbeerbaums, wäre fast eingeschlafen, hätte mich Moritz nicht angestoßen und gesagt:

„Schauen wir mal, wie El Comandante en Jefe sich das hier so eingerichtet hatte.“

Pedro erscheint und beginnt mit Erklärungen:

„Fidel gründete das Camp 1958, nachdem sein Trupp ein Jahr durch die Sierra Maestra streift, war ewig auf der Flucht und in Sorge, aufgespürt zu werden. Dieses Fleckchen schien ihm sicher – das war es auch. Nie entdeckten die Regierungssoldaten diese Basis. Folglich sieht sie aus wie gerade verlassen worden.“

Wir klettern auf Stegen und Rundholztreppen zwischen sechzehn schlichten Holzhäusern umher. Wegen der Hanglage stehen einige Hütten auf Stelzen. Und wo befindet sich die Zentrale, das Haus Fidels? Ich überquere einen gerodeten Platz, der aus der Luft einst uneinsehbar unter Dschungelgrün lag. Um das Camp bei Wirbelstürmen durch umschlagende Bäume nicht zu gefährden, wurde das Versteck nachträglich etwas gelichtet. Nun schlüpfe ich in die Kommandantur, wie der Fuchs in seinen Bau. Im Falle der Entdeckung hätte Fidel durch sieben verborgene Fluchtwege entwischen können. Casa de Fidel, seine Unterkunft, ist ein kleines Museum geworden, mit Fotos, die die Guerilleros bei

Einsatz- und Lagebesprechungen und diversen Sabotageakten zeigen. Die Behausung, mit Brettern verschalt und Schilf bedacht, besteht aus zwei Räumen mit Veranda. In einem befinden sich eine Pritsche, Stühle, ein Sideboard. Im zweiten Zimmer werden Gebrauchsgegenstände, Flaschen, Töpfe, Pfannen, Munition, Waffen ausgestellt. Eine Näh- sowie eine Schreibmaschine, sogar ein alter schwedischer Kühlschrank für Medikamente sind vorhanden.

Etwas abseits befindet sich das Gebäude des Piratensenders Rebelde als Propaganda-Maschine. Krankenhausbaracken erreicht man auf einem Pfad, fernab vom Zentrum. Die Verwundeten durften durch Schreie und Gestöhne das Camp nicht verraten. Zu besichtigen sind noch die mit Wellblech bedachte Waffenkammer und eine Vorratshütte mit Küche. Gekocht wurde nur nachts, Rauchfahnen hätten das Lager verraten können.

Das Kriegsgericht ist ein Gebäude, in dem Todesurteile – besonders für Verrat – verhängt und vollstreckt wurden. Natürlich gibt's eine sogenannte Waldkapelle, das Plumpsklo. Trinkwasser spendet ein Gebirgsbach, der direkt durchs Camp gurgelt. Es fällt auf, dass alle Hütten fensterlos konzipiert wurden. Um Tageslicht einzufangen, wurden verbretterte Klappen aufgestellt. Glas hätte durch den Spiegeleffekt Aufmerksamkeit erregt.

Unvorstellbar, dass von diesem Dschungelcamp aus eine Operation geführt wurde, die innerhalb von zwei Jahren eine von den USA unterstützte Regierung samt ihrem militärischen Apparat hinweggefegt hatte.

„Fidels Guerillafeldzug ist in der Welt einmalig und möglich geworden durch seine Entschlossenheit", postuliert Pedro.

„Schon richtig. Doch ohne die heimliche, dann tatkräftige Unterstützung der Bevölkerung wäre die Revolution auch einem Fidel Castro nicht gelungen", entgegnet Moritz.

Darauf antwortet der Guide nicht, berichtet stattdessen von Bauern, die unter Einsatz ihres Lebens den Trupp im Wald mit Lebensmitteln versorgten. Viele schlossen sich irgendwann als Kämpfer der Bewegung an. Und wir erfahren etwas über sehr ungewöhnliche Sympathisanten, die Teil des Aufstandes sein wollten:

Perfecto Romero war so einer. Mit sechs Freiwilligen erschien er im Rebellenversteck zur „Musterung". Che hatte fünf von ihnen zurückgeschickt. Sie sollten sich Waffen besorgen, ohne seien sie nicht zu gebrauchen. Perfecto war ebenfalls ohne Waffe erschienen und rechnete mit der Abweisung. Waffen sollten sich die Freiwilligen zuvor bei Batistas Soldaten beschaffen, quasi als Eintritt oder Beweis für ihre Ernsthaftigkeit, am Kampf mitzuwirken. Che wollte ihn gerade wegschicken, da fiel sein Blick auf die Kamera des Hobbyfotografen, der bisher Taufen und Hochzeiten geknipst hatte. Che Guevara wusste um die Macht der Bilder und nahm Perfecto als Kriegskorrespondent auf. In den Bergen sollte er eine Zeitung, ein reich illustriertes Propagandablatt, produzieren, um das Volk über den revolutionären Kampf zu unterrichten. Nach dem Sieg wurde der Sohn eines Tabakbauern Fotograf der Parteizeitung *Verde Olivo*. Viele seiner Fotos hängen in Museen Kubas. Er lebt, fast neunzigjährig, mit seiner Frau in Havanna.

Moritz: „Wer schoss eigentlich das berühmte Porträt von Che, das wohl eines der verbreitetsten Fotos weltweit ist?"

Pedro: „Das Bild mit dem langen Haar, dem Stern an der Baskenmütze war ein Schnappschuss von Alberto Korda. Vermarktet hat das Foto die Wodka-Firma Smirnoff. Alberto musste klagen, um wenigstens etwas Honorar zu bekommen. Geld, das er für Medikamente kubanischer Kinder spendete."

Folgende Begebenheit bereitete in Amerika einen ziemlichen Wirbel: Eines Tages meldeten sich drei amerikanische Teenager im Camp als Kämpfer für Freiheit und Demokratie. Mike Garvey fünfzehn Jahre alt, Vic Buehlman siebzehn und Chuck Ryan neunzehn. Deren Eltern arbeiteten und lebten auf der Guantanamo Base. Die Jugendlichen gingen dort zur Schule, hörten von den Unruhen, wollten sich einfach mal an einer Revolution beteiligen, kehrten Eltern und Schule den Rücken. Batistas Diktatur war ihnen nicht verborgen geblieben. Drei Monate verbrachten sie Seite an Seite mit Fidel, Raúl, Che und den anderen Rebellen im Dschungelcamp und nahmen an Übungen teil. Fidel, der seinen Guerillakrieg auch zu vermarkten verstand, ließ den TV-Sender *CBS* kommen. Im *Life Magazine* und *U.S. News & World Report* wurden Berichte veröffentlicht wie „The Gringo Guerillas“ oder „Drei amerikanische Jugendliche kämpfen für Castro“. In einem Interview sagte Fidel in einem Waldversteck, neben den Jungs sitzend: „Sie konnten hier viel lernen. Sie sind tapfer und ich bin sicher, sie werden gute Soldaten für die Freiheit werden.“

Bevor der Kampf in die heiße Phase kam, schickte er die Teenager auf die Base zurück. Junge tote Gringos passten nicht ins Image der Revolution. Der Sache dienlicher war die Einladung eines Journalisten der *New York Times* in die Sierra Maestra. Die Titelgeschichte aus dem Rebellennest war ein PR-Coup, die ihm weltweit Sympathie bescherte, zumindest vorübergehend.

Klar ist, Fidel war nicht humaner als die Diktatoren Pinochet in Chile, Stroessner in Paraguay oder Despoten in Afrika, aber der Zeitgeist war auf seiner Seite und er war kein Kleptomane, der das Volk beraubte, um sich Konten in der Schweiz zu füllen. Als Sozialist war er Idealist und authentisch. Doch sein Glaube an die klassenlose Gesellschaft scheiterte, weil utopisch. Ich schaue mich im Halbdunkel der moderig riechenden Casa de Fidel noch einmal nach Büchern um. Im Besprechungsraum mit langem Tisch und Bänken hat er in Kampf und Pausen ständiger Sabotagen und Überfällen viel gelesen und mit seinen Kommandeuren diskutiert. Fidel bekannte sich zu Hemingways Literatur. Er las einige seiner Bücher. Mit *Wem die Stunde schlägt* war Ernest sogar in der Comandancia präsent.

Dort sei der Roman ein Werk gewesen, das ihm geholfen habe, die Taktik für den Kampf gegen die Batista-Armee zu entwickeln. Und ich kann mir gut vorstellen, wie er mit Che die Entgleisung des Zugs in Santa Clara, in Abwandlung einer Brückensprengung in Spanien vor dem Anrücken des Feindes ausheckte.

Moritz mustert Pedro eindringlich, dann sagt er:

„Castro, der Gigant der Zeitgeschichte, der Held mit vielen Leben, ist tot, gestorben als grantiger, alterssturer Mann mit einem Darmleiden und als Dampfredner mit wirren Durchhalteparolen. Aus seiner Familie sind viele in die USA geflüchtet. Seine Schwester, seine Tochter Alina, seine Neffen und die Halbbrüder seines Sohnes Fidelio. Was sagst du dazu, Pedro, bleibt Kuba seinem Sozialismus treu?“

Ich rechne mit einem Wutanfall unseres Guides.

Pedro lächelt nachsichtig und antwortet: „Fidel starb wie Napoleon, nicht jedoch in der Verbannung. Meine beiden Söhne konnten studieren. Meine Frau wurde im Krankenhaus kostenlos operiert. Die Zukunft, die müssen wir gestalten. Hoffentlich mit den geeigneten Politikern.“

In der Schweinebucht

Es gibt nicht viele Buchten auf der Welt, die artenreiche Natur und Zeithistorie so eindrucksvoll dokumentieren. Die Bahía de Cochinos bietet diese Kombination. Der tiefe Karibikeinschnitt in Kubas Süden befindet sich östlich der Halbinsel Zapata und reicht in ein Sumpfgebiet hinein, das größte im karibischen Raum. Von Menschen dünn besiedelt, sieht man von armen Köhlern und Torfstechern einmal ab. Von besonderen Tierarten reich bedacht, ist es der Schauplatz eines katastrophalen Versuchs der USA, die Regierung Fidel Castro zu stürzen: das Schweinebucht-Fiasko.

Wir haben uns das Örtchen Caletón ausgesucht und in der Casa Zuleyda, einem Haus direkt am Strand mit einem Garten, der ans Wasser reicht, einquartiert. Ein Haus zum Wohlfühlen, mit freundlichen Wirtsleuten und einem Gastehepaar aus Havanna.

Mich zieht es ans Wasser. Zu den Seekühen. Also haben wir uns für eine Tauch- und Vogelbeobachtungstour angemeldet. Mit Glück werden wir auch Delfine, vielleicht sogar die sanften Riesen sichten. Am Ufer treffen wir Touristen aus den Casas der Umgebung. Mit Flossen, Brillen und Schnorcheln ausgerüstet, verfrachtet man uns in Holzboote. Motoren heulen auf. Es starten gleichzeitig vier Boote. Ornithologische Abstecher zur Laguna de las Salinas gehören zu den Attraktionen dieser Region. Wenngleich sie nicht unumstritten sind. Der Lärm der Motoren verursacht geräuschempfindlichen Tieren Stress. Und die Schiffsschrauben können Seekühe, die nahe der Wasseroberfläche dahinziehen, hässlich verletzen. Gerade tuckern wir aus der Bucht, umrunden die Landnase Punta Palmillas. Der Wind brist anlandig. Die See ist kabbelig. Zwei Touristinnen sind blass und übergeben sich. Zum Glück außenbords, was bunte und gestreifte Fische anlockt, die eifrig nach den Brocken schnappen. Dieser Teil der Bootsfahrt ist nicht zu kritisieren.

„Delfine backbord!“, ruft der Skipper, lässt den Motor aufheulen und verfolgt die Schule, die wie Torpedos durchs Wasser schießt. Alles rutscht auf die linke Bankreihe. Mit Schlagseite verfolgen wir, im Verband mit den anderen Booten, die Fische. Hektik entsteht. Passagiere ziehen Taucherbrillen über die Köpfe. Schnorchel werden in die Münder gesteckt. Tief Luft holen. Wir springen über die Bordwand. Befinden uns mitten unter den Großen Tümmlern, *Tursiops truncatus*. Spielen kann man mit ihnen nicht. In einem hohen Tempo ziehen sie an uns vorbei. Immerhin in nächster Nähe. Es ist schon ein besonderes Erlebnis, unter fast zwei Meter langen Tieren zu schwimmen, die mit ihrer Finne, der steilen Rückenflosse, an Haie erinnern. Moritz habe ich aus den Augen verloren. Ich schwimme ans Boot zurück. Ziehe mich am Fallreep hoch – und blicke in fremde Gesichter. Schlitzaugen lächeln mich freundlich an. Herrje, ich bin auf dem Schiff mit chinesischen Touristen gelandet. Bis die nächste Delfinschule angekündigt wird, bleibe ich an Bord der Chinesen. Zurück im Wasser, halte ich nach meinem Boot Ausschau. Gar nicht so einfach aus dieser Perspektive, bei dem Wellengang. Dieses Mal planschen mehr Touristen als Delfine im Meer. Von einem Boot wird kräftig gewunken. Es ist Moritz. An Bord des richtigen Boots sind Platzreihen von den seekranken Mädchen besetzt worden, die sich würgend und stöhnend ausgestreckt haben. Am Fallreep plumpst gerade eine Oma ins Meer zurück. Ihre Kräfte schwanden. Zwei Kubaner eilen zu Hilfe. Einer springt ins Wasser, stemmt die alte Dame hoch. Der andere zerrt sie von oben auf die Planken, wo sie japsend liegen bleibt. Noch einige Male gibt's Delfinalarm und den Sprung in die Karibik. Ich muss gestehen, das Raus und Rein nach den Tauchgängen ist ziemlich anstrengend. Moritz tobt sich aus. Nach dem dritten Mal betrachte ich mir das Spektakel entspannt von oben. Beobachte die „Torpedos“ in kurzen und langen Sprüngen vorbeiziehen. Kann die Luftlöcher im Schädel sehen, die sich öffnen, eine kleine Fontäne Wasser ausstoßen, Luft saugen, abtauchen.

An der Bordwand lehnend, mache ich mir Gedanken zu den Großen Tümmlern. Sie können ein beachtliches Spektrum verschiedener Töne von sich geben. Zum Beispiel zum Orten der Beute, zum Richtungsschwimmen und zur Verständigung untereinander. Die ausgesandten Schallwellen treffen auf ein Objekt, die reflektierten Wellen werden vom Delfin aufgefangen. Eine Kommunikation, die allen Familien der Zahnwale, *Odontoceti*, zu denen die Tümmler gehören, eigen ist. Verständlich, dass Motorboote die Tiere irritieren und extrem belästigen. Massentourismus auf ihren Wanderwegen müsste verboten werden! Die intelligenten Meeresbewohner bedürfen unseres Schutzes, gerade weil das Beobachten ihrer Art so beliebt ist. Mich fasziniert ihr Sozialverhalten. Es gibt Geschichten über Delfine, die einem verwundeten Artgenossen zu Hilfe kommen und ihn an die Wasseroberfläche heben, damit er atmen kann. Es wird von Fällen berichtet, in denen Delfine Menschen vor dem Ertrinken gerettet haben. In einem Ozeanarium ist dieses epimeletische Verhalten, also Hilfeleistung für verletzte Artgenossen, studiert worden, als ein Tümmler durch einen unglücklichen Zufall so heftig an die Glaswand stieß, dass er bewusstlos wurde. Seine Kameraden hoben ihn ein Stück aus dem Wasser, stützten ihn, damit er atmen konnte, wobei sie ihn zwischendurch kurz losließen, um selbst Luft zu holen. Der Delfin kam zu sich und überlebte.

Unterdessen ist unser Boot durch das Korallenriff zur Cayo Borracho gefahren. Eine Bucht mit herrlicher Kulisse liegt vor uns. Wir sind allein, haben mit dem Skipper eine besondere Absprache getroffen. Die anderen Schiffe sind auf dem Rückweg. Jetzt herrscht himmlische Ruhe. In der Ferne spinnenbeinige Mangrovenfelder neben gelb leuchtenden Strandabschnitten. Rosa Tupfer bewegen sich über die See. Wir nähern uns, es ist ein Flamingoschwarm, der da ganz ungeniert durch Lagunenwasser stolziert. Ornithologen geht das Herz auf. In den Lagunen gibt es 160 Vogelarten, von denen wir einige beobachten können: neben den Flamingos Kraniche, Pelikane, Reiher, Kormorane, Ibisse … Pelikanen beim Fischen zuzusehen ist etwas Besonderes. Sie segeln dicht über der Wasseroberfläche – kaum haben sie einen Fisch erspäht, stürzen sie wie ein Geschoss, gestreckt, lanzengleich, in die Fluten. Der erbeutete Fisch verschwindet in ihrem Kehlsack.

Ganz verhalten, ganz vorsichtig gleiten wir in Ufernähe, um die Vogelwelt nicht zu stören. Ich suche das Meer nach Karibik-Manatis ab. Das sind die Rundschwanzseekühe, *Trichechus manatus*. Was schiebt sich denn da auf schmalem Pfad aus dem Süden nach Las Salinas? Hochbeinige Fahrzeuge, richtige Untiere, laut und qualmend.

„Du meine Güte!“, stößt der Schiffsführer aus. „Das sind Touristen in chinesischen Bussen. Jetzt wird’s ungemütlich.“

Die Busse fahren bis an den Strand heran. Menschen quellen aus den Fahrzeugen, versuchen sich den Fressplätzen der Vögel zu nähern. Rennen wie angestochen bis ins Mangrovendickicht. Wir vernehmen Jauchzen, Rufen, Schreien in babylonischem Sprachwirrwarr:

„Magnifique!“

„Gorgeous!“

„Prachtig!“

„Herrlich!“

„Yáo!“

Die Vogelwelt hat für den Sturm der Begeisterung kein Verständnis. Erschrocken erhebt sie sich in die Luft und fliegt davon. Die Vogelkundler an Bord sind über die Störenfriede zornig. Klar, sie können sich nicht sattsehen. Müssen ertragen, dass der Skipper beidreht. Wir verlassen die Ufernähe, um weiter draußen vor dem Riff für zusätzliche Tauchgänge zu ankern.

Das Boot schwojt an der Kette. Ich kann die bizarre Riffarchitektur bestaunen: Bauwerke winziger polypenartiger Lebewesen, die Kalk absondern. Das geschieht seit rund achtzig

Millionen Jahren, denn so alt sind die Korallennester um Kuba. Korallenriffe sind das eigentliche Juwel der Karibikinsel. Ihre Farbskala reicht von schwarz über grün, blau bis zur leuchtend roten Schmuckkoralle.

Wir zwängen unsere Füße in die Gummiflossen, ziehen die Brillen über die Augen. Ich lasse mich rückwärts ins Wasser plumpsen. Jetzt und hier kann Tauchen ganz unaufgeregt genossen werden. Wunderbar klar und warm ist das Meer. Moritz taucht rechts vor mir. Durch das Lichtgrün des Wassers wirkt er wie ein Zombie, aus dessen Mund und Nase Luftblasen perlen, die er als Girlande hinter sich her zieht. Moritz hat einen großen Fisch entdeckt, gleitet an der Riffwand ab und entschwindet. Einst spielte er Wasserrugby und hatte sich zum Rettungsschwimmer ausbilden lassen. Tauchen ist seine Passion.

Berauschend schön ist das Riff. Ein Kalkmassiv aus Nischen, Grotten, Gängen, Furchen, Schächten und Stollen, an dem ein bunt schillernder Kosmos die Sinne betört. Ich bin allein. Allein mit den Fischen, Korallen, Seegurken und allerlei anderen Geschöpfen in einer Tiefe von vielleicht vier Metern.

Ein Riesenschwarm vagabundierender Fusilierfische hat mich umringt. So dicht, dass sie mich berühren, ich nach ihnen greifen könnte. Mittendrin in einer Orgie von Farben, Formen und Leben. Umgeben von Seeanemonen, wallenden Federsternen, bizarren Seesternen … Der Schwarm entschwindet hakenschlagend. Ein grimmig anmutendes Ungetüm mit Stachelflossen zieht von weither herauf. Und einem fliegenden Teppich gleich schwebt ein Rochen unter mir dahin. So habe ich mir das Unterwasserparadies vorgestellt! Dieses ist bunter, prächtiger als das Great Barrier Reef vor der Ostküste Australiens, wo ich mehrere Male mit einem Verwandten, Ben Cropp, tauchen konnte. Dort stiegen wir mit Sauerstoffflaschen in die Tiefe. Ben, der in Australien bekannt ist wie Hans Hass bei uns, hat mich für die Unterwasserwelt begeistern können.

Überall lagern Seegurken. Eine berühre ich, da schießen aus dem lederigen Hinterteil gelbe Tentakel, die sich wie Klebgummi um die Hand legen. Als ich mich umdrehe, fährt mir der Schreck in die Glieder. Eine Dreiecksflosse verfolgt mich. Doch es ist nur ein neugieriger Katzenhai. Von rechts rudert eine Karettschildkröte, eine *Eretmochelys imbricata*, heran. Das weltweit verfolgte, endlich unter Artenschutz gestellte Wesen. Ich kann ihren flachen Panzer, das Schildpatt betrachten. Es musste im Kunstgewerbe für Schmuckgegenstände herhalten. Und ihr Fleisch in Restaurants für eine Suppe, die *Lady Curzon*. Der Kopf der Schildkröte ist schmal, wie der eines Raubvogels. Ihr Körperbau erinnert an eine Bratpfanne, die elegant durchs Wasser gleitet. Interessiert beobachten ihre Augen die Umgebung mit einem Blick, der die Umgebung regelrecht abtastet. Sie klappt die Hornkiefer auf, als wolle sie nach etwas schnappen … Ich muss auftauchen. Atme tief ein – sinke wieder hinab, einem Korallenkessel zu, in dessen Sohle sich ein Sandbett mit reichem Seegrasbewuchs gebildet hat.

Unglaublich! Da nähert sich etwas ganz Voluminöses. Etwas Dunkelgraues wie ein unförmiges U-Boot, oder wie ein Nilpferd. Es lässt sich ans Seegras hinab, öffnet die breite Schnauze mit Tasthaaren und zupft am Gras. Als würde eine Kuh weiden. Bange vor der Größe, doch zugleich neugierig schwimme ich näher. Betrachte den plumpen Kopf, die Stummelflossen in Schulterhöhe, die breite fleischige Flosse am Hinterteil. Es ist eine Seekuh! Die Rundschwanzseekuh oder Karibik-Manati, *Trichechus manatus*. Um die vier Meter lang und sicher 1500 Kilogramm schwer. Der Koloss fasziniert mich. Ihre Art: ausgesprochen friedliebende Vegetarier, die keine natürlichen Feinde haben. Für Haie und Alligatoren sind sie zu mächtig. Nur der Mensch hat ihre Art für Öl, Fleisch und Leder verfolgt. Sie zu jagen ist streng verboten. Doch es kommt vor, dass sie von Schiffsschrauben tödlich verletzt werden, bisweilen ersticken sie auch in Fischernetzen. Sie benötigen Luft.

Zum Atmen stecken sie die an der Oberfläche der Schnauze liegenden Nasenlöcher aus dem Wasser. Merkwürdigerweise können sie über die Schnauze nicht atmen. Ihr Tauchgang variiert zwischen vier und sechzehn Minuten. In Süßwasserregionen sind sie so gut wie ausgestorben. Angeblich sollen die Sümpfe von Zapata eines ihrer letzten Habitate sein. Dort ernähren sie sich von Grundnesseln. Seeelefanten oder Hässliche Meerjungfrauen, wie sie auch genannt werden, sind die einzigen ausschließlich im Wasser lebenden Pflanzenfresser.

Die Seekuh unterbricht das Grasen, schaut mich aus kleinen Kulleraugen an. Auge in Auge mit diesem Meeressäuger, welch ein Erlebnis! Noch ein paar Fakten huschen mir durchs Hirn: Eine Seekuh bekommt nach dreizehn Monaten Tragzeit ein Junges. Man hat beobachtet, dass die Kopulation der Kühe immer in einem Akt der Vergewaltigung endet. Was wohl mit ihrem Einzelgängertum zu erklären ist. Sie können sowohl tag- als auch nachtaktiv sein und müssen ein Viertel ihres Körpergewichts pro Tag an Grünzeug fressen. Um Energie zu sparen, schwimmen sie langsam wie in Zeitlupe. Dabei bewegen sie einfach ein wenig ihre Fluke, das ist die Schwanzflosse. Seekühe werden um die fünfzig Jahre alt. Sie sehen nackt aus. Das täuscht, ihre Haut ist mit kurzen, borstigen Haaren versehen. Warum nicht mal fühlen. Ich will gerade meinen Arm austrecken … da berührt mich etwas an der Schulter. Ich weiß nicht, ob ich einen Schrei ausstoße. Auf jeden Fall schlucke ich Wasser. Ein schwarzes Monstrum hängt hinter mir. Es ist Leo, der Skipper, der sich bemerkbar gemacht hat.

Nach Luft schnappend hänge ich an der Bordwand. Moritz hievt mich ins Boot. Leo stemmt sich aus dem Wasser und erklärt, es sei nicht ratsam, die struppige Haut zu berühren.

„Unten äst eine Seekuh“, informiere ich Moritz. Schon springt er mit zwei Kubanern von Bord.Zurück in Caletón.

Nach dem Duschen treffen wir uns im Garten der Casa Zuleyda an einem offenen Feuer unter Königspalmen und einem fantastischen Sternenhimmel. Bier, Rum, Cola stehen im Rasen.

Die Teller mit kreolischen Speisen ruhen auf den Knien. Die linke Hand wedelt Mücken, Fliegen und Falter vom Nachtmahl. Unsere Runde besteht aus den Vermietern Lení und Rodolfo Flores, dem Gästepaar Ella und Neo aus Havanna, zwei jungen Männern, Rolando und Elian, die wir auf dem Boot kennengelernt und eingeladen haben. Sie kommen aus Colón, wohnen in der Nähe und sind Naturfreunde. Morgen wollen sie an der Playa Girón nach einem Wrack tauchen.

Unsere Gespräche kreisen um das Erlebte. Die Delfine, die Vogelwelt, das Glück, die Seekuh beobachtet zu haben, was Moritz, Rolando und Elian auch vergönnt war. Einig sind wir uns, dass es ein Verdienst der Revolutionsregierung ist, dem einzigartigen Biotop Zapata höchsten Schutzstatus gewährt zu haben. Die Order kam ursprünglich von ganz oben, von Fidel Castro, selbst ein begeisterter Taucher. Schon bemerkenswert: Die meisten der vorgelagerten Cayos, Inselchen, sind Flamingos, Schildkröten, seltenen Arten vorbehalten.

„Ihr beiden aus Deutschland, wisst ihr eigentlich, wo ihr hier seid?“, fragt Rodolfo beinahe provokant.

Moritz fühlt sich angesprochen und antwortet gespielt beleidigt: „Aber natürlich, in der Schweinebucht wurde die Konterrevolution vereitelt!“

Nun müssen wir uns den Hergang der Ereignisse in allen Einzelheiten anhören. Rolando und Elian, die den Helden der Schweinebucht nur als hinfälligen Greis im Trainingsanzug kennen, verdrehen die Augen.

An dem Plan, eine verdeckte Invasion gegen das Castro-Regime durchzuführen, arbeitete bereits die Eisenhower-Administration 1959. Das Vorhaben wurde mit der Einschränkung gebilligt, keine US-Soldaten in Kampfhandlungen einzusetzen.

Als Präsident John F. Kennedy informiert wurde, war der Plan bereits weit fortgeschritten.

Dennoch teilte der US-Präsident auf Anfrage Nikita Chruschtschow mit, dass die USA in Kuba nicht intervenieren werde. Die Operation „Pluto" indes sah vor: 1400 von der CIA ausgebildete Exilkubaner in der Schweinebucht unter der Führung der CIA-Agenten Richard Bissell und Howard Hund, mit dem Decknamen Eduardo für Hund, einzusetzen. Howard hatte zuvor mehrmals vorgeschlagen, Fidel Castro möglichst umgehend zu töten. Ganz nebenbei: Nach seiner Agententätigkeit wurde Hund als Drahtzieher in der Richard-Nixon-Watergate-Affäre entlarvt.

Die Invasion startete am 15. April 1961. In Florida stand der Exilkubaner José Miró Cardona bereits als neuer Machthaber in den Startlöchern. US-Bomber, in den Farben der kubanischen Luftwaffe getarnt, sollten vorab Fidels Luftflotte am Boden zerstören. Die Piloten verfehlten die meisten Ziele, weil Castro, zuvor durch seinen Geheimdienst informiert, das Fluggerät verlegt hatte. Fünf der übermalten Bomber wurden von kubanischen Kampfjets abgeschossen. Mit falschem Kartenmaterial ausgerüstet, landeten die 1400 Exilanten der Brigade 2506 unter CIA-Führung in der Schweinebucht. Aufklärungsflugzeuge der US-Luftwaffe hatten Riffbänke für Wolken gehalten. Die ersten Landungsboote havarierten an Korallen und Felsen. Hinzu kam der misslungene Luftschlag, der die Bodenoffensive ins Stocken brachte.

An der Playa Girón versenkten die Kubaner zwei Nachschubschiffe, schnitten somit die Versorgung der Konterrevolutionäre ab, die das Ufer erreicht hatten. Kennedy verbot jegliche direkte Luftunterstützung, weil die Exilanten ihren Brückenkopf nicht halten konnten. Für den Präsidenten war Unterstützung wegen eines ausbleibenden Hilferufs der kubanischen Bevölkerung nicht gegeben.

Also wurde die Invasion von der US-Regierung, gegen den Widerstand der CIA, abgebrochen. Ohne Nachschub, verlassen am Strand, wurden die Invasoren von der Revolutionsarmee innerhalb von drei Tagen niedergerungen. Fidel Castro soll persönlich im Panzer mitgekämpft und die Verteidigung als Sieg über die mächtigen USA gefeiert haben.

„Die Schweinebucht-Invasion scheiterte aus mehreren Gründen“, meldet sich Moritz und ergänzt: „Die CIA hatte Kennedys Bereitschaft falsch eingeschätzt und die Anti-Castro-Bewegung nicht richtig analysiert. Die örtliche Topographie für das Vorhaben war ungeeignet. Der Invasionsplan konnte nicht geheim gehalten werden. Castros Revolutionsarmee war bestens trainiert und hoch motiviert, die vorbereitende Luftunterstützung wirkungslos. Und die Konsequenz des Debakels? Castro beerdigte sieben kubanische Märtyrer und verkündete: Sozialismus oder Tod! Damit hatte sich Kuba voll und ganz der Sowjetunion verschrieben.“

Ich trete Moritz ans Schienbein. Schließlich sitzen wir hier mit netten Kommunisten am Lagerfeuer und wollen nicht streiten.

„Aus der Konfrontation entwickelte sich die Oktoberkrise, die bei euch meines Wissens Kubakrise heißt“, erklärt Ella.

„In der Tat, in der zitterte die ganze Welt vor Angst“, antwortet Neo.

Wie kam es zu dieser Eskalation im Kalten Krieg des Oktobers 1962? Ich war in jener Zeit Wehrpflichtiger und kann mich gut an die Situation erinnern, in der wir im Kampfanzug schliefen, das Gewehr stets griffbereit. Schritt für Schritt schaukelte sich die Außenpolitik der beiden Weltmächte in gefährliche Höhen: Schweinebucht, Stationierung US-Jupiter-Mittelstreckenraketen auf dem NATO-Stützpunkt in der Türkei. Daraufhin beschloss die sowjetische Führung, Mittelstreckenraketen in Kuba zu positionieren. Während Schiffstransporte nach Kuba unterwegs waren, drohte Kennedy, er werde militärisch eingreifen, um die Stationierung zu verhindern. Eine Krise entstand, die Ost und West dreizehn Tage in Atem hielt. Erstmals war eine nukleare Auseinandersetzung in gefährliche Nähe gerückt.

Der US-Geheimdienst hatte Raketen des Typs SS-4 Sandal und SS-5 Skean, außerdem den Bau von Startrampen in der

Nähe von San Cristóbal entdeckt. Kennedy befahl eine Seeblockade. Diese wurde anfangs missachtet. Im Falle einer US-Invasion forderte Fidel Castro von Moskau den atomaren Erstschlag. Chruschtschow war davon nicht begeistert. Es näherte sich der kritische Augenblick: Ein US-Zerstörer zwang mit Wasserbomben das sowjetische U-Boot B 59 zum Auftauchen. Das U-Boot war mit Atomtorpedos bestückt und der Kapitän hatte die Vollmacht, bei Angriff zu feuern. Wassili Alexandrowitsch Archipow, einer der drei Offiziere an Bord und für den Abschuss von Nuklearwaffen verantwortlich, weigerte sich, Torpedos ohne einen ausdrücklichen Befehl aus Moskau abzufeuern. Die Welt stand am Rand der Zerstörung. In Großbritannien wurden die Nuklearwaffenträger des RAF-Bombers Command in höchste Einsatzbereitschaft versetzt … Dann endlich kam die Entwarnung.

In geheimer Diplomatie einigten sich Kennedy und Chruschtschow. U-Boot und die sich in Begleitung befindlichen sowjetischen Schiffe drehten ab. Das Verhandlungsergebnis: Abzug der US-Atomraketen aus der Türkei und Italien. Eine Sicherheitsgarantie für Kuba. Die UdSSR zog sich physisch aus Kuba zurück und baute die Raketenbasen ab. Um das Kuba Castros in die Knie zu zwingen, verhängte die USA ein Wirtschaftsembargo, unter dem in erster Linie die Bevölkerung litt. Über Jahrzehnte blieb die UdSSR der starke Partner und hielt die Insel über Wasser. Bis der Ostblock zusammenbrach und der Máximo Líder in einer seiner typischen Endlos-Dampfreden die *Spezialperiode* einläuten musste. Für die Bevölkerung bedeutete das, den Gürtel noch enger zu schnallen.

Trotz des heiklen Themas halten uns ein gehöriges Maß an Cuba Libre, das gute Essen und die lauschige Tropennacht bei guter Stimmung. Moritz wendet sich an die jungen Kubaner und sagt: „Es war im Mai 2002, als Fidel Castro die Bevölkerung auf den Sozialismus als unantastbar einschwor und diese Staatsform in der Verfassung verankerte. Ein Wandel sollte auf ewig ausgeschlossen sein. Was haltet ihr davon?“

Elian kratzt sich am Kopf und antwortet: „Die Revolution war richtig. Präsident Batista hatte sich an die Macht geputscht und saß mit seiner Clique wie eine goldene Schmeißfliege auf den Fäulnisstellen der von ihm ausgesaugten Gesellschaft. Um sich einer Verantwortung zu entziehen, nahm er mit vierzig Millionen Dollar in bar und engen Vertrauten Reißaus, die wohl auch am Galgen baumeln würden. Der Sturz des Regimes war überfällig! Doch jetzt, da der Sozialismus nichts anderes ist als die Verwaltung des Mangels, muss sich die Politik ändern.“

Rodolfo steht auf, um einen Holzscheid aufs Feuer zu werfen, während Lení, seine Frau, unsere Gläser mit Cubra Libre füllt. Elian, vielleicht zwanzig Jahre alt, der jüngste in unserer Runde, sagt mit nachdenklicher Miene:

„Den Wunsch, an den Errungenschaften der Welt da draußen teilzuhaben, kann man uns auf Dauer nicht verwehren. Noch vor wenigen Jahren galten wir als verlorene Generation. Aufgewachsen in der Spezialperiode, die uns ein starrköpfiger Präsident verschrieben hatte. Mit guter Ausbildung, aber ohne ausreichendes Einkommen und ohne die Möglichkeit, das Leben eigenverantwortlich zu gestalten.“

Rolando pflichtet seinem Freund bei: „Wir wollen straflos unsere Meinung kundtun, Reisefreiheit, uns in den sozialen Netzwerken austauschen, als Blogger mitteilen. Warum ist uns all das als Kommunisten verwehrt? Hat die Partei Angst, ihre Herrschaft zu verlieren?“

„Es gibt etwas mehr Freizügigkeit unter Raúl und Miguel Díaz-Canel ist für kontrollierte Pressefreiheit. Anderenfalls säßen wir nicht beisammen, könnten nicht diskutieren. Längst hätte uns die Staatssicherheit unter dem Vorwand der subversiven, staatsfeindlichen Versammlung verhaftet. Wir dürften keine Zimmer vermieten, niemanden beherbergen“, sagt Lení Flores.

„Bedenkt eines: Der Klassenfeind mit ungeheurer Kapitalmacht steht vor der Türe. Ließen wir ihn ungehindert hereinspazieren – ich sage euch, keine zehn Jahre später säße er an den Schalthebeln der Macht und wir Kubaner müssten im eigenen Land nach seiner Pfeife tanzen. Das wären Zustände wie unter Batista!“, mahnt Rodolfo. Ich muss ihm recht geben. Kapital der US- und anderer Investoren würden das im brutalen Wettbewerb unerfahrene Land regelrecht niederwalzen.

Moritz sagt: „Es gibt nur den Weg der ganz vorsichtigen, behutsamen Öffnung zu mehr Freiheit in den einzelnen Bereichen. Ob Präsident Díaz-Canel die Einsicht und die Kraft hat, das entsprechend zu steuern, ist die Frage. Und noch wichtiger: Ist die Bevölkerung bereit und willens, einen behutsamen Wandel zu akzeptieren? Was meint ihr, Rolando und Elian?“

Rolando: „Mit Politik haben wir nichts am Hut. Kommunismus, Sozialismus, Kapitalismus ist mir wurscht. Die Angst vor der Allmacht des Bärtigen ist verflogen. Wir träumen ganz einfach von einem besseren Leben. Spaß haben, kommunizieren, gut verdienen, sich was leisten können, Kultur genießen. Die Parolen der Vergangenheit hängen den meisten von uns zum Hals raus. Ein gelungener Tag ist einer mit einer durchtanzten Nacht.“

Ich beobachte das Ehepaar Flores, wie es die Köpfe schüttelt, und bemerke:

„Das ist das Problem: Demokratie und Kapitalismus wirken wie eine Droge. Das Individuum will davon immer mehr, bis die Freiheit Chaos und das Kapital Konsumrausch wird. Um nicht süchtig zu werden, gehört Disziplin dazu. Und die bringt nicht jeder auf.“

„Ja, sollen wir denn von dem guten Leben, das ihr führt, ausgeschlossen werden? Ist das gerecht? Verdammt noch mal, wir Kubaner leben vom Trinkgeld! Unser offizieller Monatslohn ist zwanzig Dollar. Professoren, Ärzte, Ingenieure sind Kellner!“, ereifert sich Elian.

„Die Welt ist nicht gerecht, Elian. Frage nicht nach Gerechtigkeit. Das gute Leben, das dir Touristen vorgaukeln, betrifft nur einen Teil der Bevölkerung. Und dieser Teil dürfte hart, auch clever gearbeitet, außerdem Fortune gehabt haben. Das darfst du nicht vergessen. Der Kapitalismus ist eine Ellenbogengesellschaft, in der der Starke den Schwachen gern unterpflügt. Eine staatliche Planwirtschaft hat keine Chance gegenüber einer Konkurrenzwirtschaft, weil die sich nach dem Mittelmaß orientiert. Das haben selbst die Chinesen erkannt und lassen Tüchtige Milliardäre werden. Im Osten Deutschlands, in unseren neuen Bundesländern, gibt es nicht wenige, die sich die alten, behüteten Zeiten zurückwünschen. Freiheit verlangt Verantwortung, der nicht jeder gewachsen ist. Eine andere Unart des Kapitalismus ist Missgunst, die sät Neid", antwortet Moritz.

„Hoffen wir mal, dass es Miguel Díaz-Canel gelingt, die Souveränität Kubas zu erhalten, gleichzeitig die notwendigen Reformen nicht länger zu verzögern. Dabei werden ihm der Kader der Partei und wir, die Bevölkerung, helfen müssen", sagt Neo aus Havanna. Ella seufzt, möchte etwas ergänzen, schaut sich um, als sei sie unsicher, ob das, was sie zu sagen hat, angebracht ist. Doch sie spricht es aus:

„Personen haben einen Charakter, Familien haben einen, auch Völker. Der Charakter von uns Kubanern hat viel mit einem Hurrikan, mit brodelndem Meer, mit Überschwemmung und mit Stromausfall zu tun."

Nachdenklich verharrt die Runde. Kuba steht nach dem Tod der Castros am Scheideweg zwischen Freiheit und Zwang. Richtig wäre der Weg dazwischen – ein Drahtseilakt!

Gedankenschwer erheben sich einige Gäste und begeben sich zur Ruhe. Neo starrt ins langsam verglimmende Feuer. Sein kahler Schädel glänzt im schwachen Schein wie Ebenholz. Die Augen flackern wie Irrlichter. Dann plötzlich höre ich ihn sagen:

„Wir fahren morgen in die Sümpfe von Zapata."

Moritz horcht auf und entgegnet: „Wir sind dabei!"

Wir verabschieden uns. In der Nacht liege ich noch lange wach. Der Sumpf, eine Metapher für den Zustand eines Landes?

Sumpfsafari

Fröstelnd besteigen wir in den Morgenstunden ein Aluminiumboot, blau angestrichen, mit zwei starken Yamaha-Außenbordmotoren bestückt. Mit mächtiger Bugwelle und gehörigem Krach brausen wir auf einen Hauptarm der Sümpfe gen Westen, ins Reich Ciénaga de Zapata. Ciénaga heißt Sumpf und Zapata Schuh, weil das 3000 Quadratkilometer riesige Feuchtgebiet die Form eines Schuhs hat. Die UNESCO erklärte den Garten Eden zum Biosphärenreservat, das der Mensch nur in bestimmten Bereichen mit geschulten Guides stören darf.

Alvaro ist Bootsführer, Guide und Naturkundler in einer Person. Er zieht das Boot in ein Seitengewässer. Wir gleiten an Guamá vorbei, einem Ort, der nach einem Indianerhäuptling benannt wurde, der hier die letzten Rückzugsgefechte gegen die spanischen Kolonialherren führte. Es folgt ein nachgebautes Taíno-Dorf, Rundhütten auf Stelzen, die teils im Wasser, teils im Uferschilf stehen. Mit Stegen sind sie miteinander verbunden. Herbergen für betuchte Individualtouristen. In der Nähe befindet sich eine Krokodilfarm. Alvaro drosselt den Motor und erklärt:

„Einer Sage nach haben die Taíno ihren Goldschatz in den Sümpfen versenkt, um ihn den Konquistadoren nicht ausliefern zu müssen. Neben vereinzelten Mango- und Avocado-Bäumen, Schilf, Flächen mit fast ewig blühenden Seerosen besteht die hauptsächliche Vegetation aus Mangroven. Davon wachsen hier vier Arten: die Weiße, Schwarze, Rote und Indische Mangrove. Mit ihren langen, verfilzten Wurzeln bilden sie ideale Habitate für Zwerg-Hutias, eine Baumrattenart, oder das lebende Fossil aus der Karbonzeit, den Kubanischen Knochenhecht, Atractosteus tristoechus. Er ist

Kubas ‚primitivster‘ Fisch mit Alligatorenkopf und einem fischartigen Körper. Wenn es einen Ort gibt, an dem die Natur noch Geheimnisse hat, sind es die Sümpfe von Zapata.“

„Sind Krokodile und Seekühe hier auch vertreten?“, frage ich.

„Und ob! In den tiefen Wasserfurten grasen Manati Grundnesseln und das endemische Rautenkrokodil, Crocodylus rhombifer, übrigens ausgesprochen angriffslustig, lauert im Mangrovendickicht auf Beute.“

Alvaro drückt seinen Hut ins Gesicht, dreht am Gas. Augenblicklich macht das Boot einen Satz. Wir verschwinden in einem engen Wasserweg, in dem Schilf unsere Schultern peitscht. Nach kurzer Zeit tut sich ein Irrgarten mäandernder Kanälchen auf, in dem Alvaro Kurven schneidet, das Boot schräg legt. Wir klammern an der Bordwand. Ella kreischt, als säße sie in einer Achterbahn, die gerade einen Looping dreht. Ich fühle mich wie in die Okavango-Sümpfe Botswanas versetzt. Moritz liegt im Bug wie ein Sturmbootfahrer. Im Heck steht der Guide, in der Faust den Gasgriff, und amüsiert sich. Gerade brausen wir durch einen Arm, der einem Tunnel gleicht. Was Alvaro mit uns veranstaltet, ist keine Pirschfahrt, das ist eine Wasserrallye, die jedes Lebewesen meilenweit vor uns in die Flucht schlägt. Der Tunnel öffnet sich. Wärmende Sonne steigt aus dem Mangrovenwald, wirft reflektierendes Licht auf die Wasserfläche. Der Bootsführer drosselt den Motor zu einem sonoren Tuckern. Alvaro, nun ganz Ranger und Naturkundler, flüstert:

„Hier jetzt ganz leise sein, wenn ihr die Tierwelt beobachten wollt.“

Einander umschlingende Wasserlilien stehen in Reichweite. Ihre Kelche sind im Begriff, sich zu öffnen. Im Sonnenlicht entfalten sie sich. Bei einbrechender Dunkelheit schließen sie sich wieder. Viele Pflanzen des Sumpfes bilden, wie die Seerose, eine Verbindung zwischen Himmel und Wasser. Der Guide steuert gemächlich eine Insel an, die sich als saftige Wiese vor uns ausbreitet. Er lässt das Boot treiben.

Den Motor hat er abgestellt. Die Sonne schickt ihre Strahlen wie Lanzen aus wolkenlosem Firmament. Myriaden von Wasserläufern huschen über die klare Oberfläche, lassen glauben, es würde regnen. Neo, Hobbyornithologe, gerät angesichts der Reiher, Kraniche, Kormorane, Ibisse, Roten Flamingos regelrecht in Verzückung.

Alvaro: „Wir haben hier um die 170 Vogelarten, davon sind viele endemisch. Hinzu kommt die große Anzahl an Spezies aus Nordamerika, die bei uns überwintert. Der Schwarm dort sind Gundlachtauben, *Geotrygon caniceps*, nur in der Karibik anzutreffen. Sie stehen unter Artenschutz.“

„Wir nennen Tauben Luftratten. Es gibt zu viele davon“, sagt Moritz. Der Ranger meint:

„Eure Tauben sind keine *Geotrygons*!“ Er reicht Neo sein Fernglas mit den Worten:

„In der Ferne stolzieren Schmuckreiher, *Egretta thula*. Weißes Gefieder, schwarze Beine, leuchtend gelbe Zehen. Mit den Zehen imitieren sie Würmer, um ihr Futter, kleine Fische, anzulocken.“

Ein Pulk Flamingos schwebt ein, lässt sich nieder und stakt durch seichtes Sumpfwasser.

„Mit ihrem krummen Schnabel durchsieben sie das Wasser nach winzigen Krebsen. Nester bauen sie aus Schlamm, die schauen aus wie Miniaturkrater. Ihre rosa Gefiederfärbung ist auf Carotin zurückzuführen. Das Gefieder putzen sie mit einem körpereigenen Öl, um es gegen das Eindringen von Feuchtigkeit zu schützen.“

Wir werden mit Informationen zu Vögeln und Pflanzen eingedeckt, dass uns der Kopf brummt. Alvaro erweist sich nebenher als perfekter Stimmenimitator. Mit seinem Trällern, Pfeifen und Zirpen erhält er aus allen Richtungen Antworten. Antillengrackel und Graureiher begeben sich neugierig in unsere Nähe.

Wir stoßen ab und tuckern in ein Kanalsystem, das vom Mangrovenbewuchs nahezu undurchdringlich ist. An Luftwurzeln ziehen wir uns durch das Gewirr. Von des Rangers

Stimmenrepertoire angeregt, begleiten uns die seltsamsten Laute unzähliger Sumpfbewohner … Jetzt ist die unermessliche Seenlandschaft mit wogendem Grün unser Raum. So fernab der Zivilisation mit ihren Regeln und Zwängen komme ich mir vor wie ein Entdecker, der hinter jeder Mangrove etwas Besonderes, etwas Unbekanntes erwartet. Man fühlt sich auf sonderbare Weise eins mit der Natur. Und es wird erfahrbar, dass in jedem von uns mehr von einem frühen Homininen steckt, als für möglich gehalten wird. Abenteuerreisen sind heute gefragter denn je zuvor. Warum? Mag sein, dahinter verbergen sich Wunsch und die Sehnsucht, auf unser erstes Menschsein zurückzuschauen. Wir möchten erfahren, vielleicht auch erleben, wie es war, mit der Bedrohung fertigzuwerden. So erkennen wir, dass in einem kleinen Rest Natur die Gefahr ein wichtiger Lehrmeister ist. Sie weckt längst verschüttete Instinkte, die wir nicht mehr zu besitzen glaubten …

„Achtet auf Krokodile!“, mahnt der Guide. „Das ist ihr Revier. Früher hat es hier von ihnen gewimmelt. Jäger haben sie gefangen, fürs Leder enthäutet und das Fleisch verkauft. Das ist vorbei. Dafür gibt’s einige Krokodilfarmen, die Echsen züchten, einen Teil auswildern, einen anderen vermarkten dürfen.“

Alvaros Warnung hat im Boot für Unruhe gesorgt. Man hat viel von der Gefährlichkeit von *Crocodylus rhombifer* gehört. Schließlich ist unsere Gruppe bei einem Angriff mehr als gefährdet in dem flachen Schiffchen. Ich sehe uns schon aus dem Boot purzeln, mit den Echsen um die Wette schwimmen. Als wolle der Guide uns mal so richtig Angst machen, erzählt er von Köhlern und Torfstechern, die von Kroks nicht selten angegriffen, unter Wasser gezerrt, dann gefressen wurden.

„Bleib doch endlich mal ruhig sitzen, Ella!“, ermahnt Neo seine Frau.

Moritz späht angestrengt durchs Mangrovendickicht. Genüsslich erwähnt Alvaro weitere Schauergeschichten, dabei suchen seine Augen den Grund ab. Plötzlich schnellt seine Hand ins Wasser. Heraus zieht sie ein zappelndes Tier, das an eine besonders große Eidechse erinnert. Eine mit einem Maul, besetzt mit vielen kleinen Zähnen, die sich in den Daumen des Rangers verbeißen.

„Wie süß, ein Schnappi!“, ruft Ella mit ängstlicher Stimme.

Uns ist nicht wohl, da Krokodile eine intensive Brutpflege betreiben, was bedeutet, die Mutter des Babys müsste in der Nähe lauern und jeden Augenblick furchtbar böse aus der Tiefe schnellen.

„Herrje, ist das nicht gefährlich, was du da veranstaltest, Alvaro?“, fragt Moritz.

Ella sitzt kreidebleich im Boot.

Der Ranger: „Ich gehe davon aus, dass die angriffslustigen Burschen durch unser Nahen vertrieben wurden. Sie sind bei aller Aggressivität geräusch- und erschütterungsempfindlich. Dieses kleine Reptil ist über ein Jahr alt und kein Baby mehr. Nach der Brutpflege von zwölf Monaten ist es auf sich gestellt. – Neulich hat ein Krok ein Schwein gepackt. Die Echse schoss aus dem Wasser, biss sich in der Flanke fest. Für den Sprung nutzen die Tiere ihren muskulösen Schwanz wie eine Stahlfeder. Die Beute wird in die Tiefe gezogen, damit sie erstickt. Manchmal legen sie den Fang in einer Höhle ab, um ihn verwesen zu lassen. Oder sie reißen an Ort und Stelle Fleischportionen mittels Todesrolle heraus.“

„Todesrolle? Was um Himmels willen ist das?“, zetert Ella.

Weil Kroks nicht abbeißen können, müssen sie aus frischer Beute Stücke herausreißen, indem sie zupacken und sich ruckartig um die eigene Achse drehen.“

Moritz beguckt sich das kleine Reptil von allen Seiten und fotografiert. Als es zurück ins Wasser gesetzt wird, treten Blutstropfen aus Alvaros Daumen.

„Liegt die Bruttemperatur bei dreißig Grad, schlüpfen aus den Eiern Weibchen. Über dreißig Grad werden es Männchen“, erklärt der Guide. „Aus Gelegen um sechzig Eier erreichen nur sehr wenige Tiere das wehrhafte Alter. Über Eier und die Baby-Kroks machen sich Störche, Reiher, Fischadler, Raubmöwen her.“

Wir arbeiten uns unversehrt aus dem Mangrovenwald. Indem wir abstoßen und durch ein weiteres Kanalsystem fahren, erinnere ich mich eines Tom Beakers. Seines Zeichens Krokodiljäger am Sambesi in Simbabwe. Und berichte die Begebenheit:

„An einem Abend war Tom unaufmerksam. Er stand bis zu den Kien im Flusswasser und wusch sich. Natürlich hatte er den Fluss im Auge. Doch einem Reptil gelang es, sich unbemerkt zu nähern, um plötzlich aus dem Wasser zu schnellen. Tom nahm nur einen Schatten, dann den gelben, zungenlosen Rachen wahr, der sein Bein packte. Durch einen gewaltigen Ruck wurde er von den Füßen gerissen. Das Krokodil zog ihn in den Fluss. Tom Beakers war nicht nur Jäger, sondern auch ein guter Schwimmer, der die Luft lange anhalten konnte. Die Echse musste ihn für tot gehalten haben. So geschah es, dass er noch lebend in die Krokodilhöhle gezogen wurde. Solche Höhlen sind fürchterliche Orte! Voller Exkremente, Gebeine, Schleim, Gestank und Wasserratten, in absoluter Dunkelheit. Sie werden in Flussufern oder unter Felsvorsprüngen gegraben. Stets liegen die Zugänge unter der Wasseroberfläche, während sich die Höhle selbst oberhalb befindet. Als sich die Echse entfernt hatte, kam Tom zu sich, ertastete den Ausgang und tauchte trotz der schlimmen Beinverletzung hindurch und erreichte das rettende Ufer. Da er allein auf der Pirsch gewesen war, musste er sich fünfzehn Meilen zum nächsten Dorf schleppen. Tom überlebte, wahrscheinlich als einziger, der je einer Krokodilhöhle entkommen konnte. Doch er mochte nicht mehr leben. Ein Jahr nach dem Vorfall schoss er sich eine Kugel durch den Kopf. Er war wahnsinnig geworden.“

„Wie schrecklich!“, entfährt es Ella.

Der Tag verabschiedet sich mit einem grandiosen Sonnenuntergang, bei dem der Feuerball wie eine flammende Orange im Röhricht versinkt, Wasser und Himmel in mystisches Violett taucht.

Zurück im Hüttendorf Boca de Guamá im Stil der Taíno begeben wir uns über einen Steg ins Restaurant La Boca, ein Tipp von Alvaro, und laden ihn zum Essen ein. Wir folgen der Empfehlung des Oberkellners:

„Das heutige Abendessen: Überraschungs-Steak. Dazu Guarapo, das ist ein Zuckerrohrsaft mit Rum, sehr erfrischend."

Schon säbeln wir an einem schönen Stück Fleisch herum. Zart, wohlschmeckend, etwas würziger als Geflügel. Moritz fragt den Kellner:

„Was haben Sie uns denn Schönes serviert?"

„Ein Krokodilsteak – schmeckt es Ihnen?"

„Krokodil?", wir würgen gleichzeitig.

Ella schiebt ihren Teller zur Seite.

Isla de la Juventud – Stevensons Pirateninsel?

Wieder einmal muss das Los entscheiden. Kuba wird umgeben von mehr als 4000 Inseln und Inselchen, den Cayos. Moritz läuft die Zeit weg. Seine Arbeit ruft. Ihm bleiben nur noch wenige Tage in Kuba. Und ich möchte mich endlich erneut auf Hemingways Spuren begeben. Ziehe es vor, an die Nordküste zu fahren, um Cayo Guillermo zu besuchen. Jene Region, die Ernest zum Fischen ansteuerte und dort seinen Roman *Insel im Strom* ansiedelte. Nach seiner Jacht *Pilar* heißt der schönste Strandabschnitt dort Playa Pilar.

Moritz zieht die Isla de la Juventud im Archipiélago de los Canarreos vor, aus geschichtlichem Interesse. Die Münze wird geworfen … er gewinnt.

Wir nehmen die Schnellfähre, einen Katamaran, von Batabanó, der drei Stunden später im Hafen von Nueva Gerona anlegt. Vom Schiffssteward Montez – ich wundere mich mal wieder über die Allgemeinbildung vieler Kubaner – war zu erfahren, dass die *Insel der Jugend,* mit 2204 Quadratkilometern Kubas größte Nebeninsel, Sonderverwaltungsgebiet ist und 85.000 Bewohner hat. Im Laufe der Zeit änderte sich ihr Name fünf Mal. Siboney-Indianer, die ersten Siedler, kamen vor 1000 Jahren von den Kleinen Antillen und nannten ihre neue Heimat Siguanea. Ihre Hinterlassenschaft, so rätselt man, sind geheimnisvolle Höhlenmalereien. Kolumbus legte 1494 an und gab der Insel den Namen Juan el Evangelista. Als Piratenversteck hieß sie 150 Jahre später Papageieninsel. In der Zeit, als berühmte Gefangene auf der Insel schmachteten, hieß sie Isla de Pinos, die Pinieninsel. Und ab 1978 Isla de la Juventud.

„Wie kam die Insel zu dem heutigen Namen?“, will Moritz wissen.

„Das hat Geschichte: Als Fidel Castro hier einsaß, also im Presidio Modelo, lebten 11.000 Menschen auf dem Eiland, darunter 6000 Gefangene. Auf den Großfarmen residierten Amerikaner. Die Insel besaß gerade mal ein Krankenhaus, aber allein in Nueva Gerona, der Hauptstadt, sieben Bordelle. Charles Luciano, genannt Lucky, Oberboss der Mafia, wollte auf der Insel ein Zockerparadies installieren. Wegen Drogendelikten musste er aus Chicago nach Kuba flüchten. Sein Komplize Meyer Lansky, in Havanna bereits mächtig aktiv, griff das Projekt auf und eröffnete ein Hilton Hotel mit Kasino und weiteren Lustbarkeiten. Als Castro an die Macht kam, war Schluss mit der Dekadenz. Fidel ließ sechsundfünfzig Schulen bauen und rief die Jugend der Welt zur Ausbildung auf die Insel, die dann Insel der Jugend hieß", erzählt Montez.

„Alles Internatsschüler? Gibt es die Einrichtung noch?", frage ich.

„Also, auch das ist Geschichte", meint der Steward. „Um die 30.000 Schüler und Schülerinnen aus elf Nationen wurden in Internaten im revolutionären Geist erzogen: Marximus in den Schulen, Landwirtschaft auf den Feldern. Amharen aus Äthiopien und Angolaner bildeten die größten Gruppen, seit unsere Soldaten Schulter an Schulter mit den Afrikanern in den Bürgerkriegen der Länder kämpften. Berühmt war die Schule Haile Mariam, dort wurde auf Amharisch gelehrt: Landarbeit auf den Kolchosen vormittags, nachmittags Theorie in den Klassenzimmern. Im Carlos-Fonseca-Internat ging's militärischer zu. Isla de la Juventud beherbergte neben Waisenkindern aus Äthiopien und Angola Waisen aus Namibia, Kongo, Guinea, Jemen, Kolumbien, Nicaragua und aus dem ehemaligen Palästina. Die Einrichtung war Fidels ganzer Stolz."

„Was ist daraus geworden?", erkundigt sich Moritz.

„Dem Projekt ist seit dem Zusammenbruch des Ostblocks das Geld ausgegangen. Fast alle Internate sind geschlossen. – Übrigens, wenn ihr euch auf der Insel umsehen wollt, nehmt

Kontakt zum Taxifahrer Klaus Hildebrandt auf, ein Deutscher. Der kennt sich aus!“, ruft uns Montez nach.

Schon mal informiert, verlassen wir das Fährterminal zu Fuß. Moritz hat den Leihwagen in Batabanó, hoffentlich sicher, untergestellt. Mir ist noch Castros sozialistischer Traum vom Internationalismus im Kopf. Wird die Insel ihrem Namen gerecht?

Der Weg führt uns ins Hotel Colony, südwestlich der Stadt. Einst war dies die berüchtigte Nobelherberge aus der Hilton-Gruppe, von der Mafia finanziert und gemanagt, bis sie Castro konfiszierte. Der Hauptkomplex befindet sich in traurigem Zustand: kaum Gäste, muffige, verschlafene Kellner. Graue Wände. Blätter im schmutzigen Pool. Nichts erinnert an Glamour und Dolce Vita. Nichts an mafiöse Strukturen. Den Nachmittag vertreiben wir uns am Strand. Abends schlendern wir durch die Hotelhallen, stellen uns die Roulettetische vor, die Animiermädchen und die Summen, die hier verspielt und gewonnen wurden. Auch die damaligen Machthaber Kubas erscheinen vor dem geistigen Auge: Fulgencio Batista, mit rundem Gesicht, selbstgefällig, süffisant lächelnd. Meyer Lansky mit Hut, schwarzer Sonnenbrille, verschlagenem Grinsen. Lucky Luciano, gewelltes, schwarzes Haar, narbiges Gesicht, Gaunervisage mit eiskalten Augen. In der Präsidentensuite wurden die erbeuteten Dollars aufgeteilt. Eine „feine“ Gesellschaft, die lebhaft an *Der Pate* von Mario Puzo erinnert … Bis die Revolution durch die Tore stürmte und das lukrative Investment beendete.

El Seguro, der Verlässliche, wird Klaus Hildebrandt bei den Insulanern genannt. Pünktlich holt er uns mit seinem Hyundai-Taxi ab. Ein Mann Ende fünfzig, fröhliches Gesicht, kurzer grauer Haarschnitt, blaue Augen. Er trägt ein grünes T-Shirt und spricht Sächsisch. Wir lassen uns von ihm die Insel zeigen. Klaus ist Kettenraucher. Wir drehen die Scheiben runter, um nicht zu ersticken. Zwischen den einzelnen Zigaretten erzählen wir ihm etwas aus unserer gemeinsamen Heimat und fragen nach seinem Lebensweg, den er bereitwillig erläutert: Vor dem Mauerfall verliebte er sich in eine hübsche kubanische Gastarbeiterin und zog mit ihr von Leipzig nach Kuba. In Nueva Gerona wurde geheiratet. Bald nach den Flitterwochen gebar seine liebe hellhäutige Frau ein schwarzes Baby. Mit den losen Sitten war Klaus noch nicht vertraut und ließ sich scheiden. Heiratete dann noch zwei Mal, um seine Aufenthaltserlaubnis zu behalten. Als Bautechniker findet er zurzeit keine Arbeit, also schlägt er sich recht und schlecht als Taxifahrer oder Fremdenführer durch. Auch wenn ihm an manchen Tagen das Geld für Sprit fehlt, an Lebensmut und Optimismus mangelt es ihm nicht.

Von José Montalbuo, einst Leiter einer Internatsschule, wird uns bestätigt, dass Fidels Projekt, Erziehung einer multinationalen Jugend im sozialistischen Geist, begraben wurde. Montalbuo, alten Zeiten nachtrauernd:

„Kam Fidel zu Besuch, standen Tausende ‚seiner' Kinder an der Camino 29, jubelten und schwenkten die kubanische Fahne. Was für ein herrliches Bild, all die dankbaren Kinder aus den vielen Ländern, denen wir helfen konnten." Wir nähern uns einer Plattenbauruine mit einem fünfzackigen Betonstern kurz vor dem Herabfallen.

„Hier waren Kinder aus Namibia untergebracht", erklärt José, der uns in seinem roten Lada begleitet. Klassenräume, Flure, die Pausenhöfe, alles verwildert, verkommen. Porträts von Marx, Lenin, Guevara und einem Afrikaner mit Bart, vermutlich Sam Nujoma, total vergilbt, hängen schief an verschimmelten Wänden.

Eine ehemalige Lehrerin taucht auf. Barfüßig, verfleckter Rock, die Bluse notdürftig geflickt, nicht gerade wie man sich eine Erzieherin vorstellt. Liliana lehrte hier mehrere Jahre Marxismus-Leninismus. 1994 wurde das Internat geschlossen. Sie blieb, haust in der Betonruine als Selbstversorgerin mit Gemüsegarten, Hühnern und zwei Schweinen.

„Ich hab schon mal Besuch von ehemaligen Schülern bekommen. Als sie sahen, was aus ihrer Heimstatt geworden ist, haben wir vereint geweint", erzählt Liliana.

Die größte der zahlreichen Ruinen auf der Isla heißt Presidio Modelo. Klaus kutschiert uns auf der Straße der Sträflinge an das monströse Gefängnis, das einst über 6000 Inhaftierte beherbergte. Auf dem von Buschwerk und Palmen gesäumten Schotterweg meint Moritz:

„Das ragt aus grüner, friedvoller Landschaft, wie ein Kolosseum aus der Römerzeit!"

„In der Tat! Hier saßen Fidel und Mitstreiter nach dem gescheiterten Angriff auf die Moncada-Kaserne ein. Vorbild für den Gefängniskomplex war das ausbruchsichere Joliet-Gefängnis in Illinois, USA. Wie ihr gleich sehen werdet, besteht die Anlage aus fünf Kerkertürmen. Der größte in der Mitte wird von vier kleineren umgeben. Die Zellen befinden sich jeweils an den Außenwänden. Zentral stehen Beobachtungsschächte. Diktator Machado hat das Gefängnis 1932 bauen lassen", erklärt Klaus.

Schauder überkommt den Besucher, wenn er im Gefängnisdom steht, umgeben von all den Zellen, die sechs Stockwerke hoch wie Bienenwaben angeordnet sind. Klaus sagt: „Von dem Turm da oben konnte ein einziger Aufseher 950 Gefangene überwachen. Die Zellen waren durch eine Stahldrahtwand stets einsichtig. Ich würde sagen, das Presidio Modelo war ein ziemlich unmenschlicher Knast. 1997 wurde er geschlossen. Dann zur Erinnerung als Museum der Öffentlichkeit freigegeben."

Im Zellenbereich Fidels und dem der anderen Moncada-Insassen wird deren Aufenthalt dokumentiert und auf die Gefängnisgeschichte hingewiesen. Nicht auszumalen, wie die vielen politischen Häftlinge in dem Bau haben leiden müssen!

„Was sagt ihr dazu: Von fünfzehn Jahren saß Fidel nur zwei ab. Aus Freude, weiter an der Macht bleiben zu können, gewährte Batista einigen Gefangenen Amnestie. Ausgerechnet der Anführer befand sich unter den Glücklichen, der flugs nach Mexiko entschwand, um eine Revolution zu organisieren. Batista muss sich für seine Fehleinschätzung verflucht haben!", informiert Hildebrandt.

„Klaus, lass uns nach dem Schrecklichen nun das Schöne der Isla besuchen", meint Moritz.

„So einfach ist das nicht. Für den Süden brauchen wir Passierscheine. Es handelt sich um eine militärische Zone. Ich schlage vor, dass wir morgen den geheimnisvollen Ort Punta del Este besuchen. Und jetzt erst einmal die Formalitäten erledigen."

Die Fahrt führt durch Busch- und Sumpflandschaft an die Küste im Südwesten der Insel. Wir halten an einem wildromantischen Gestade mit verstecktem Naturhafen. Das Gelände hat sich dschungelartig verdichtet. Zu Fuß begeben wir uns in die Cueva de Punta del Este, ein Höhlengewölbe, das an den Wänden und der Decke ganz merkwürdige Zeichnungen erkennen lässt: graue, rotbraune und schwarze konzentrische Kreise und Kreuze.

„Die Wandmalereien wurden 1920 entdeckt. Davon gibt es in dieser Höhle 200. In der Nähe befindet sich eine zweite Kaverne mit ähnlichen Symbolen", sagt Klaus.

„In den Höhlen am Meer haben religiöse Zeremonien und geheime Versammlungen stattgefunden. Heilige Orte der ersten Inselbewohner müssen dies gewesen sein", sagt López, unser fachkundiger Begleiter, ein Archäologe.

„Wie alt sind die erratischen Symbole und was bedeuten sie?", frage ich beflissen.

In der Sahara hatte ich mich wochenlang mit Felszeichnungen befasst, weil sie eindrucksvoll von einer grünen Wüste berichten.

„Es gibt unterschiedliche Erkenntnisse. Einige Forscher datieren sie auf ein Alter von 3000 Jahren. Was bedeutet, sie sind von einem Volk vor den Taíno gemalt worden. Andere Wissenschaftler meinen, sie seien von den Taíno erstellt, damit etwa 1500 Jahre alt. Paläobotaniker können die C14-Methode für die Altersbestimmung bei diesen Zeichnungen nicht sicher genug verwenden. Damit bleibt ihr Alter vorerst rätselhaft. Rätselhaft wie ihre Bedeutung. Handelt es sich um Zeitmessungen? Um astronomische Bestimmungen oder um reine spirituelle Symbolik? Ich bin der Auffassung, dass diese Höhle und die zweite, Cueva de Caleta Grande, Versammlungsplätze kultischer Zeremonien waren. Vielleicht versteckte Plätze für einen uns nicht bekannten Opferbrauch, ähnlich dem der Maya in Yucatán, nur sehr viel frugaler“, erklärt López.

Unter den eindrucksvollen Felszeichnungen schreiten wir weiter ins Höhleninnere. Nach fünfundzwanzig Metern verjüngt es sich trichterförmig und mündet in einem engen, dunklen Gang. Wir verharren und bemerken zwei runde Löcher in der Decke, durch die gedämpftes Licht fällt.

López erklärt: Später habe es sich bei den Höhlen und dem Naturhafen, in unmittelbarer Nähe, um Piratenschlupfwinkel gehandelt. Nicht klar sei, ob die Indianer nach dem Erscheinen der Piraten die Höhlen gemeinsam nutzten, um sich vor den Spaniern zu verstecken. Englische Freibeuter kannten die Schlupfwinkel seit dem 16. Jahrhundert. Geräte, Waffen und Feuerstellen sind ihre Hinterlassenschaft. Es gilt als ziemlich sicher, dass Francis Drake mit seinen Schiffen hier Deckung suchte, als er von dem spanischen Admiral Delgadillo verfolgt wurde. In den kühlen Verstecken lebten Piraten unterschiedlicher Nationalitäten und hatten Versorgungsdepots angelegt. Die Deckendurchbrüche legen die Vermutung nahe, dass sie Indianern wie Piraten als Schlupflöcher dienten. Im Verteidigungsfall säßen sie nicht in der Falle, sondern könnten durch die Ausstiege in den Dschungel fliehen. Unter einer auffälligen Abbildung mit mehreren Kreisen verweilen wir noch einmal. Wunderbar ist zu erkennen, dass ein kleiner Ring von vielen weiteren umschlossen wird. Umlaufbahnen eines Sonnensystems? Beim genauen Betrachten erscheinen die Punkte als Monde. Mir kommt folgende Idee: Maya, Azteken und Inka beschäftigten sich intensiv mit Astronomie. Inka zum Beispiel hatten einen Landwirtschaftskalender mit der großen Sonne für den Sommer, mit der kleinen Sonne für den Winter im Gebrauch. Die Wanderung der Gestirne war ihnen gut bekannt. Und die Maya führten einen astronomischen Sonnenkalender und einen ritualen für kultische Zwecke. Durchaus möglich, dass mittel- oder südamerikanische Völker, wenn auch nur vorübergehend, hier weilten und Erkenntnisse in den Höhlen dokumentierten. Bei den Taíno war ein heliozentrisches Weltbild nicht vorhanden.

Ich äußere meine Vermutung, der López entgegensetzt, er habe aus alten Schriften vernommen, Konquistadoren seien auf hellhäutige, blonde Riesen mit Bärten gestoßen. Unmöglich Indianer. Vielleicht ein Volk aus dem Norden? Wikinger, die um 800 nach Christus so weit in den Süden vorstießen und sich an den Wänden verewigten?

„Wikinger erreichten auf ihren Amerikareisen Long Island, das ist die Höhe des heutigen New York. Die Theorie, sie hätten die Mississippi-Mündung je gesehen, ist nicht bewiesen. Nordmänner im Süden Kubas erscheinen mir unvorstellbar, zumal solche oder ähnliche Zeichnungen an keinem ihrer übrigen Standorte zu finden sind“, meint Moritz.

Wir wälzen zu den mysteriösen Felszeichnungen noch eine Weile obskure Hypothesen. Ich bleibe bei meiner, eines Besuchs der Maya oder Azteken. Schließlich erkunden wir den einsamen Naturhafen Punta del Este, schwimmen und schnorcheln an Sandbänken vorbei bis zum Korallenriff und genießen die paradiesische Einsamkeit. Haben einen der schönsten Plätze der Karibik ganz für uns allein. Gut vorstellbar ist, dass der französische Meeresbiologe Jacques-Ives Cousteau hier tauchte!

Nicht minder spannend ist die Erkundung der anderen Inselseite: die Bucht Ensenada de la Singuanea. Dort beamen wir uns in die Zeit der Piraten, Freibeuter, Seeräuber. Zuvor durchqueren wir ein dichtes Waldgebiet und Strandabschnitte, wo Meeresschildkröten ihre Eier ablegen. Es folgt der Leuchtturm Carapachibey an der Südspitze der Isla. Er ist einer der ältesten Leuchtfeuer Lateinamerikas und weithin sichtbar.

In Cocodrilo endet die Straße nach Westen. Hier will ich mich umsehen. Einst hieß der Ort Jacksonville, seine Bewohner kamen von den Cayman-Inseln, waren Nachfahren britischer Piraten und sprachen nur Englisch. Längst sind sie assimiliert und abgewandert. In Cocodrilo spricht man Spanisch, kaum jemand kann sich an die britischen Bewohner erinnern. Der alte Henry Jackson, Ur-Urenkel englischer Freibeuter, war einer der letzten, der um 1998 Besuchern etwas aus der Zeit erzählen konnte. Sein Urgroßvater mütterlicherseits war ein waschechter Pirat mit einem kanonenbestückten Zweimaster, den er auf einer Kaperfahrt geraubt hatte. Gern zeigte Henry die Stelle am Meer, wo der Schoner in einer getarnten Bucht lag. An dieser Stelle landeten auch die Familien von den Cayman-Inseln an und gründeten Jacksonville. Henrys vier Kinder sind auch keine Engländer mehr, sondern Kubaner geworden und nach Havanna gezogen. Nach Gold, Juwelen und Silber gefragt, habe Henry geantwortet: „Piratenschätze, die liegen auf dem Grund des Meeres, im Bauch von Wracks, oder sie wurden irgendwo an Land vergraben. Ab und zu haben Fischer in ihren Schleppnetzen schon mal Gold- oder Silberbarren geborgen."

Von keiner anderen Küste der Welt ist mir bekannt, dass sich in dieser Fülle Piratenversteck an Piratenversteck reiht. Da müssen unermessliche Werte an der Küste schlummern. Das sieht die Revolutionsregierung ebenso, deshalb ist die Schatzsuche strikt verboten. Angeblich soll Fidel Castro die ungehobenen Seeräuberwerte als eiserne Reserve seines maroden Staates betrachtet haben.

Von Cocodrilo bis an die Landnase Punta Francés und durch die Ensenada de la Singuanea bis zum Städtchen Siguanea stoßen wir immer wieder auf Spuren von Piraten. Der Name Playa Punta Francés, in einem Naturschutzgebiet gelegen, geht auf den französischen Freibeuter François Le Clerc zurück. Er überfiel im 16. Jahrhundert wiederholt Kubas Küstenorte. Urkundlich belegt ist, dass er der erste Pirat mit einem Holzbein war. Ein Kollege seiner Zunft mit Holzbein hieß Agustin Jol, ein holländischer Seeräuber. Der kommandierte auf Kaperfahrten vier Schiffe mit 200 Piraten. Sein Rückzugsgebiet: der Naturhafen Caleta de Agustin Jol im Süden der Isla.

„Die Häufung der Piratenverstecke kommt nicht von ungefähr“, sagt López. „Isla de la Juventud liegt dicht an der Route der Galeonen, die Gold aus Mittel- und Südamerika nach Spanien transportierten. Nach den Überfällen konnten sich die Seeräuber rasch in ihre Verstecke zurückziehen. Hinzu kam, dass mit dem Holz aus den Pinienwäldern Schiffsreparaturen an Ort und Stelle möglich waren. Wegen der Bohrmuschel Barnea candida mussten die Schiffe jährlich aus dem Wasser geholt, gedichtet und kalfatert werden. Der südliche Küstenabschnitt bot Piraten noch weitere Vorteile: Verstecke in den Naturhäfen und im Dschungel, Süßwasserquellen, reichlich Nahrung und Höhlen in Küstennähe. Und als Krone aller Vorzüge konnten die Piraten die spanischen Flottenbewegungen von den Bergen der Sierra la Cañada bestens beobachten, um die nächste Kaperfahrt vorzubereiten.“

„Wer hatte sich denn hier versteckt?“, fragt Moritz.

„Über Generationen hinweg hatte sich die Prominenz der Seeräuber angesiedelt oder sporadisch blicken lassen: Neben Le Clerc und Agustin Jol erschienen Francis Drake, John Hawkins, Henry Morgan, Franquesnay, Latrobe, Pierre und Jean Lafitte, um nur einige Namen zu nennen. Alexandre Olivier Exquemelin, der unter Henry Morgan diente, berichtet in Aufzeichnungen, wie attraktiv das abenteuerliche Piratenleben für Matrosen im Vergleich zur Schinderei auf den Schiffen der europäischen Marine war. Nachwuchssorgen kannte die Gilde nicht. Die Beute wurde gerecht geteilt, soziale Hilfe in einem Ausmaß gewährt, von der gepresste Seemänner nur träumen konnten. Auf ihren Rücken tanzte bei den geringsten Vergehen die neunschwänzige Katze. Freibeuter jener Zeit hatten einen durchaus demokratischen Verhaltenskodex, der in den absolutistischen Staatsformen unbekannt war. Indianer und entflohene schwarze Sklaven lebten mit den Piraten in guter Co-Existenz“, erläutert der Archäologe.

Station um Station fahren wir die markanten Stützpunkte der Seeräuber ab und versetzen uns in die Zeit des maritimen Mittelalters. So erreichen wir die verwunschenen Buchten der Korsaren Lugo und Pedenrales. Hafen und Höhle des Piraten Le Clerc. Die Dschungelverstecke von San Pedro. Den Aussichtspunkt der englischen Piraten. Und Colony, den ehemaligen Reparaturplatz der Freibeuterschiffe. Der Hafen von Colony ist unsere letzte Etappe auf dem Ausflug in die Vergangenheit abenteuerlicher Inselgeschichte. Abseits der Küstenwache, der Wassertürme, Kompressoren und der Marina mit Motorbooten für Ausflügler suchen wir uns ein Plätzchen in einem Mangrovenhain. Wir haben uns Kokosnüsse aufgeschlagen und ziehen die kühlende Milch durch Strohhalme. Die Pause muss sein! Ein idyllischer Ort, der durch das Krächzen der Papageien zum Träumen anregt.

Isla de Tesora wurde das Eiland ja auch genannt. Wer will abstreiten, dass es Robert Louis Stevensons *Die Schatzinsel* war? Wenn der Schriftsteller eine konkrete Insel meinte, kann es nur diese gewesen sein! Im karibischen Raum existiert keine weitere Küste mit so vielen authentischen Geschichten zur Piraterie und verbuddelten Schätzen.

Während ich so über die See blicke, dem Meeresrauschen lausche, „erscheint“ am fernen Horizont Pirat Long John Silver, einbeinig, einen Papagei auf der Schulter, den Säbel in der Faust. Hinter ihm lächelt sein Erfinder Stevenson, blass, eingefallene Wangen, hüstelnd. Der schottische Autor hatte Tuberkulose und wurde nur vierundvierzig Jahre alt. Er starb 1844 auf Samoa, einer Insel, die seiner Erkrankung zuträglich war. Doch er war in seinem kurzen Leben ein rastloser Reisender. Die Schatzinsel hat er vermutlich nie besucht, aber mit Sicherheit einiges über sie gelesen, bevor er für seinen Stiefsohn Lloyd eine Inselskizze malte und die Abenteuergeschichte verfasste. Ein trinkfester, fußamputierter Schotte aus der Nachbarschaft war Vorbild für Pirat Silver.

Seine Fortsetzungsgeschichten unter dem Titel *Treasure Island: The Sea Cook* blieben unbeachtet. Erst als das Buch *Treasure Island* 1883 in London erschien, wurde der Abenteuerroman für die Jugend ein Welterfolg.

López wendet sich Moritz zu und erzählt ihm etwas über Francis Drakes letzte Kaperfahrt. Ich horche auf, schließlich befasste ich mich mal mit dem alten Seewolf. Daraus wurde das Buch *Goldrausch in der Karibik.* Weiß der Archäologe Unbekanntes über ihn zu berichten? Ich bin ganz Ohr.

„Ende des 16. Jahrhunderts bekam die Isla noch mal bedeutenden Besuch. Die Kapitäne Sir Francis und sein Onkel John Hawkins steuerten mit ihrer Flotte Isla de Pinos an, um in der Bucht Siguanea zu ankern. Besonders Drake war wegen seiner spektakulären Erfolge im Kampf gegen Spanien sehr geachtet und als *El Dragon*, der Drache, bei den Iberern gefürchtet. In die Jahre gekommen, wollten Sir Francis fünfundfünfzig- und John fünfundsiebzigjährig den spanischen Hafenstädten in der Karibik noch mal so richtig einheizen und satte Beute machen. Einige ihrer Schiffe mussten vor der nächsten Kaperfahrt repariert werden. Während der Weiterfahrt nach Punta Este tauchte eine ungeahnt starke Kriegsflotte der Spanier auf und bedrängte die Engländer. Für eine offene Seeschlacht waren die englischen Schiffe zu schwach bestückt. Drake und Hawkins segelten an den zerklüfteten Küstenabschnitt San Pedro, manövrierten geschickt an den Cayos vorbei, bis in vom Dschungel überwucherte Wasserarme. Die Spanier konnten mit ihren schwerfälligen Schiffen nicht folgen und mussten erleben, wie ihnen die englische Flotte zwischen Inselchen und Mangroven davonsegelte."

„Und wie ging die Kaperfahrt aus?", fragt Moritz.

Bevor López antwortet, sage ich: „Der Törn im Süden der Isla war die letzte gemeinsame Zeit der beiden Kapitäne. Hawkins wurde am 23. November 1595 von einer spanischen Kugel vor Puerto Rico tödlich getroffen und Drake starb am 28. Januar 1596 nach seinem erfolglosen Angriff auf Portobelo an Ruhr."

„Colony, dieser ehemalige Reparaturplatz für Korsarenschiffe, wurde rund hundert Jahre später von Alexandre Olivier Exquemelin in seinem Buch *Die amerikanischen Seeräuber* beschrieben“, informiert der Archäologe, dem es Freibeuter besonders angetan haben.

„Interessant, war der auch Pirat?“, will Moritz wissen.

„Exquemelin, ein Hugenotte aus Frankreich, wurde um 1645 geboren und starb wahrscheinlich 1707. Anfangs arbeitete er im Auftrag der französischen Westindien-Kompanie in Tortuga, bekam Streit mit der Verwaltung und wurde Filibuster, also Freibeuter. Als Wundarzt und Chirurgius flickte er, unter verschiedenen Kaperkapitänen, verwundete Piraten zusammen. Bei der Eroberung der Stadt Panama durch Henry Morgan war er dabei und um 1672 bei einer Schiffsreparatur in Colony. Sein Bericht aus erster Hand ist eine der bedeutendsten Quellen zum Piratenwesen des 17. Jahrhunderts. Hört euch an, was er über diesen Standort mitteilte.“

López schlägt die Seite einer spanischen Übersetzung von *Die amerikanischen Seeräuber* aus und liest:

„Nach vierzehn Tagen erreichten wir die Insel Pinos an der Südküste von Kuba und steuerten einen Hafen an, weil wir unser Schiff, welches wir kaum noch über Wasser halten konnten, ausbessern mussten. Zwei Indianer, die mit uns gekommen waren, gingen sofort auf Fischfang, einige unserer Leute machten Jagd auf die von den Spaniern dort eingeführten Rinder. Nach kaum vier Stunden hatten wir Rindfleisch, Schildkröten, Mantis und Seefische genug für zweitausend Menschen. Da war alles Ungemach vergessen […] Auch zum Ausbessern unseres Schiffes bot sich hier gute Gelegenheit, denn wir hatten keine anderen Feinde zu erwarten als Spanier, und vor diesen hatten wir keine Angst. Nur auf die Alligatoren mussten wir achtgeben, weil die auch nicht vor Menschen zurückschreckten. Einer von uns trat beim Durchstreifen des Busches plötzlich auf einen im Schlamm vergrabenen Alligator. Dieser packte ihn beim Bein und riss ihn zu Boden […] Wenn die Alligatoren nachts versuchten, an Bord zu

klettern, warfen wir ihnen einen Strick um den Hals und zogen sie herauf."

Wieder in der Gegenwart, gehen wir zum Hafen zurück. Vor der Ecke einer Bude spielt eine Band *Sucu Sucu*, jene kribbelig-heitere Variante des Son. Boote mit Tauchern sind eingetroffen. Noch ist dieser Teil der Insel touristisch unerschlossen. Die Infrastruktur rudimentär. Wir genießen den fehlenden Rummel. Wie lang lässt er sich fernhalten? In der Singuanea Bay ankerten bereits Kreuzfahrtschiffe mit Abertausend Passagieren. Wir sind dankbar, den Inselabschnitt erleben zu dürfen, fast so, wie ihn Exquemelin beschrieb.

Noch in der Nacht setzt Moritz eine SMS ab:

Hallo, ihr Lieben, rasch das Neueste: Sind in der Sierra Maestra zum Dschungel-Camp des Commandante Fidel vorgedrungen. In der Schweinebucht über Kubas Zukunft diskutiert, mit Delfinen geschwommen und eine Seekuh beim Grasen beobachtet. Auf der „Schatzinsel" im Gefängnis des einstigen Vorsitzenden gewesen. Und heute die Schlupfwinkel der Piraten abgeklappert. Für mich geht die kurze, aber tolle Reise zu Ende. Morgen bringe ich Papa nach Cojimar. Er wird Hemingways Fährte wieder aufnehmen. Ich fahre nach Havanna, werde am Freitag zu Hause sein. Ich freue mich auf euch! Herzliche Grüße, auch von Opi, euer Papa.

Abschied im Schatten des Kastells

Die Verabredung mit Enzo Hermandez am Castillo von Cojimar klappt prima. Carlota, seine Frau, hat ihn informiert, dort einen neugierigen Ernesto-Fan zu treffen. Tabak und Rum braucht nicht nur ein Cowboy, vielleicht dringender ein Kubaner. Wir sitzen in schwüler Abenddämmerung auf der Mauer des Malecón, das ist der Balkon Cojimars. Wir paffen eine Cohiba, ob echt oder nicht, spielt keine Rolle.

Enzo, geschätzt Mitte sechzig, gibt vor, Fischer zu sein. Habitus, Ausdrucksweise, Aussehen lassen mir den distinguierten Herrn als einen Dozenten der Geisteswissenschaften erscheinen, eher in eine Uni passend als auf einen Fischkutter. Auf jeden Fall ein besonderer Typ! Er sagt: „Aus San Juan y Martínez kommen die besten Tabakblätter der Welt. Wir haben das beste Klima für die empfindlichen Pflanzen. Es darf nicht zu viel und nicht zu wenig regnen. Wichtig ist die Balance aus Sonnenschein und kühlen Nächten." Damit entweicht seinem Mund Rauch, wie aus einem Schornstein.

„Was macht denn eine Cohiba so besonders?", frage ich.

Der Kubaner lacht: „Der Preis! – Nein, nicht nur der. Die Zigarrenmarke wurde 1966 allein für Fidel Castro kreiert. Erst 1982 kam sie als etwas ganz Exklusives für die Allgemeinheit mit Geld auf dem Markt. Die Puros dürfen nur aus dem besten Tabak des Anbaugebiets Vuelta Abajo gerollt und nur von den erfahrensten Wicklern der Manufaktur El Laguito befingert werden. Der Name *Cohiba* ist der Taíno-Sprache entlehnt. Er bezieht sich auf einen bestimmten Wickel der Blätter."

Carlota hat ihm ein Päckchen Tostónes mitgegeben. Das sind Kochbananen, die in Scheiben geschnitten und zwischen Holzbrettern platt geklopft werden. Anschließend werden die

Bananenscheiben gewürzt, in Ei gewendet und frittiert. Mit Rum wird der Schmaus gespült.

„Ah – ist der gut!“, bemerkt Moritz. „Das Abschiedspicknick wird mir in bester Erinnerung bleiben, Enzo.“

„Kein Wunder, wir produzieren ja auch den besten Rum der Welt …“

„… Durch Zufall“, ergänzt Moritz. „Ein französischer Weinhändler verriet 1860 dem katalanischen Freund Facundo Bacardi y Mazó die geheime Formel zur Herstellung jenes milden, feinen Getränks.“

Enzo, sichtlich erstaunt: „Richtig. Das ist die Geburtsstunde des edlen Trunks, verbunden mit dem Namen Bacardi aus der Stadt Santiago de Cuba.“

Ich werde neugierig: „Und worin besteht das Geheimnis der Qualität?“

„Nun, Rum herstellen ist kein Geheimnis. Er wird aus Wasser, Hefe und durch spezielle Nährstoffe fermentiertem Zuckerrohrsaft produziert, dann eine bestimmte Zeit gelagert. Später mit Alkohol und anderen Rumsorten versetzt. Man hat Rum, der nun, um wirklich gut zu werden, noch Jahre reifen muss. Die Geheimformel ist ein Mythos. Soll angeblich mit dem Wasser Santiagos, der Fasslagerung und dem Zuckerrohrsaft einer bestimmten Plantage zusammenhängen. Alles Unsinn. Nein, es geht um die exakte Abstimmung und Einhaltung der Ingredienzien.

Übrigens wollte die Firma Bacardi & Co. anfangs überhaupt nicht florieren. Erst die Beharrlichkeit und stetige Verfeinerung des Produkts brachte den Erfolg. Emilio Bacardi machte ein Vermögen, wurde Bürgermeister von Santiago und baute das erste Museum Kubas. Nach der Revolution wurde sein Besitz enteignet. Die Rum-Dynastie wanderte nach Puerto Rico aus. Geblieben ist der weltbeste Rum, der unter dem Namen *Havana Club* vertrieben und von Ron Caney hergestellt wird.“

Das erstaunt mich: „Wie ist das möglich, wenn die Macher sich doch abgesetzt haben?“

„Es blieben der Braumeister, der Produktionschef, der beste Zuckerrohrsaft und 50.000 Fässer zehn Jahre alten Rums für den Verschnitt. Die Güte der Qualität erklärt sich mit den Reserven alten Rums, vielleicht noch mit ein paar Tropfen Bittermandelextrakt für den besonderen Pfiff. Ist es nicht erstaunlich, dass die vielen Fabriken Bacardis außerhalb Kubas unsere Qualität nicht erreichen? – Salud!"

„Salud!", prosten wir uns zu.

Enzo Hermandez gefällt mir. Ein Fischer mit universalem Wissen? Bin gespannt, was er mir zu Hemingway berichten kann. Moritz fragt: „Wo haben Sie Ihre Frau gelassen?"

Enzo lacht und meint: „Trotz aller Emanzipation sind wir Steinzeit-Machos. In der Rolle fühlen wir uns wohl. Ein Mann mit vielen Frauen ist ein *picaflor*, ein Blümchenpflücker. Frauen mit vielen Männern sind *putas*, Huren. Ich bin eine Ausnahme, habe meine liebe Carlota und bin schon fünfunddreißig Jahre verheiratet. Zusammen haben wir zwei Töchter. Doch wir leben nach dem alten Muster: Frauen gehören ins Haus, Männer auf die Straße. Carlota akzeptiert das. Bei Silvana, meiner älteren Tochter, bin ich nicht sicher. Neulich hat sie einem Verehrer, der über sie bestimmen wollte, den Laufpass gegeben."

Ich schnappe mir noch eines der köstlichen Tostónes. Hinter dem Castillo steigt der Vollmond aus dem Meer und wirft einen langen Schatten über die Ufermauer. Liebespaare und Romantiker lassen die Beine übers Gemäuer baumeln, genießen einfach den Abend und denken in Ruhe über das Leben nach, so wie wir.

„Ich bedaure sehr, dass Ehen nicht mehr halten", seufzt Enzo wie von weither. „Familien zerfallen, soziale Probleme häufen sich. Frauen sind die Benachteiligten. Sie müssen sich mit Kindern aus verschiedenen Verhältnissen durchschlagen. Immer in der Hoffnung, der nächste Mann meint es mit seinen Versprechen, zu bleiben, ehrlich.

Und die Kinder verlieren zur elterlichen Geborgenheit das Urvertrauen. Viele Jugendliche sind dermaßen geschädigt, dass ihnen Versprechen, Ehrlichkeit, Anstand, Treue nichts mehr bedeuten. Kuba wird ein Land ohne Väter. Väter, die sich nach einer Liaison aus dem Staub machen. Unser Land hat die höchste Scheidungsrate Lateinamerikas."

„Ach, Enzo", sagt Moritz. „Andere Länder haben ähnliche Probleme."

„Nicht so krass. Es liegt an der lockeren Sexualmoral und der Tatsache, dass ein Scheidungsverfahren höchstens zwanzig Tage dauert und nicht mehr als drei Dollar kostet. Hinzu kommen die politischen Veränderungen: koloniale Vergangenheit, Diktatur, revolutionäre Umwälzung und nun eine Orientierung hin zum Kapitalismus. Ich hoffe nicht, dass die Ehe bei uns als Lebensmodell ausgedient hat. 1992 wurden in Kuba 200.000 Ehen geschlossen, heute nur noch 50.000. Vielleicht liegt es ja auch an den weggefallenen Vergünstigungen. Früher spendierte der Staat bei Eheschließungen Bier, Limonade, Kuchen und belegte Brote. Außerdem wurde das Paar für drei Tage in eines der teuren Hotels eingeladen, um die Hochzeitsnacht ausgiebig zu genießen. Im Zuge der Sonderperiode ist alles weggefallen."

„Haben weniger Ehen und häufige Scheidungen nicht etwas mit Streitkultur, verminderter Toleranz, aber vor allem mit Ausbildung, beruflicher Selbständigkeit zu tun? Eine verdienende Frau lässt sich von ihrem Mann nicht herumkommandieren", sagt Moritz.

„Wenn die Ehe ein Instrument der Beherrschung oder der sozialen Manipulation ist, sollte sie getrennt werden. Da gebe ich Ihnen recht. In Kuba sind Frauen bei Trennungen die Verlierer. Ich habe einen Bekannten, der arbeitet als Touristenführer, von der Sorte gibt's einige. Ich nenne ihn Flores. Nie würde er einer Frau nachpfeifen oder schmutzige Witze erzählen. Er ist charmant, rezitiert Gedichte. Schwärmt von Anmut und Sinnlichkeit einer Eroberung, die umgarnt wird mit Liebesschwüren und Treue bis in den Tod. Neulich trafen wir uns. Er war wieder Vater geworden, zum sechsten Mal von der sechsten Frau. Darauf wollte er mit mir anstoßen."

„Wie schon gesagt wurde: Kuba, das Land ohne Väter!“, entgegnet Moritz.

Nach einer ganzen Weile sagt Enzo in nachdenkliches Schweigen hinein zu meinem Sohn: „Ich habe vernommen, dass Sie Kuba verlassen wollen. Wie war Ihr Eindruck, was nehmen Sie mit nach Hause?“

Moritz denkt nach, dann antwortet er: „Kuba im Wandel. Die Revolution entlässt ihre Kinder. Das Land kommt mir nicht vor wie ein Staat, eher wie ein Lebewesen, ein Organ, das heftige Gefühle erzeugt. Kuba lässt mich nicht gleichgültig. So war es schon auf meiner ersten Reise. Ein Land voller Leidenschaft. Ich werde zurückdenken mit pochendem Herzen. Das liegt an dem frühen Besuch, bei dem mit einer Freundin die Nächte in einer unbändigen Leichtigkeit durchgetanzt wurden. Die Leichtigkeit ist verflogen. Bei mir und in Kuba. Weil die Zeit Veränderung brachte. Zum Vor- oder Nachteil ist nicht abzusehen. Wirtschaftliches Überleben bescheren Tourismus, Rum aus Zuckerrohr, Tabak, alles Drogen, falsch dosiert bezahlt man das Augenblicksglück mit dem Schaden an Leib und Seele und wandert rasch durch die Pforte des Unglücks in die Macht der Finsternis. Ich frage mich, ist es Kuba möglich, selbstbestimmt seinen Weg zu gehen, oder wird es aufs Neue zum Spielball eines aggressiven Kapitalismus, der sich zum Schein das demokratische Mäntelchen umhängt? Die Chancen stehen nicht gut, weil die sozialistischen Jahre Jahre der Abhängigkeit vom Ostblock waren. Bleibt Kubas Tragik, in Abhängigkeit von oktroyierenden Gesellschaftssystemen zu existieren, die die Politik bestimmen? Ich hoffe es nicht! Erlauben Sie mir den Vergleich, Enzo, er stammt von Jakob Strobel y Serra, der mir aus der Seele spricht: ‚An Kuba kann man verzweifeln, so wie an einer kapriziösen Frau, die man vergöttert und an deren Treulosigkeit, deren Wankelmut man zerbricht. Man liebt sie und weiß, dass es ein Fehler ist. Man kann Kuba verdammen, es gibt so viele Gründe. Man kann es aber niemals vergessen, wenn man nur einmal dort gewesen ist und seine

Menschen kennengelernt hat.‘ Für mich bleibt Kuba ein Land meiner Sehnsucht, dem ich eine glückliche Entwicklung wünsche, und irgendwann, vielleicht schon bald, komme ich wieder. Doch für mich heißt es jetzt erst einmal: Adiós, Cuba!“

Ich merke Enzo an, die Worte haben ihn berührt. Er nippt an seinem Rumglas und murmelt: „Gracias, amigo – für deine offenen Worte.“

Noch lauschen wir dem Rauschen der Brandung, die ihre Wellen an die Mauer schlägt. Betrachten das chromfarbene Glitzern des Mondlichts über dem Wasser. Dann begibt sich Enzo auf den Heimweg. Für morgen haben wir uns am Hafen verabredet. Moritz und ich suchen die Casa Ferreiro auf, unsere Unterkunft. Mein Sohn wird mich in aller Frühe verlassen, nach Havanna fahren und zurückfliegen.

„Der letzte Ort der Freiheit,
den es gibt, ist das Meer."
(Ernest Hemingway)

Fangfahrt im blauen Strom

Sie nähern sich auf der Straße Lorva der Kreuzung und einem Punkt, wo die Brücke über den Rio Cojimar führt. An diesem Knotenpunkt haben wir uns verabredet. Denn gleich rechts liegt der Hafen mit all den kleinen und großen Jachten und Fischerbooten. Während ich mir das ungleiche Paar betrachte, denke ich, wie seltsam auch, an eine betagte Flamenco-Tänzerin aus Granada. Carlota Hermandez habe ich zuvor noch nie gesehen. Doch sie muss es sein, die leichtfüßig mit zwei Plastiktüten an den Händen vorneweg tänzelt. Enzo, mit Kisten beladen, trabt schweren Schrittes hinterdrein.

„Hola! Buenos dias!", meldet sich Enzo und setzt pustend seine Last ab.

Auch Carlota grüßt freudig.

„Wir gehen aufs Boot und besprechen alles", schlägt Enzo vor.

„Einverstanden."

Das kleine Schiff ist eine alte Motorjacht, der man aber noch Seetüchtigkeit zutrauen kann. An Bord verstaut Carlota mitgebrachte Dinge und räumt auf.

„Mach mal Kaffee!", ruft er ins Heck.

Ich staune über den Befehlston. Verwunderung, die mir Enzo anmerkt und erklärt:

„Wir haben Arbeitsteilung. An Land ist Carlota die Chefin. An Bord bin ich der Boss."

„Ich möchte etwas klarstellen, Boss: Ich bin weder der reiche Gringo-Touri, der mit dir große Fische fangen will, noch ein Fan von Hemingways Literatur. Meine Absicht ist es, möglichst viel über den Schriftsteller zu erfahren, um ihn zu verstehen, als Menschen und als Literaten. Dazu fehlen mir seine Wirkungsstätten in Cojimar und im Golf."

Carlota bringt schwarzen, heißen Kaffee und setzt sich zu uns.

„Nun, um ehrlich zu sein, wir leben von den reichen Touris, die große Fische fangen wollen, doch Gäste sind selten geworden. Andererseits müssen wir mal wieder rüber in den Archipiélago de Camagüey. Da laufen die Geschäfte besser."

„Cayo Guillermo und Cayo Coco?"

„So ist es. Der Törn nach Osten dauert drei, vier Tage und führt in Hemingways Revier von damals. Dort hat er gefischt und deutsche U-Boote versenken wollen. Sein letztes Werk spielt dort."

Auf einmal bin ich erpicht, mehr zu erfahren: „Und du kannst mir etwas darüber erzählen?"

„Na klar. Ich habe *Der alte Mann und das Meer*, auch *Inseln im Sturm* gelesen und mich oft mit Gregorio Fuentes, Papas Skipper, unterhalten."

Enzo hat mich am Haken. Ich bin voller Erwartung und Wissbegier.

„Okay, ich cruise mit euch nach Cayo Guillermo. Wie komme ich von dort nach Havanna?"

„Kein Problem", sagt Carlota. „Da verkehren Busse oder vom Aeropuerto Jardines del Rey fliegt *Cubana Air* täglich nach Havanna."

„Was muss ich euch für die Passage bezahlen?"

Carlota: „Den Sprit und zwanzig Dollar pro Tag für Verpflegung."

Das scheint mir fair. Wenn ich zusätzlich gute Informationen bekomme. Wir sind uns handelseinig.

„Hole deine Sachen. Wir müssen auch noch was bunkern. In zwei Stunden stechen wir in See", bestimmt Enzo.

Pünktlich zwei Stunden später ist alles verladen. Enzo steht in Shorts, barfuß mit freiem Oberkörper am Steuerrad. Um seinen Hals baumelt ein Haifischzahn. Wie man sich so einen

Karibikschiffer vorzustellen hat. Für sein Alter macht er einen topfitten Eindruck. Kein Gramm zu viel, alles Muskeln und Samenstränge.

Seine Frau, nicht viel jünger, werkelt unter Deck. Ihre Haare hat sie zum Pferdeschwanz zusammengebunden. Bei ihrer Figur könnte sie fraglos einen Bikini, anstelle des weiten Überwurfs, tragen.

Enzos volles Haar ist grau, wie seine Bartstoppeln. Seine Augen sind klar, lebhaft und dunkelblau, wie der Golfstrom vor uns. Ich mache mich an den Pfändern zu schaffen und schieße Leinen auf.

„Ein herrlicher Tag“, sage ich.

„Einer von vielen herrlichen Tagen!“, meint der Skipper.

Wir gleiten unter gedrosselter Fahrt aus der Bucht hinaus auf den Atlantik. Festung Torreón und die Plattenbausiedlung Alamar bleiben achteraus. Enzo korrigiert den Kurs und steuert ostwärts in Richtung Santa Cruz del Norte. Die See ist ruhig, wir machen gute Fahrt. Wie schon erkannt: Die Cruz ist keine Luxus-Jacht. Eigentlich ein ausgedientes Fischerboot mit nachträglich angebautem Kampfstuhl am Heck für Gäste, die Haie, Schwertfische, Thunfische oder Marline aus dem Meer holen wollen.

Jetzt steht die Sonne im Zenit. Es ist heiß. Enzo sitzt lässig vor dem Rad und steuert mit den Füßen. Carlota versorgt uns mit Getränken und Lunchpaketen. Sie hat back- und steuerbords Angeln aufgestellt, die an ihren Leinen Köder an den Haken haben. Und schließlich legt Enzo los. Ich lehne am Cockpitrahmen und lausche:

„Gregorio Fuentes wurde am 11. Juli 1897 in Lanzarote auf den Kanaren geboren. Er war gerade mal zwei Jahre älter als Hemingway, der am 21. Juli 1899 in Oak Park, Illinois das Licht der Welt erblickte. Als Kind erlebte Gregorio das Meer von seiner schlimmsten Seite. Er war sechs Jahre, als sein Vater sich entschloss, mit ihm nach Kuba auszuwandern. Die Mutter blieb auf den Kanaren. Auf der Überfahrt starb der Vater und das Kind musste sich allein im fremden Land durchschlagen. Was niemand erwartete, er fuhr zur See und arbeitete sich nach oben bis zum Kapitän. Endlich hatte er genügend Geld zusammengespart, um zwanzig Jahre später seine Mutter auf Lanzarote besuchen zu können. Gregorio lebte bis zu seinem Tod in Cojimar. Er hatte ein Häuschen in der Calle 98, Nummer 209. Als er sich als Seemann zur Ruhe setzte, ging er gern ins *La Terraza* und erzählte Neugierigen seine Geschichte. Später, nach einem Schlaganfall und als ihm mit hundert Jahren das Laufen schwerfiel, saß er meistens im Schaukelstuhl, rauchte Cohibas, drei, vier täglich, und erzählte, bis er 2002 im Alter von 104 Jahren starb. Die Story, das Leben mit Papa Ernesto, machte er zu seiner Einkommensquelle. Ich habe mich oft mit ihm darüber unterhalten. Wir haben uns amüsiert, wenn Journalisten, Reporter oder neugierige Touristen kamen und ihn ausfragten. Im *Terraza* kassierte er anfangs zehn Dollar. Später dann, zu Hause, für fünfzehn Minuten fünfzig Dollar. Damals fast vier kubanische Monatsgehälter für eine Viertelstunde. So viel verdient nicht mal ’ne Prostituierte! Gregorios Enkel Rafael war Kassierer. Er ließ niemanden zu seinem Großvater, der nicht zuvor gelöhnt hatte. Er schaute auch auf die Uhr und spielte, falls notwendig, den Rausschmeißer. Großpapa sollten die vielen Fragen nicht überanstrengen.

Bisweilen war durch einen Türspalt von Gregorios Häuschen eine reglose Gestalt erkennbar, die im Schatten der Wohnstube saß. Was sich bewegte, waren der Schaukelstuhl und der Rauch seines Zigarrenstummels. Der immer noch große Alte mit der Baseballkappe auf dem Kopf, darauf zu lesen: Capitán, hatte die Hände mit den harten Schwielen, durch die sich so viele Meter Angelschnur gegraben hatten, über dem Bauch gefaltet. Gesicht und Hals waren schrumpelig, wie die Pelle einer Schildkröte, und von Flecken weißen Hautkrebses überzogen. Durch den Türspalt war hinter dem greisen Gregorio noch ein Bild von Hemingway, der *Pilar* und ihm selbst zu erhaschen. Darauf schaut Ernesto gütig auf seinen Kapitän herab. Und in einer Vase neben sich hatte er stets nie welkende Kunstsonnenblumen stehen, die gelb leuchteten, wie Strand im Sonnenlicht."

„Wie kam es dann eigentlich zur Begegnung der beiden Männer, die die Liebe zur See verband?"

„Sie trafen sich 1928. Gregorio fischte mit seinem Zwei-Mast-Schoner vor Dry Tortugas, der westlichen Inselgruppe Floridas. Fünfzig Seemeilen von Key West entfernt. Es war Herbst und verdammt schlechtes Wetter mit aufgewühlter See. Gregorio hatte alle Hände voll zu tun, seinen Segler auf Kurs zu halten. Zwischen Wellenbergen tauchte plötzlich ein Motorboot auf, das bei dem Wellengang offensichtlich Probleme hatte.

Es handelte sich um die *Anita* eines Joe Russell aus Key West. Die *Anita* hatte damals einen legendären Ruf als Schmugglerboot. Joe verschob Rum und Zigarren aus Kuba in die USA. In seiner Bar *Sloppy Joe's* in der Green Street, Key West wurde die heiße Ware verkauft. Ein gewisser Hemingway war an dem Deal als Konsument beteiligt. Das Boot war zehn Meter lang, mit einem 100-PS-Kermath-Motor ausgerüstet und fast zehn Knoten schnell. Bei dem schweren Wetter war die Crew zum Fischen unterwegs. Durch Zeichen machte sie verständlich, dass die *Anita* in Schwierigkeiten war. Mit an Bord war der besagte Hemingway, den Gregorio nicht kannte. Er fiel ihm durch gutes Spanisch auf. Das war für Yankees ungewöhnlich. Es hieß, auf der *Anita* bräuchte man Sprit und etwas zu essen. Gregorio schickte ihnen Benzin, Zwiebeln, Brot und Rum rüber. Hemingway versprach, sich später in Havanna erkenntlich zu zeigen."

„Wie kam es dazu, das sich Ernest revanchieren konnte?"

„Sechs Jahre später auf ungewöhnliche Weise: Der Schriftsteller, ein begeisterter Hochseeangler, hatte immer schon den Wunsch, eine eigene Motorjacht zu besitzen. Nach guten Honorareinnahmen erfüllte er sich den Traum. Bei der Wheeler Weft in New York bestellte er ein dreizehn Meter langes Boot mit …"

„… Enzo, die Geschichte über den Jachtkauf und die Ausrüstung der *Pilar* kenne ich im Detail.“

„Das glaube ich nicht. Hör dir an, was Gregorio Fuentes darüber zu berichten wusste. Er kannte das Boot besser als sein Eigner. Also: Es war ein Playmate-Kreuzer aus dem Wheeler-Katalog mit Spanten aus Eiche, Planken und Innenausbau aus edlem Walnussholz, den Ernest nach eigenen Wünschen umbauen ließ. Als Hochseefischer wollte er mit seinem Kreuzer von Häfen möglichst unabhängig sein und weite Strecken zurücklegen können. Er ließ vier 300-Liter-Benzintanks installieren und einen Vierzylinder-Lycoming-Schleppleinen-Motor mit direktem Antrieb zum Hauptmotor einbauen.

Es stellte sich allerdings heraus, dass die Motorisierung den Anforderungen nicht entsprach. Sie wurde durch zwei Chrysler-Dieselmotoren ersetzt, mit denen die *Pilar* über sechzehn Knoten, das sind rund dreißig Kilometer pro Stunde, schnell war. Damit konnte sich der Papa H. im Golfstrom sehen lassen! Weitere Extras waren ein niedriger Heckrahmen, hinter dem er einen Kampfstuhl fürs Großfischangeln montieren ließ.

Für einen weiten Aktionsradius sorgte das Bunkern von 1200 Liter Treibstoff und 1500 Liter Trinkwasser. Mit einer siebenköpfigen Crew, ausreichend verpflegt, konnte er wochenlang autark sein und um die 600 Seemeilen cruisen, ohne zu tanken. Per Zufall traf Hemingway Gregorio im Hafen von Havanna wieder. Ohne Umschweife fragte er ihn, ob er auf der *Pilar* sein Skipper werden wolle. Gregorio erbat sich Bedenkzeit, schließlich war er Kapitän auf einem schmucken Windjammer. Der Amerikaner hatte keinen ordentlichen Beruf, trat großspurig auf. Alles, was von ihm bekannt war, bezog sich aufs Papierbeschreiben, Fischefangen und Saufen. Aber man war sich sympathisch. So kam es, dass der Seemann aus Cojimar 1938 auf die *Pilar* ging und zweiundzwanzig Jahre Skipper und Freund von Hemingway war. Vielleicht sein einzig wirklicher Freund!“

„Gibt es in Cojimar Menschen, die Papa H. noch erlebt haben?“

„Kaum jemand. Der ehemalige Koch im *La Terraza*, Guillermo Rivero. Der hatte als Kind am Strand Köderfische für Ernest gefangen. Oder Carlos Jera, auch schon weit über achtzig Jahre, spielte mit ihm draußen vor der Bar Baseball und verdiente sich ein Taschengeld, indem er für ihn die Motorjacht nach Gelagen sauber machte. Gern erinnerten sich die Fischer an Papas spendable Art, weil er Kleidung, Angelgeschirr oder aus seinem Fang Fische verschenkte. Bei der Nähe zu Cojimar war klar, dass der Schriftsteller *Der alte Mann und das Meer* hier ansiedelte.“

„Du hast das Buch gelesen. Wen verkörpert nun Santiago, der glücklose Fischer?“

„Eine schwierige Frage. Da gab es Anselmo Hermandez. Er wohnte auch in der Calle 98, nur zwei Häuser weiter. Der spielte die Hauptrolle, den Santiago, 1956 in einem Film zur Erzählung. Anselmo ist 1978 gestorben. Auch Gregorio reklamiert, Santiago zu sein. Hemingway selber gab zu Protokoll: *Eine Menge Leute haben behauptet, dieser oder jener sei der alte Mann ... alles eine große Eselei!* Bekannte Publikumsfilme wurden 1958 mit Spencer Tracy und 1990 mit Anthony Quinn in den Rollen als Santiago gedreht. Egal, zu der Story gibt es eben viele alte Männer. Aber der Titel soll von Gregorio stammen. Nachdem er mit Papa im Golf einem alten Fischer begegnet war, der ein abgenagtes Marlin-Skelett hinter seinem Boot herzog, dachte Ernest laut darüber nach, wie er eine mögliche Geschichte über Fischer von Cojimar nennen könnte. Fuentes machte spontan den Vorschlag *Der alte Mann und das Meer*. Das erzählte er mir zumindest mit einem hintergründigen Lächeln. Dabei spuckte er Krümel seiner Cohiba in einen Napf. Ernest hatte ihm die *Pilar* nebst Ausrüstung und Angelgeräten vermacht, das ist dir bekannt – oder?“

„Doch, schon, nur konnte der Skipper sie wegen der hohen Kosten nicht in Fahrt halten. So landete sie auf Umwegen ausgeschlachtet im Garten der Finca La Vigía. Da steht sie aufgebockt unter einem Baldachin."

„Im Vergleich zu seinem berühmten Freund starb Gregorio glücklich und zufrieden im Schoß seiner großen Familie, nach siebzig Ehejahren mit vier Töchtern, vielen Enkeln und einer enormen Schar an Urenkeln. Enkel Rafael hatte stets ein besonderes Auge auf den Großvater geworfen. Auf meine Frage, was sich ein Mann, der Weltliteratur mitgestaltete, noch wünsche, meinte er: nichts, außer die USA möge endlich die Blockade über Kuba beenden. Aus der empfundenen Ungerechtigkeit entwickelte sich bei Gregorio ein heiliger Zorn."

Carlota macht sich an Backbord zu schaffen. Sie zieht eine Angel ein und löst einen Fisch vom Haken, den sie stolz hochhebt. Einen Red Snapper, der dann in den Eimer wandert. Es folgen weitere Fische. Ein gutes Abendessen ist gesichert.

Unsere *Chelo* bahnt sich zielstrebig ihren Weg durch bewegtes Wasser. Irgendwo querab im Süden muss Santa Cruz del Norte liegen. Die tropische Sonne ist eine gleißende Scheibe, die heiß vom Himmel brennt. Ich drücke mir die Kappe tief ins Gesicht. Enzos Blick ist auf den Horizont gerichtet. Ich frage mich, ob wir bei Tageslicht die Landzunge Península de Hicacos mit Las Morlas erreichen?

„Sag mal, Enzo, was hältst du eigentlich von der Novelle mit Santiago und dem Kampf mit dem Fisch?"

„Okay, sie beschreibt ganz eindrucksvoll das harte Dasein der kubanischen Fischer ums tägliche Brot. Aber die Tragik ist konstruiert. Wenn ich einen großen Fisch fange, der nicht ins Boot passt, ist doch klar, dass so ein blutender Balg die Haie anlockt und schließlich nur Gerippe übrig bleibt. Papa hat aus der Fangfahrt 'ne Schau gemacht, in der Kritiker, die vom Fischen keine Ahnung haben, die tollsten Dinge zu erkennen glaubten. Das geht bis in eine religiöse Erklärungsebene: Jesus in der Auseinandersetzung mit Versuchung, Ausharren, Widerstehen, Bewährung.

Oder, was ich auch gelesen habe: Santiago stehe für den ausgelieferten Menschen und die See für unbezwingbare Naturkräfte. Ich hielt den Hype für übertrieben. Hätte anstelle Hemingway die Story ein Unbekannter geschrieben, wäre sie vermutlich nicht gedruckt worden, zumindest gäbe es kein solches Echo."

„Ein hartes Urteil!", antworte ich. „Doch ehrlich gesagt, mir geht es ähnlich. Es fehlt der Spannungsbogen. Eine besondere oder überraschende Erkenntnis, unerwartetes Handeln. Santiago erscheint mir als müder, ausgebrannter, ja kaputter Hemingway, der die Sinnlosigkeit seines Tuns, des Tötens zum Ausdruck bringt. Ja, ich konnte die depressive Phase, in der der Schriftsteller schon eine ganze Weile steckte, regelrecht greifen. Die Story zeigt auf eindrucksvolle Weise seinen Seelenzustand. Ernest hat viele Tiere getötet, weil er Lust daran hatte und immer wieder beweisen musste, der Stärkere zu sein. Ein Hemingway darf nicht verlieren und niemals Schwäche zeigen. Der Selbstmord des Vaters hat den Sohn traumatisiert. Er war Trophäenjäger. Aus heutiger Sicht total aus der Zeit gefallen. Die Novelle ist kein großer Wurf. Handlung, Selbstgespräche, Stimmungsbilder sind zäh bis langweilig. Sprachgewalt konnte ich nicht erkennen. Er hat einen neuen Stil geboten, die Neue Klassik, das ist sein Verdienst und anerkennenswert. Doch reicht das? Und der Schluss, mein Gott: *Der alte Mann in seiner Hütte oben an der Straße schlief wieder. Er schlief immer noch mit dem Gesicht nach unten und der Junge saß neben ihm und gab auf ihn acht. Der alte Mann träumte von den Löwen.* Hat jemals ein Fischer von Cojimar von Löwen geträumt? Marcel Reich-Ranicki, bei uns ein bekannter Kritiker, hätte gesagt, würde er noch leben: Was soll der Quatsch? – Da hat der Autor von seiner Safari in Afrika geträumt."

„Ich kann dir nur beipflichten. Von ominösen Löwen träumte er ja schon früher. Damit kann ich auch nichts anfangen. Und häufig lässt er Santiago Selbstgespräche führen, die ein Fischer so nie denken, geschweige denn von sich geben würde: *Ich versteh diese Dinge nicht, dachte er. Aber es ist gut, dass wir nicht versuchen müssen, die Sonne oder den Mond oder die Sterne zu töten. Es ist schlimm genug, von der See zu leben, um unsere eigenen Brüder zu töten!*"

„Sag mal, was hat Gregorio zu der Geschichte gesagt?"

Enzo lustig: „Der hat nie eine Zeile in Hemingways Büchern gelesen. ‚Warum auch?', hat er mir gern gesagt. ‚Ich bin doch immer dabei gewesen!' – Andererseits konnte er sich gut an einen schweren Unfall erinnern, der Papa H. auf der *Pilar* widerfuhr: Im Frühjahr 1951 stürzte er auf seiner Brücke so heftig, dass er sich nicht nur eine Gehirnerschütterung zuzog, sondern einen Klampen, mit denen die Gaffeln befestigt werden, in die Schädeldecke bohrte. Papa schlug der Länge nach hin, kam dann blutüberströmt auf die Beine. Gregorio musste vor Anker gehen, damit Mary und Roberto, ein Fischer, ihn notdürftig verarzten konnten. Mit Toilettenpapier und Gazen wurde Ernest eine Aderpresse angelegt. Die Blutung konnte gestoppt werden. Dem ohnehin durch Unfälle ramponierten Kopf bekam die neuerliche Blessur gar nicht gut. Ernest war auffallend lang derangiert."

„Auf dem Gebiet war er vom Pech verfolgt. – Wie war das mit der Jagd auf deutsche U-Boote im Zweiten Weltkrieg?"

„Das erzähle ich dir, wenn wir in dem Gebiet sind, wo sich alles abspielte. – Nun übernimm mal das Rad. Kurs immer hart Ost. Ich schau mal nach Carlota." Damit begibt sich Enzo unter Deck.

Geduldig stampft die *Chelo* durch die Wasserwüste. Richtet sich auf und klatscht matt vornüber. Auf und ab. Hoch und runter. Zwischendurch rollt sie von Backbord auf Steuerbord. Bis auf den Magen hat sich der Körper auf den Seegang eingestellt. Kleine Wellen plätschern gegen die Bordwand, wuchtige schlagen heftiger zu. Die Zeit rinnt dahin, die Sonne sackt tiefer und tiefer. Grelles Licht flutet in breiter Bahn zwischen Boot und westlichem Horizont. So stark spiegelnd, dass die Augen schmerzen, doch nur, wenn ich mich umdrehe. Enzo lässt sich nicht sehen. Ich nehme an, dass er sich aufs Ohr gelegt hat, um fit zu sein, sollten wir durch die Nacht fahren.

Unerwartet wird die Wüste aus Wasser lebendig. Fregattvögel tauchen auf. Pfeilschnell huschen sie dahin mit ihren langen, spitzen Flügeln und gegabelten Schwänzen. Sie sind die schnellsten Flieger der Meere und faule Taucher. Den Blaufußtölpeln jagen sie die Fischbeute ab. Hier und da lassen sie sich wie Steine fallen. Jäh fangen sie sich vor der Wasseroberfläche ab, steigen in die Luft, kreisen, stürzen ab und tauchen, wenn es nichts zu kapern gibt. Das Wasser ist jetzt dunkelblau, fast violett. Aus der bewegten Masse springen silberne Geschosse empor, segeln fünfzig, sechzig Meter über die Oberfläche, verschwinden. Wir geraten in einen Schwarm Flugfische. Einige schwirren direkt auf uns zu. Sie sehen aus wie Heringe mit überlangen Brustflossen. Nun schießen die Fregattvögel in den Schwarm und machen Beute.

Aus der Kajüte dringt der Duft von Bratfisch. Wenig später erscheint Carlota mit einem Teller voll dampfender Kartoffeln und knuspriger Snapperfilets. Dazu gibt's eine Dose Bier.

„Enzo schläft 'ne Runde“, sagt sie. „Wir wollen möglichst Las Morlas erreichen und dort tanken. – Bei dir alles klar?“

„Und ob, bei deiner Bewirtung!“

Carlota bleibt an Deck, setzt sich auf die Bank und genießt den späten Nachmittag. Wir scheinen über einem ertragreichen Fischgrund zu fahren. Ein Hammerhai, gut und gerne drei Meter lang, silbern, schlank, ausladender Kopf, kommt für Augenblicke steuerbords nach oben, macht einige starke Flossenstöße neben dem Boot und gleitet zurück in die Tiefe. Ein elegantes, prachtvolles Geschöpf! Angesichts des großen Fisches muss ich unwillkürlich an Hemingway denken. Was hat er nicht alles aus dem Golfstrom geholt: Sein erster erwähnenswerter Fang war ein 235-Kilo-Marlin. 1935 catchte er den größten Seglerfisch mit sechzig Kilo, der bis dato aus dem Atlantik gefischt wurde. Noch im selben Jahr zog er vor der Bahama-Insel Bimini einen Hai mit fast 400 Kilo aus dem Meer, auch eine Sensation. Dann die vielen Aberhundert Marline, Schwertfische, Thunfische, bei denen es um stundenlange, zähe Kämpfe ging, bis die Burschen endlich tot an Bord lagen.

„Eben hat uns ein Hammerhai begleitet“, sage ich zu Carlota.

„Oh, die sieht man selten. Der Bestand an großen Fischen ist stark zurückgegangen.“

Das Meer wird dunkler. Die Sonne nähert sich der Kimm, entzündet die zarten Federn der Zirruswolken, die sich in ihrer Nähe bilden, blutrot. Und der Tag scheint schnell und unbeschreiblich schön zur Neige gehen zu wollen. Schleierwolken blühen auf, werden prächtiger und erfüllen den ganzen westlichen Himmel. Aus brauner Mitte strahlen fiebrig gelb Adern zu den äußeren Rändern. Die Sonne sinkt ins Meer und mit ihr das Licht. Alles, was bleibt, ist der schwache Widerschein der Wolken, die rasch ihr Feuer verlieren und das geheimnisvolle, tote Violett der See annehmen.

Einen ganz ähnlichen Sonnenuntergang erlebte ich mit ghanaischen Hochseefischern in einem Einbaum im Golf von Guinea. Und der Bootsführer, er hieß Mombola, raunte: „Schau doch, Alubu, der Lichtgeist ist ins Meer gestiegen und Dangbé, der Wassergeist, hat sich aus den Fluten erhoben. Es wird alles gut, Wolfubu. Wir werden einen guten Fang haben. Unsere Familien werden satt werden.“ Ich fand mich angenommen unter den schwarzen Fischern vom Golf und ich war so etwas wie glücklich …

Unsere *Chelo* cruist jetzt wie ein Geisterschiff allein im Süden des Golfstroms in der Meerenge von Florida. Wir lassen uns durch die Dünung reiten. Ich schaue zurück und genieße den Einbruch der Nacht – die Dunkelheit, die gleichsam dem Meer entsteigt.

Es kommt mir vor wie eine Versöhnung von Tag und Nacht, von Hitze und Kühle zu dieser Stunde. Die See ist noch friedlicher geworden. Wogen haben ihre weißen

Schaumkronen verloren und bilden einen stumpfen Spiegel. Einen matten, millionenfach gesprungenen Spiegel, weil die Oberfläche in Bewegung bleibt. Den Ozean umgibt eine besondere Ruhe. Eine Ruhe, wie man sie vor Orkanen oder gewaltigen Unwettern kennt. Ich habe sie aufgesogen, diese heilige Stille, höre nichts mehr, selbst das Stampfen des Motors wird von der Nacht verschluckt.

Enzo steigt den Niedergang empor, setzt die Positionslampen, geht zu den Angeln und zieht an den Schnüren. Während der Fahrt beißen selten Fische an. Seine brennende Zigarre hinterlässt eine Leuchtspur. Er peitscht das Wasser mit einer Angelrute. Wassertropfen glitzern wie ein Pulk Glühwürmchen: leuchtendes Golfkraut, phosphoreszierendes Plankton, die Faszination auf nächtlicher See. Ein funkelnder Sternenteppich, für Fischer ein sicheres Zeichen für einen guten Fischgrund.

Der Skipper tritt ans Rad, ein Blick auf Kompass und Uhr sagt ihm, dass wir bald die Lichter der Península de Hicacos sehen müssen. Er übernimmt das Steuer und ich setze mich zu Carlota auf die Bank. Nach gar nicht langer Zeit taucht in der Ferne ein Band von Lichtern auf. Erst schwach und flackernd, dann deutlich heller. Carlota weist voraus und erklärt: „Die Halbinsel Hicacos ist zwanzig Kilometer lang. Ihre Westseite hat einen herrlichen Strand und schöne Hotels. Varadero ist für Devisen der wichtigste Badeort Kubas, von Touristen aus aller Welt wird er gern besucht. Eine Menge ehemalige Luxusvillen zeugen vom Glanz jener Zeit, in der der amerikanische Finanzadel tonangebend war. Nach dem Sieg der Revolution wurden Kasinos und andere Lasterhöhlen geschlossen. Für das Mondäne auf der Halbinsel sorgte der Industrielle Alfred Irénée du Pont, als er 1929 von der kubanischen Regierung im Herzen Hicacos ein riesiges Stück Land kaufte. Er ließ eine Villa, ein Flugfeld und einen Jachthafen bauen. Restliches Land verkaufte er an reiche Amerikaner. Bald versammelten sich in Varadero nicht nur seriöse Unternehmer.

Mafiaboss Al Capone hatte hier sein Herrenhaus, ganz in seiner Nähe siedelte sich Diktator Batista an. Du Ponts Luxusvilla ist zu besichtigen. Wer das Geld hat, kann dort sogar wieder Feste feiern. Für die meisten von uns ist Varadero kein Ort, um Urlaub zu machen, hier streicht der Staat das Geld wohlhabender Touristen ein.“

Mit dem letzten Tropfen Dieselöl aus dem Reservetank erreichen wir Las Morlas. Tanken, angeln und gönnen uns einige Stunden Siesta am Kai der Marina Gaviota. Ich habe es mir in einer Koje gemütlich gemacht und lasse mir die Geschichte der du Ponts mit ihrer Villa Xanadú durch den Kopf gehen: Um 1802 führte der Franzose Eleuthère du Pont eine Pulvermühle in den Vereinigten Staaten. Die Armee benötigte Schießpulver in rauen Mengen. Du Pont stieg im 19. Jahrhundert rasch zum größten Sprengstofflieferanten des US-Militärs auf und expandierte mit Dynamit und Produkten wie Nylon, Teflon, Kevlar zu einem weltweit operierenden Chemiekonzern. Familienmitglied Alfred du Pont war im Banken- und Immobilienbusiness erfolgreich und investierte große Summen in Varadero. Auf dem Hügel San Bernardino ließ er die prachtvolle Villa Xanadú errichten mit Meerblick in alle Himmelsrichtungen. Inklusive Ballsaal, Weinkeller für um die 1000 Flaschen der edelsten Getränke und eines Wohngemachs für die Tochter, in dem die größte private Orgel Amerikas ihren Platz hatte. Der Name der Prunkvilla wurde dem 1256 erschaffenen Sommersitz Xanadú des Mongolenherrschers Kublai Khan in China entliehen. Synonym für Prunk und Wohlstand. 1359 wurde der Sommersitz zerstört. Um 1960 ereilte die Villa Xanadú das Ende. Um für sich und seine Familie eine unbehelligte Ausreise zu erwirken, musste Alfred du Pont sein Juwel an Fidel Castros Revolutionsregierung günstigst verkaufen.

In den frühen Morgenstunden laufen wir aus. Wieder auf östlichem Kurs. Der Törn durch den Archipiélago de Sabana hat es in sich. Enzo muss sich zwischen Cayos und Korallenriffen hindurchlavieren.

Seine Navigationskunst ist bewundernswert. Wir tuckern an Cayos vorbei, die sind gefährlich wie Eisberge, weil sie kaum aus dem Wasser schauen, doch unterseeisch von Felsen und Korallenkränzen umgeben sind. Riffe können einen Bootsrumpf aufschneiden wie ein Dosenöffner. Nicht häufig müssen Carlota und ich im Bug wahrschauen. Wir arbeiten uns vorsichtig durch enge Priele, um an offenes Wasser zu gelangen.

So en passant erfahre ich auf der Fahrt, dass der Skipper gar kein Berufsfischer ist. Das Handwerk zeigte ihm der Vater auf einem verfaulten Segelkutter mal nebenbei. Nach der Revolution war der vielversprechende Sohn nach Havanna gegangen, wurde Parteimitglied, konnte studieren, erklomm über den Kader als strammer Kommunist die mittlere Führungsebene. In der Regierung war Enzo im Wirtschaftsministerium ansehnlich aufgestiegen. Gewundert haben mich seine Erklärungen nicht, frage ich mich schon geraume Zeit, wie er zur *Chelo* und zu ungewöhnlichen Privilegien, was zum Beispiel die Mobilität angeht, kommt. Über Politik sprechen wir selten, und auch sonst spüre ich nicht, mit einem verbohrten Kommunisten unterwegs zu sein. Enzo Hermandez ist zwar ein privilegierter Rentner, als solcher aber nicht abgeneigt, mit Touristen seinen Lebensunterhalt etwas aufzubessern.

Die Seefahrt nach Cayo Guillermo verbindet das Angenehme mit dem Nützlichen: Im Iberostar Hotel Daiquiri arbeitet Carolina, die jüngere Tochter der Hermandez als Animateurin. Mit Beziehungen lässt sich da für einen Bootseigner sicher etwas ventilieren. Im Nachhinein bin ich über die Toleranz erstaunt, die er bei Moritz' Abschiedsworten an der Mauer bewiesen hat. Mein Sohn hat sich übrigens mit einer SMS gemeldet und mir seine gute Rückkehr mitgeteilt. Seine Message enthält auch eine rätselhafte Andeutung, die etwas befürchten lässt …

Dann lenkt mich der Törn ab und die Erwartung, was Cayo Guillermo, Hemingways einstiges Revier, zu bieten hat. Angeln, Bordarbeiten, am Ruder stehen füllen den Tag aus und bringen auf andere Gedanken. Wir haben den Archipiélago de Sabana durchfahren, steuern mit Kurs Südost auf den Camagüey Archipel zu. Mit Zwischenstopps nun schon vier Tage auf dem Meer, wachsen Seebeine, mit denen man sich gut auf schwankenden Planken halten kann. Zur Motorkraft treibt der Passatwind die *Chelo*. Die Stimmung ist bestens, dafür sorgt Carlota, die zu Son-, Bolero-, Mambo-Musik aus dem Sender, kubanische Lieder trällert, wenn sie in der Plicht Fische für die nächste Mahlzeit ausweidet. Ständig kommen wechselnde Küstenstriche großer und kleiner Inseln in Sicht. Hügelige Eilande sind umgeben vom geheimnisvollen Grün der Mangroven. Enzo steuert aus dem Chaos von Cayos und Riffen heraus und meint:

„In ein paar Stunden erreichen wir Cayo Guillermo. Vorher passieren wir die Playa Pilar. Ernesto kam oft zum Fischen hierher und die Gegend verarbeitete er in seinem Spätwerk *Inseln im Sturm*. Die Insulaner gaben der Cayo-Landzunge den Namen *Pilar* zur Erinnerung an seine Jacht."

„Soll einer der schönsten Strandabschnitte sein, habe ich gehört."

„Das kann man wohl sagen! – Wir wollen der Hotelküche ein Geschenk machen."

Damit meint er die schwere Angel klarieren, die Schnur mit einem passenden Köder bestücken und achtern den Kampfstuhl besetzen. Was harte Arbeit und den Kampf mit einem großen Fisch bedeuten kann.

„Welchen Köder?", rufe ich nach vorn.

„Den großen Tintenfisch-Haken für Marlin und Thunfisch. Klar?"

Ich befestige das Teil aus einem Sammelsurium von Haken, schnalle mich am Stuhl fest, werfe die Schnur so weit wie möglich achteraus. Enzo dreht noch weiter nach Nordost. Wind frischt auf. In der Ferne springen Fische. Seevögel kreisen über dem Köder, der an der Oberfläche gezogen wird. Im Stuhl fühle ich mich sicher und döse vor mich hin. Die Angelrute habe ich vorsichtshalber im Köcher gesichert.

Sonne und Seeluft dörren den Körper aus. Carlota versorgt uns mit Bier. Auch der Hunger muss von Zeit zu Zeit mit Fischbrötchen gestillt werden.

Plötzlich ruckt etwas an der Leine. Ein Schatten, groß und dunkel, hat nach dem Köder geschnappt und will mich samt Angel wegreißen. Da ist 'ne gewaltige Kraft zu spüren. Nicht angeschnallt, wäre die Angel, womöglich mit mir, über Bord gegangen. Zum Schleppangeln gehört Erfahrung. Die hab ich nicht.

„Anbiss!“, rufe ich.

„Carlota – ans Rad!“, brüllt Enzo.

Schon steht er neben mir.

„Toll, Mann! Das ist ein Marlin, oder ein Thunfisch. Gib ihm Leine, so zehn Sekunden. Dann festsetzen!“

Herrje, ist das aufregend! Da muss ein ordentlicher Brocken am Haken sein. Ich schraube die Hemmung fest.

„Wenn er springt, und er wird springen, Rute hochreißen! Okay?“

Ziemlich weit draußen schießt ein silbergrauer Torpedo aus der See und platscht mit Mordsspritzern auf die Wasseroberfläche.

„Rute hoch! – Das ist ein prächtiger Thunfisch!“, ruft der Skipper begeistert. „Hol ihn ran! Drill ihn. Fester, fester!“

Drillen ist ein Wechsel aus Schnurgeben und Heranpumpen. Dazu muss die Bremse der Angelrolle richtig eingestellt sein. Das kostet Kraft. Ich schwitze. Arme und Handgelenke beginnen zu schmerzen.

Verdammt, der Bursche da im Meer hat mehr Power als das Greenhorn im Boot. Wieder und wieder springt der Thunfisch und jedes Mal: Angelrute hoch, drillen – Leine geben, drillen.

„Er hat ordentlich angebissen. Der Haken sitzt fest im Maul“, meint Enzo. „Den kriegen wir!“

Das Wechselspiel Leine geben und Drillen zieht sich wie eine Ewigkeit hin, weil der große Fisch nicht müde wird zu springen.

„Lass ihn springen. Seine Schwimmblase füllt sich. So hältst du ihn an der Oberfläche. Kannst besser mit ihm kämpfen.“

Kämpfen ist gut. Der Rücken brennt wie Feuer. Lange kann ich die Angel nicht mehr halten. Der Griff steckt zwar im Köcher vor dem Bauch. Aber der Zug ist ungeheuer. Und das ewige Drillen und Leinegeben schlaucht ungeheuer.

„Du musst ihn müde machen. Zeig ihm, wer der Stärkere ist!“

Mir läuft das Wasser aus allen Poren und den Rücken hinab. Einen zwei Meter langen Thunfisch, vielleicht hundert Kilo schwer, müde machen. Wie soll das gehen, wenn der Rücken nicht mitmacht? Tatsächlich, der Fisch bleibt an der Oberfläche. Allmählich bekomme ich ihn näher ans Boot, haspele die Leine dichter. Wieder springt er, schwimmt direkt auf uns zu. Wie irre spule ich auf, um gleich wieder Leine geben zu müssen.

„Hol ihn ran. Aber mit Gefühl. Die Leine darf nicht reißen. Du hast ’ne stabile Rute. – Ein erlesener Fisch. Die Köche werden jubeln!“

Der Kampf geht nun schon fast eine Stunde. Ich bin fix und fertig. Das scheint der Thunfisch zu merken. Er zerrt an der Angel wie gerade angebissen.

„Caramba, das hat gerade noch gefehlt!“

„Was ist denn los?“

„Der Thunfisch hat die Haie angelockt!“

Auf einmal wechselt unser Fisch die Richtung, kommt heran und schwimmt längsseits. Ein Prachtexemplar! Er kommt ganz nah. Ich erkenne seine langen, schmalen Brustflossen. Am Rückenende die Stachelreihe, wie ein Sägeblatt. Die Gabel seiner Schwanzflosse am Ende eines spindelförmigen Leibs. Und die großen Augen. Er macht schnelle Bewegungen. Daher sein Name: Thunfisch kommt aus dem Altgriechischen *thynmos*, ein Fisch, der sich rasch bewegt. Ein edles Tier! Es hat einen Haken im Maul und sagt nichts. Ob er Schmerzen hat? Mir ist nicht gut. Gar nicht gut dabei, sein

Leben zu beenden. Er hat uns nichts getan. Als Geschenk hat das Tier den Tod nicht verdient. Gedanken, die ein Fischer nicht haben sollte. Zu sentimental! Ich bin kein Fischer, auch kein Jäger. Hat man Achtung vor dem Leben, sind solche Gedanken unausweichlich. Aber ich sitze auf dem Kampfstuhl und habe die Aufgabe, die Arbeit zu Ende zu führen. Das ist nun mal so. Auch wenn man sich nicht gut dabei fühlt. Ich habe mich auf die Spuren Hemingways begeben, um ihn, den Töter vieler Fische, zu verstehen. Vielleicht gehört es auf seinem Weg für mich dazu, dass ich einen der großen Fische zu töten habe? Das Angeln sei eine ähnlich ernste Angelegenheit wie das Schreiben, erklärte Ernest gern, wenn er mal wieder einen rekordverdächtigen Fang in den Hafen schleppte. Das kann ich nicht bestätigen! Ob er sich vorstellen konnte, dass es auch vorbei sein könnte mit der Fülle großer Fische im Golfstrom?

Will sich der Thunfisch vor den Haien in Deckung bringen oder vor uns? Es geschieht etwas Unerwartetes: etwas verflucht Dummes. Die Leine hängt durch. Ich nudele so rasch es irgend geht. Zu spät. Der Thunfisch schießt unter den Bootsrumpf auf die andere Seite.

„Leine geben, alles, was er braucht!“ Die Spule surrt wie wild. Gibt viele Meter frei.

Enzo: „Wo steckt der Bursche?“

„Keine Ahnung!“

„Maschine stopp!“, schreit der Skipper seiner Frau zu.

Wir beugen uns über Heck und Reling. Nichts. Kein Thunfisch zu sehen. In gehörigem Abstand kreisen die Haie.

„Drillen bis zum Widerstand!“, befiehlt der Skipper. Ich haspele auf – ewig, bis das letzte Stückchen Leine auf der Rolle liegt.

„Mierda! Das war’s dann. Er ist entkommen. Wahrscheinlich hat die Schraube die Schnur gekappt. Oder er konnte sich losreißen. Aber dann hätten wir den Köder.“

„Maschine volle Kraft voraus!“ Carlota wirft den Motor an.

„Heiliger Strohsack! So'n Pech auch. Hab ich es vermasselt?"

Er schlägt mir auf die Schulter und sagt: „Hast alles richtig gemacht. Hätte mir genauso passieren können."

In Wirklichkeit habe ich gar nichts gemacht, befolgte nur Anweisungen. Der Fisch hatte einfach Glück. Wenn ihn die Haie in Ruhe lassen, wird ihn der Haken nicht weiter stören. Der wird einwachsen. Oder er spuckt ihn bei Gelegenheit aus. Mein Gefühl ist gespalten, einerseits freue ich mich, dass er überleben konnte, andererseits hätten wir den Hotelköchen mit 'ner Menge Thunfischfilets 'ne große Freude bereitet, was Carolinas Ansehen gut stünde. Der Skipper hat das Rad übernommen. Am Horizont tritt aus dem Blau des Meeres ein grünes Band. Und nun ist es endlich so weit. Wie im Selbstgespräch erzählt Enzo, was ich schon immer hören will: Um 1950 war Hemingway eine Koryphäe auf dem Gebiet der Hochseefischerei und nebenher ein intimer Kenner des Golfstroms an der nördlichen Küste Kubas. Das hatte sich längst auch in amerikanischen Regierungskreisen herumgesprochen. Ebenso sein Hang, in Kriegen mitzumischen. Amerika wurde Verbündeter der Alliierten im Zweiten Weltkrieg und Hemingway witterte ein Betätigungsfeld. Er traf sich mit dem US-Botschafter Spruille Barden an der Bar des Ambos Mundos und besprach ein Spionageprojekt, für das sich der Botschafter bei der kubanischen Regierung erfolgreich einsetzte: Mittels einer verdeckten Operation sollten Informationen über Nazi-Sympathisanten und Franco-Anhänger gesammelt und zur Auswertung an die CIA weitergeleitet werden. Papa H. gab seiner verdeckten Ermittlung den drolligen Tarnnamen *Crook Factory*, Gaunerfabrik. Die geheime Angelegenheit startete 1942. Das FBI reagierte wütend auf die Undercover-Aktivitäten des Amateurs Hemingway in ihrem Hoheitsgebiet.

So nutzlos war Ernests Spionagedienst nicht. Die Observierungen von Francos Falangisten führten zu mehreren Verhaftungen. Und schließlich zu einem weiteren Ermittlungsprojekt. Die „Gaunerfabrik" wurde ein Jahr später geschlossen.

Der Skipper konzentriert sich aufs Navigieren und schweigt.

„Das war alles? Wie kam es zur mysteriösen U-Boot-Jagd?“

„Hemingways Drang, sich am Kriegsgeschehen zu beteiligen, war damit noch lange nicht erschöpft. Er ließ seine *Pilar* in ein Spionageschiff umbauen: Auf das Deck über dem Cockpit wurde ein zweiter Steuerstand montiert. Dazu mussten Ruder, Schaltung, Gashebel mittels eines Stahlgestänges verlängert werden. Die Fachwelt spricht bei der Konstruktion von einer „Flybridge“, die den ursprünglichen Steuerstand um zwei Meter erhöhte. Mit dem auf diese Weise erweiterten Sichtradius ließ sich der Horizont wesentlich besser nach Fischen, in erster Linie jedoch nach feindlichen Schiffen absuchen. Es ging um die Überwachung der Bewegungen deutscher U-Boote in der Karibik. Die *Pilar* wurde modernst mit Funkeinrichtungen und einem Sonargerät ausgerüstet. Die Sonartechnik war eigens zur Bekämpfung deutscher U-Boote entwickelt worden. Ortungsgeräte dieser neuen Art waren eigentlich nur den alliierten Zerstörern vorbehalten. Da Hemingway nicht nur U-Boote beobachten, sondern auch vernichten wollte, bestand er auf einer adäquaten Ausrüstung an Waffen und Munition und ließ sich mit Dynamit, Handgranaten, einem Bordgeschütz und Maschinengewehren versorgen. Diese Operation hatte den Tarnnamen *Friendless*, so hieß auch sein Katzenrudel auf der Finca. Mit der Mannschaft, die er rekrutierte, hätte er mit Erfolg in einem Lustspiel auftreten können: zwei Footballspieler, ein Millionär aus der Poloszene, ein Konsulatswächter und einige unbedarfte Kubaner. U-Boote wurden hier im Irrgarten des Archipiélago des Camagüey im Umfeld vom Cayo Guillermo gesucht.“

„Und mit welchem Erfolg?“, frage ich, als wieder eine Pause entsteht. Enzo lächelt in sich hinein.

„Die Abende nach erfolgloser Suche endeten bisweilen mit Saufgelagen und Schlägereien. Martha Gellhorn, Papas dritte Frau, warf ihm vor, die U-Boot-Aktion aufgezogen zu haben, um für seine Jacht mehr rationierten Treibstoff zu erhalten, damit er weiterhin dem Hochseefischfang frönen und sich abends mit den Kumpanen ordentlich betrinken konnte. Ein sicherlich bösartiger Vorwurf, der zur Entfremdung der Eheleute beitrug. Ernesto indes fühlte sich wohl, endlich hatte er mal wieder eine Beschäftigung, bei der er Mut und Verwegenheit unter Beweis stellen konnte. Einen Einsatz, bei dem es um Leben und Tod ging. Sein Plan war, sich mit der *Pilar* als harmlose Jacht dem Feind zu nähern, dann Sprengladungen in die Luken der U-Boote zu werfen. Dafür ließ er Feuerlöscher zu Bomben präparieren. Über die CIA erhielt er Hinweise, dass deutsche U-Boote in dieser Region zu vermuten seien. Auf einer der Spähfahrten sei angeblich eine Höhle entdeckt worden, die Deutschen als Versorgungsdepot gedient habe. Tatsächlich war das Schlupfloch, bis auf einige Flaschen amerikanischen Biers, verwaist. Ernestos U-Boot-Jagd endete im April 1944. Er flog über New York weiter nach London, um am Großen Krieg in Europa, möglichst nah an der Front, als Kriegsberichterstatter mitzuwirken."

„Alles nur Theaterdonner?"

„Das kann man so nicht sagen. Man täte ihm unrecht, den Einsatz in der Karibik zu verspotten. Immerhin konnte er tatsächlich Hinweise liefern, die dazu beitrugen, dass deutsche U-Boote von der US-Marine versenkt wurden. Der Schriftsteller wurde mit einer Tapferkeitsmedaille ausgezeichnet. Der Anführer war mit seiner Crew ein echtes Risiko eingegangen und an den lauteren Absichten gibt es keine Zweifel."

„Okay, nun würde ich gern wissen, wie es mit dem Wahrheitsgehalt der Geschichte in seinem Spätwerk *Inseln im Sturm* bestellt ist."

„Interessant! So manches Mal sprach ich mit Gregorio Fuentes darüber. Mit dem Namen Antonio war er ja mit von der Partie. Hemingway selbst taucht in dem Roman als Thomas Hudson auf. Die Geschichte schildert im dritten und letzten Teil *Auf See*, wie eine aufgeriebene U-Bootbesatzung entdeckt wird. Der Feind hatte sich ein Segelboot gekapert und manövriert sich durch Priele, im Schutz von Mangroven zwischen Cayos hindurch, um seine Haut zu retten. Die Deutschen wurden von Thomas Hudson verfolgt. Es kommt zum Feuergefecht. Maschinenpistolen belfern. Handgranaten werden geworfen. Die präparierten Feuerlöscher explodieren. Ein mörderischer Showdown entbrennt. Dann werden die Deutschen in ihrem Versteck überwältigt. Auch Hudson wird schwer verletzt. Ob er stirbt, bleibt offen."

„Erzähl schon, ist es überhaupt zu dem Kampf gekommen?"

„Dazu berichtete mir der Zeitzeuge Gregorio: ‚Zwei oder dreimal glaubten wir die Sehrohre feindlicher U-Boote gesichtet zu haben. Per Funk gaben wir die Beobachtung an die Luftwaffe weiter. Das war alles. Ein Feuergefecht mit den Krauts hatte nie stattgefunden. Es gab auch keine Feuerlöscher, die mit Dynamit gefüllt worden waren. Das hat sich der Papa ausgedacht. Ich war doch immer dabei gewesen!' – So, nun weißt du, wie es sich zutrug", schließt Enzo seinen Bericht.

Cayo Guillermo ist inzwischen näher gerückt. Playa Pilar leuchtet wie ein goldgelbes Band im Sonnenlicht. Ein herrlicher Strand! Dahinter tauchen die ersten großen Resorts auf. Touristenburgen, nicht anders als auf Mallorca oder Teneriffa. Wir cruisen an der Nordküste der Insel entlang, unserem Ziel, der Marina Cayo Guillermo, zu. Resort Hotel Daiquiri, Carolinas Arbeitgeber, befindet sich in der Nähe des Jachthafens.

Mich lässt *Inseln im Sturm* noch nicht los. Klar, vor längerer Zeit hatte ich mich durch den Roman gekämpft, ohne mit den handelnden Personen warm zu werden. Jetzt, so unmittelbar am Schauplatz, warte ich auf eine „versöhnliche" Erkenntnis. Irgendjemand, ich glaube es war Hans Stahl, schrieb beim Erscheinen des Romans in der DIE WELT: „Es ist das menschlichste, das persönlichste Buch, das Hemingway je geschrieben hat." Gut möglich, dass die Nähe, mit der er den Helden Thomas Hudson als wohlhabenden Maler beschreibt, das Verhältnis zu seinen drei Söhnen, die er alle sterben lässt, und die gescheiterte Ehe ihn hemmten, das Manuskript, bereits 1945 entworfen, von einer Veröffentlichung abhielt. Hudson, ein Spiegelbild seiner selbst? Die innere Zerrissenheit und Zerstörtheit. Der stille Zerfall seiner Persönlichkeit und die seines Helden wirken wie eine Prophezeiung. Die Preisgabe seines Inneren sollte nicht an die Öffentlichkeit.

Zehn Jahre nach seinem Tod sahen Witwe Mary und der Verleger Charles Scribner jr. das anders und brachten den Text heraus. Frau Hemingway: „Ich entschloss mich zur Veröffentlichung, weil mir dies als das beste und vollständigste von den vielen unveröffentlichten Manuskripten erschien." Mary vor dem Erscheinen der Postum-Publikation: „Es wird spannend!" Kritiker nach dem Erscheinen, allen voran die New York Times: „Ein Fehlschlag!" Hatte der Schriftsteller das geahnt? Sollte der Name noch einmal vermarktet werden?

„Enzo, was sagst du zur Herausgabe des früh geschriebenen Spätwerks, das 1971 erschien?"

„Ein bemerkenswerter Diskussionsstoff. Für Ernest wohl kaum die beste Reputation. Ein nachempfundener Melville, der Schönheit und Gefahr des Meeres aus dem Blickwinkel eines kaputten Künstlers beschreibt, der er damals schon war. Und zum Text: Für mich bleiben die Charaktere blass und distanziert. Die Fülle der nichtssagenden Dialoge laufen ins Leere. Gut, er spannt einen weiten Bogen vom Inseldasein über die Halbwelt Havannas, in ein Europa vor und während des Zweiten Weltkriegs, zurück in die Karibik, wo man nicht weiß, ob der Kampf mit den Deutschen auch sein Ende symbolisiert. Doch die Verquickung von Fiktion und Wahrheit kommt mir vor wie eine Nabelschau und gefällt mir in dem Buch nicht. Was teilt uns der Autor mit, außer sein Trauma, hervorgerufen durch den Freitod seines Vaters? Den hat er zeitlebens nicht verarbeiten können. Ob er ein ähnliches Schicksal erahnte?"

„Das führt uns zum Ende unseres Helden, Draufgängers, Lebemannes, Kämpfers in allen Lebenslagen. Warum musste er so enden? So unheroisch?“

„Ja, warum? Weil er krank war. Krank an Körper und Seele. Verzehrt worden durch exzessiven Lebenswandel. Merkwürdig, einerseits empfand er den Selbstmord als erbärmliche Tat und verfluchte seinen Vater dafür, andererseits wollte er sein Ende selbst bestimmen. Fraglos hätte ihm ein Tod auf dem Schlachtfeld des Lebens verdammt besser gestanden …“

„… Als was?“

„Nun, sein Ende ist dir doch bekannt: Depressionsschübe führten zu Klinikaufenthalten mit Elektroschocktherapien. Von zwei Suizidversuchen war er mit Mühe abzuhalten. In der Mayo-Klinik glaubte Mary Hemingway an eine Besserung. Er schrieb noch einen hoffnungsvollen Brief, in dem er über seine Krankenhauserfahrung witzelte. Nach der Entlassung kehrte er einigermaßen aufgeräumt zurück in sein Haus in Ketchum, Idaho, mitten in den Bergen. Abends soll er noch mit seiner Frau ein italienisches Lied gebrummt haben. Am Sonntag des 2. Juli 1961, es war in aller Frühe, Mary schlief noch. Da schlich Ernest an den Ständer seines Waffenschranks, der sich im Lagerraum befand, lud sein Lieblingsgewehr, eine mit Silber beschlagene, doppelläufige Schrotflinte, und ging damit in die Hausdiele, zielte und drückte ab. Seine Schädeldecke wurde weggesprengt. Ob er nun die Gewehrläufe in den Mund oder an die Stirn hielt, war nicht nachvollziehbar. Beerdigt wurde Ernest am 5. des Monats auf dem Waldfriedhof von Ketchum mit dem Blick auf die Sawtooth Mountains. Die Trauerfeier, im kleinsten Familienkreis, sei dennoch ein Medienrummel geworden, war zu lesen. Und ein Blatt schrieb: ‚Er ist zu den Hügeln zurückgekehrt, die er liebte, und jetzt wird er auf immer ein Teil von ihnen sein.‘ Unter den Trauergästen war kein einziger Schriftsteller. Ehemalige Weggefährten wie Francis Scott Fitzgerald, James Joyce, Gertrude Stein, John Dos Passos waren längst gestorben. Mit den jüngeren Kollegen hatte er Streit gehabt. Mary versuchte das Ende ihres Mannes als Jagdunfall darzustellen. So war der tatsächliche Hergang für mich erst später erfahrbar."

„*Man kann einen Mann vernichten, aber nicht besiegen.* Soll er gesagt haben. Die Krankheit jedoch hat ihn vernichtet und besiegt. Sinnlos wird ihm sein Leben nicht vorgekommen sein – er hat gekämpft und Siege errungen, wie es sich für Ernest gehört. Aber warum nahm er nicht einfach den Revolver seines Vaters, den er in seiner Nähe aufbewahrte? Nach dem Freitod ihres Mannes 1928 hatte die Mutter ihrem Sohn die Waffe per Post mit einem Stück Kuchen geschickt. Papa H. hätte Mary das hässliche Blutbad ersparen können."

„Das kann ich dir sagen: um die Arbeit ordentlich zu machen! Er kannte sich mit Waffen aus. Es gibt genug Leute, die sich mit einem Revolver in den Kopf schießen und überleben. Einer wie Hemingway wollte es richtig machen: mit seinem Zeh, wie er es auf seiner Finca demonstriert haben soll. Für mich starb er wie ein Samurai, der handeln musste, weil er sich vom eigenen Körper entehrt und verraten fühlte."

„Schwingt all das nicht wenigstens ansatzweise in *Inseln im Sturm* mit und sollte deshalb unveröffentlicht bleiben?", gebe ich zu bedenken.

„Weit hergeholt. Immerhin nicht ganz ausgeschlossen."

Carlota erscheint mit Cuba Libre. Wir prosten uns zu, verscheuchen trübe Gedanken über Tod und Leid.

Eine halbe Stunde später laufen wir im Jachthafen ein. Vertäuen die *Chelo*. Offiziell ist die Marina geschlossen. Was einen Enzo mit Einfluss nicht von der Nutzung abhält.

Weil es schon spät ist, verbringen wir die Nacht an Bord.

Im Vier-Sterne-Resort mit 320 Zimmern, Poollandschaft, Tennisplatz, weitläufigem Strand- und Meerbereich begrüßen die Eltern ihre Tochter.

Carolina unterbrach ihre Gymnastikanimation mit einer Gruppe unförmiger Gestalten aus Kanada. Kanadische Touristen sind neben Chinesen, Russen, einigen Europäern die treuesten Kubabesucher. Carolina ist eine gertenschlanke Frau, die nach herzlichen Umarmungen gleich wieder die Bewegungstherapie fortsetzen muss.

Ich gönne mir drei Tage All-inclusive-Rundumversorgung mit Plastikbändchen am Handgelenk und etwas Sport bei Carolina, weil mir die Bewegung gut tut und sie als Vorturnerin nett anzusehen ist. Nachmittags frischt der Wind auf, den mache ich mir zunutze, um mich mal wieder dem Gleitschirmfliegen zu widmen. Dabei knalle ich so hart aufs Wasser, dass ich wie ein gekochter Hummer aussehe und an der Bar bemitleidet werde. Ein paar Schläge bei glatter See in Sichtweite vom Land mit einem Segel-Katamaran, etwas Schnorcheln und Schwimmen, ist altersgerechter.

Am letzten Tag marschiere ich in nördliche Richtung den Strand entlang. So weit die Füße tragen. Um mich herum nur Sand, Wasser und Palmen. Während ich im Sand durch weiche Salzlachen wandere, begleitet von Seevögeln, die sich über den einsamen Wanderer wundern mögen, geht mir so allerhand durch den Kopf: Wasser- und Sandwüste, sind sie nicht einander verwandt? Lebensfeindlich an der Oberfläche. Darunter herrscht angepasstes Leben. Für Menschen, die nicht in der Urnatur von Wasser und Sand leben, sind es beängstigend leere, große Räume, während sie für andere unendlich lebendige sind.

Wie kann die Liebe von Seenomaden, Fischern, Tuareg oder San zu ihrer feindlichen Umwelt erklärt werden? Durch die Landschaft. Der Mensch wird geprägt von der Umwelt, in die er hineingeboren wurde. Seine Persönlichkeit wird geformt nach dem Landschaftsbild. Diese Strandlandschaft, in der Wasser und Dürre so kontrastreich aneinanderstoßen, bedeutet für mich auf einmal ein Zwiegespräch mit geheimnisvoller Natur.

Ich streife einen Grashalm, der von irgendwoher kam, im heißen Sand wächst, zäh und verwundbar zugleich. Indem der Wind mit ihm spielt, malt er sibyllinische Kreise in den Sand …

Gedankenverloren wandere ich an der Nahtstelle zweier Landschaften, die gegensätzlicher nicht sein können. Atme die würzige Seeluft und den trockenen Hauch des Sandes und begreife: Sand, Strand, das Meer zu fühlen, zu schmecken, zu riechen, der Stille und dem Tosen zu lauschen, ein seltenes, ja großartiges Privileg. Alles wirkt frisch. Unbelastete Natur duftet sogar. Und die natürliche Schönheit spendet Kraft. Ich glaube, der Mensch braucht diese Orte, um sich zu erholen, zu sich zu finden. Orte, die ihm Energie spenden.

Im Schatten einer Palmenkrone lasse ich mich nieder, denke mich in die Zeit zurück, in der Hemingway hier angelte und die Insel nur von einigen Fischern, Schildkrötenfängern und Köhlern bewohnt war. Und dann, wie seltsam auch, komme ich mir vor in der Einsamkeit, umgeben von fernen Bettenburgen, wie ein Robinson Crusoe, der plötzlich aus seiner Träumerei schreckt, weil einen Meter von seinem Kopf eine Kokosnuss herabsaust.

Enzo ist schon bald als Fischer vermittelt. Er sticht mit jungen Kanadiern in See. Carlota genießt die limitierte Freizeit mit ihrer Tochter. Ein Wagen des Hotelservice kann mich zum Flugplatz Jardines del Rey auf Cayo Coco bringen. Die Straße führt über einen künstlich angelegten Damm, an dessen Seitenstreifen alle zweihundert Meter eine lebensgroße Bronzestatue mit Hemingway in allen möglichen Anglerposen steht. Da kann der Tourist dem erstarrten Großschriftsteller die Hand geben. In Mangrovenbuchten stolzieren Flamingos. Auch Pelikane segeln übers Lagunenwasser. Die viertgrößte Insel des Camagüey-Archipels bekam ihren Namen nach dem Ibis, den die Kubaner coco nennen. Neben dem coco blanco gibt es auf Cayo Coco auch einen seltenen coco rojo, den Roten Sichler.

Wenig später sitze ich in einer Maschine von Cubana Air mit Kurs Havanna. Unter mir der fünfundzwanzig Kilometer lange Damm Piedraplén, der Cayo Coco mit dem „Festland“ verbindet. Dann der Archipel, der in seiner gewaltigen Ausdehnung daliegt wie ein ozeanisches Labyrinth.

Zurück in Havanna

Gerade versinke ich in voluminösen Kunststoffledersitzen eines Cadillacs mit steilen Heckflossen. Eingequetscht zwischen einer Hausfrau mit vollen Tüten und einem Liebespaar. Der US-Dinosaurier ist mindestens siebzig Jahre alt und nennt sich Taxi Particular. Vielleicht ist es eine meiner letzten Stadtfahrten. Und die möchte ich einigermaßen zünftig bewältigen, wenn auch höchst unbequem mit Gepäck und Geschenken auf dem Schoß. Wie zuvor kribbelt Havanna auf der Haut, verdreht den Kopf und lässt die Sinne Amok laufen. Nicht nur weil Hugo, der Driver, fährt, als sei er auf einer Verfolgungsjagd. Quietschende Reifen biegen ab, in die Altstadt. Fliehkräfte drücken mich an die Hausfrau, die sich um den Inhalt ihrer Tüten sorgt. In der Calle Lealtad stoppt Hugo. Ich klettere aus dem Oldtimer.

Unangemeldet, so aufs Geratewohl, begebe ich mich zum Block Nr. 262. Möchte Isabella und Antonio überraschen, noch ein, zwei Tage in ihrem „Romantik Hotel“ verweilen. Als Geschenke habe ich einen Blumenstrauß, ein Fläschchen Parfüm für Isabella und eine ansehnliche Flasche *Havana Club* für Antonio im Arm. Ich bin euphorisch und freue mich, die beiden wiederzusehen. Male mir sogar aus, mit Isabella irgendwo noch einmal ein Tänzchen zu wagen. Wie damals Tango auf der Straße. Vielleicht die Eselsritt-Rumba. Zugegeben, der Tanz ist etwas frivol, ähnlich dem Lambada. Egal, mit einer schönen, jungen Frau im Arm könnte man sich ganz gern mal zum Affen machen. Meine Tage in Kuba sind gezählt. Ich werde sie bei den Torres und einem Treffen mit Professor Juan Utiva ausklingen lassen. Zu dem Gedanken an Abschied mischt sich auch schon so etwas wie traurige Melancholie.

Ich drücke auf die Klingel. Sie ist defekt, hängt an einem losen Draht. Also trete ich zurück und rufe Isabellas Namen zum Balkon hinauf. Es dauert recht lang, bis Antonio erscheint. Er schaut hinab und verschwindet. Endlich wird die Haustüre geöffnet. Ein müder, ja trauriger Antonio lässt mich eintreten.

„Komm rein!“, sagt er kurz angebunden.

„Wo ist Isabella?“, frage ich.

„Está muerta!“

„Um Gottes Willen! – Sie ist tot?“ Mir verschlägt es die Stimme.

Oben erfahre ich das ganze Drama: Eines Morgens, das war vor zehn Tagen, kam die Polizei und informierte Antonio, dass Isabella im Parque Mártires del 71, in der Nähe des Castillo, tot aufgefunden worden sei. Erstochen und ausgeraubt. Vom Täter keine Spur. Und das Tragische: Ihr Freund Manuel sei zuvor mit ihr unterwegs gewesen. Am Malecón hätte Isabella sich von ihm verabschiedet, weil sie den Weg nach Hause allein zurücklegen wollte. Zum Glück hat sich der Anfangsverdacht, Manuel könnte mit der Tat in Verbindung stehen, entkräftet. Zur Tatzeit war er längst wieder auf seinem Bauernhof gewesen. Nun muss Taxifahrer Antonio mit quälender Ungewissheit leben. Ob das Verbrechen überhaupt aufgeklärt und gesühnt werden kann, steht in den Sternen. Bis zur Stunde hat die Polizei keine heiße Spur. Antonio zweifelt an einer Lösung. Ratlos höre ich mir das grausame Ereignis an und übergebe die Geschenke, als er murmelt:

„Was soll aus Kuba werden? Wir waren unfrei, aber sicher. Jetzt kommen wir vielleicht frei – doch das Land, wird es kriminell und unsicher?“ Seine Feststellung klingt wie traurige Resignation. Betreten stehe ich da – weiß keine Antwort.

Professor Utiva befindet sich in einem Gemütstief. Seit Tagen hat er keinen Einsatz als Touri-Guide gehabt. Das zehrt an den Nerven. Ich versuche ihn mit der Information aufzumuntern, dass Miguel Díaz-Canel das Land für Investitionen, unternehmerische Initiativen der Bevölkerung und den Tourismus attraktiver machen will. Utiva lächelt müde und klagt:

„Davon habe ich auch gehört. Bis wir davon profitieren, vergehen Jahre!“

Wir haben einen Platz auf der Dachterrasse des Ambos Mundos mit einem tollen Blick über die Stadt hinaus auf die Florida-Straße. Und es dauert nicht lang, da hat Juan Utiva den sprichwörtlich kubanischen Optimismus zurückerhalten. Ein feines Essen mit Muntermacher *Havana Club* und ’ner Cohiba tragen dazu bei. Es ist mein Abschiedsessen in intellektueller Gesellschaft.

Ich erzähle Juan von der Reise mit meinem Sohn durch die nahe Geschichte Kubas und die Erkenntnisse, die ich zu Hemingway in Cojimar und auf der Seefahrt nach Cayo Guillermo gewinnen konnte. Und ich berichte ihm von Maruba, der Wahrsagerin. Hatte sie mir nicht den Literaturwissenschaftler, ja quasi die Route auf Papas Spuren prophezeit? Das scheint Juan zu interessieren.

„Und“, fragt er neugierig, „wie resümierst du deine Spurensuche? Hat sich deine Sichtweise auf den Schriftsteller verändert?“

Natürlich habe ich auf die Frage gewartet und gehofft, mich mit dem Professor noch mal austauschen zu können. Jetzt, da er mich so direkt danach fragt, habe ich Hemmungen, meinen Standpunkt in knappen Worten kundzutun. Ich schließe meine Augen und versetze mich auf den Kampfstuhl seiner *Pilar* und den unseres Fischkutters und antworte:

„Hmm – genetische Disposition, besondere Erlebnisse und Erziehung haben ihn zu einer tragischen Person gemacht. Eine Person, die in ihrer Besonderheit Regeln sprengte, Großes und Beklagenswertes gleichermaßen vollbrachte. Den Ruhm als Schriftsteller erwarb sich Hemingway durch eine neuartige Erzählweise. Eine Weise, die sich von anderen Autoren unterschied. Sie machte neugierig, reizte aber auch Kritiker zu Äußerungen wie zu einfach, langweilig, zu vulgär, zu wenig Nähe, die kein Mitgefühl erzeugt. Gut, das erklärte er mit seiner Eisbergtheorie: entscheidende Situationen nicht detailliert auszubreiten, sondern Löcher zuzulassen, die der Leser durch Fantasie selbst schließen soll. Also, der Autor wollte nicht nur einen erheblichen Teil seiner Story unter der Wasserlinie treiben lassen, sondern zusätzlich schmucklos, mit wenig Adjektiven präsentieren. Vielen Lesern ist die seltsam direkte, karge Sprache zu wenig. Mir übrigens auch, daran hat sich nichts geändert."

„Das heißt, dein Blick auf den Autor ist derselbe?"

„Das will ich so nicht sagen, Juan. Einen Gesinnungswandel kann ich zwar nicht verkünden, mehr die Verfestigung einer Vermutung: Jetzt sehe ich sein Schaffen und seinen Lebensstil in einem engeren Zusammenhang. Es ist mir klarer geworden, dass Ernest trotz seiner Verdienste in der Neugestaltung von Sprache und Ausdruckskraft seine Weltgeltung nicht ohne die Vermarktung seiner Lebensweise errungen hätte."

„Aber er hat doch stets neugierige Journalisten gemieden!", betont er.

„Das war sein exorbitant gutes Marketing. Die Berichterstatter verjagen, sie dennoch mit immer neuen, spektakulären Abenteuern füttern. Einfach genial, wie er die Medien versorgte, um sie dann zu beschimpfen. So spielte er ja auch mit seinen Kritikern, von denen er einige mit Lust vermöbelte. Vladimir Nabokov, den hätte er sich gerne zur Brust genommen. Der sagte einst: ‚Hemingway? Ein Autor für Knabengeschichten.' Hauptsache, El Papá blieb im Gespräch. Das schaffte Aufmerksamkeit. Eine so intensive, dass man nicht umhin kam, ihn als Schriftsteller zu ehren. Gleichgültig, ob er gern Tiere tötete, auf traurige Weise seine Frauen betrog oder den prahlerischen Kriegsreporter abgab. Ein bekannter Verleger in Deutschland sagte mal: Ein Hemingway würde heute nicht mehr verlegt werden."

Utiva zieht die Augenbrauen hoch. „Und warum nicht?"

„Weil seine Diktion zu simpel ist. Seine Charaktere zu wenig Tiefgang haben. Mit leblosen, schnörkellosen Sätzen sind besonders Frauen nicht zu begeistern und die stellen, zumindest bei uns, das eigentliche Leserpotenzial. Männer, die einst Hemingway verschlangen, sind als Literaturkonsumenten so gut wie ausgestorben. Beschreibungen über den Hochseefischfang, die Großwildjagd oder Kriegsgeschichten lesen Frauen ohnehin ungern. Wenn ich mal etwas verallgemeinern darf. Alles Argumente, die gegen den Autor Ernest aus heutiger Sicht sprechen."

„Begnadete Künstler haben doch häufig widerstrebende Seiten: geniale und asoziale!"

„Das stimmt. Bei Hemingway ergänzen sie sich und das ist es, was mich an ihm irritiert und ihn eben nicht als überzeugenden Repräsentanten des Humanismus erscheinen lässt."

„Dennoch, für mich hat er sich mit äußerster Knappheit artikuliert, ist Pionier und Meister der Short Story und Reformer des amerikanischen Romans. All die anderen Attribute als Hochseefischer, Großwildjäger, Schlachtenbummler, Verführer, Boxer, Stierkampf-Fan, Abenteurer und weiß Gott was noch liefen nebenher. Seine Intention war, ein anerkannter Schriftsteller zu sein, der darum kämpfte, die passenden Wörter in der richtigen Reihenfolge zu bringen. Er warf Erlebtes auf den Amboss, um es neu zu schmieden. Aus meiner Sicht ist ihm das gelungen!"

„Nicht in jeder Hinsicht. Weil der Lebenswandel über sein Schreibtalent dominierte und nicht umgekehrt. Der Mythos über die Ausdruckskraft und das finde ich schade."

„Nein, nein, du tust ihm unrecht. Zu seiner Literatur gehört eben nicht nur, was er schreiben kann, sondern vor allem, was er ist. Nur so glaubte er seine Leser überzeugen zu können. Damit ist er authentisch. Hätte er andererseits im Alter über seine Unfähigkeit zu formulieren dermaßen gelitten?", erklärt Juan gestenreich.

„In wachen Momenten litt und erschrak er über seinen frühen Verfall, den er doch selbst herbeigeführt hatte – ohne Frage."

Mit jedem weiteren Schluck *Havana Club* diskutieren wir konträrer, bis unten die Lichter angehen und die Schiffe wie Glühwürmchen übers Wasser eilen. Und dann muss ich zu Notizblock und Stift greifen und etwas festhalten:

Trete ich schon die Heimreise an? Ich lasse liebe und interessante Menschen zurück, in einem Land, das in eine unbestimmte Zukunft eilt. In der letzten Stunde des Tages ergreift mich immer aufs Neue die Traurigkeit des Aufbruchs. Mit dem Blick auf Havanna denke ich an verlorene Freunde und die Erinnerung daran verursacht in mir ein Gefühl von Übelkeit und Leere. Ich denke an die vielen Menschen, die mich begleiteten. Sie waren mein Auge und mein Ohr. Bevor ich nach Kuba ging, glaubte ich einer Spur zu folgen, die Erkenntnis schafft. Heute bin ich einfach zufrieden, das Land und seine Bewohner erleben zu dürfen. Ja, die Zeit in Kuba kommt mir vor wie auf einer Insel, die allmählich von wilder See umspült wird. Aber schon jetzt weiß ich, dass ein Teil von mir dem Land verbunden bleibt. Was ich suchte, habe ich nicht gefunden. Zumindest nicht so, wie ich es erhoffte, aber ich verschaffte mir Einblicke in Dinge, über die ich noch nachdenken muss ... und das ist gut so ...

„Was notierst du da?“, fragt Juan.

„Ach, nur so etwas wie Gedanken zum Abschied.“

„Ich hasse Abschiednehmen. Habe es schon oft müssen“, grummelt er fast unverständlich.

„Da verstehe ich dich, Professor. – Dank, für deine Informationen. Und die Diskussion zum Abschluss hat mir gut gefallen. Salud!“

Juan nachdenklich: „Salud y adiós!“

Es sei mir erlaubt, eine Reise, die mich im Wesentlichen auf den Spuren eines berühmten Schriftstellers durch Kuba führte, mit dem Zeugnis von David Herbert Lawrence (1885-1930), englischer Schriftsteller, abzuschließen:

„Mr. Hemingways Skizzen sind exzellent: Kurz, wie das Anzünden eines Streichholzes, das Anzünden einer intensiven Zigarette, und dann ist es vorbei. Seine junge Liebesaffäre endet, als wenn man eine abgebrannte Zigarette wegwirft. Es macht keinen Spaß mehr. – Alles ist zum Teufel gegangen."

Verwendete und weiterführende Quellen

Arenas, Reinaldo: Reise nach Havanna. München 1999
Baker, Carlos: Ernest Hemingway – A Life Story. New York 1969
Baker, Carlos (Hrsg.): Ernest Hemingway – Ausgewählte Briefe 1917-1971. Reinbek 1985
Barth, Rüdiger; Bielefeld, Marc: Wilde Dichter – Die größten Abenteurer der Weltliteratur. München 2005
Burgess, Anthony: Hemingway and his World. London 1978
De Cortanze, Gérard; Naudin, Jean-Bernard: Hemingway à Cuba. Paris 1997
Dias, Jesús: Erzähl mir von Kuba. München 2001
Desnoes, Edmundo: La Casa de Hemingway. Havanna 1965
Fuentes, Norberto: Hemingway en Cuba. Havanna 2014
Gabriel, Petra: Ein Jahr auf Kuba – Auswandern auf Zeit. Freiburg 2016
Hartwig, Wolfgang: Ernest Hemingway – Triumph und Tragik seines Lebens. Berlin 1989
Hemingway, Ernest:
49 Depeschen – Reportagen 1920-1956. Reinbek 1989
Schnee auf dem Kilimandscharo – 6 Stories. Reinbek 1999
Fiesta. Reinbek 1928
Männer ohne Frauen – 14 Stories. Berlin 1929
In einem anderen Land. Berlin 1930
Wem die Stunde schlägt. Stockholm 1941
Der alte Mann und das Meer. Reinbek 1999
Der Sieger geht leer aus – 14 Stories. Reinbek 1973
Die grünen Hügel Afrikas. Reinbek 1973
Die Sturmfluten des Frühlings. Reinbek 1973
In einem anderen Land. Reinbek 1999
Haben und Nichthaben. Hamburg 1951
Die Nick Adams Stories. Reinbek 1973

Reportagen 1920 – 1924. Reinbek 1990
Tod am Nachmittag. Reinbek 1961
Über den Fluß und in die Wälder. Reinbek 1961
Hemingway, Gregory: Papa – A Personal Memoir. Boston 1976
Hemingway, Leicester: My Brother, Ernest Hemingway. New York 1954
Hemingway-Welsh, Mary: How it was. New York 1976
Hemingway, Ernest; Hemingway, Mary: Islands in the Stream. New York 1970
Hotchner, Aaron E.: Papa Hemingway. New York 1966
Herbst, Frank-Peter: Cuba. Bielefeld 2017
Infante, Guillerma Cabrera: El Viejo y la Marca. Havanna 1956
Lawrence, D. H.: Rezension – In unserer Zeit. London. 1927
Lynn, Kenneth S.: Hemingway – Eine Biographie. Reinbek 1999
Maugham, Somerset W.: Um dieser Tränen Willen. Erzählungen. Bern 1960
McLendon, James: Papa Hemingway in Key West. Key West 1984
Mellow, James R.: Hemingway – A Life without Consequences. New York 1992
Müller, Bodo: Gold und Galeonen – Segelabenteuer zu den Schatzinseln der Piraten. Hamburg 1996
Ortheil, Hans-Josef: Der von den Löwen träumte. 2019
Padura, Leonardo: Adiós Hemingway. Barcelona 2006
Rodenberg, Hans-Peter: Ernest Hemingway. Reinbek 1999
Sainsbury, Brendan: Waterson, Luke: Kuba. Ostfildern 2016
Santiesteban, Ángel: Wölfe in der Nacht – 16 Geschichten aus Kuba. Frankfurt 2017
Schaefer, Jürgen: Gebrauchsanweisung für Kuba. München 2016
Wagner, Bernd; Wagner Heike: Florida. München 2014
Wood, Naomi: Mrs. Hemingway. London 2014

Internet:
http://www.hemingwaysociety.org-
biographisches/fotos/hintergründe

Zitate:
http://www.berühmte-zitate.de/autoren/ernest-hemingway
… /fidel-castro
… /che-guevara
… /raúl-castro